やわらかアカデミズム
〈わかる〉シリーズ

よくわかる
比較政治学

岩崎正洋/松尾秀哉/岩坂将充

［編著］

ミネルヴァ書房

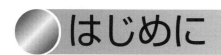

　本書は，手軽に，幅広く，体系的に比較政治学（Comparative Politics）について学修できるようにつくられた。比較政治学のテキストには，初学者向けに書かれたもの，政治学のテキストにも汎用可能なもの，専門的な内容を盛り込むことにより研究者にも読み応えがあるように書かれたものなど，さまざまなものがあり，それぞれに個性がみられる。本書は，「やわらかアカデミズム・〈わかる〉シリーズ」の一冊であり，専門家向けというよりも，初学者をはじめ，最近の比較政治学のテーマに関心をもつ幅広い読者を対象としている。

　目次をみれば明らかなように，本書は，比較政治学の主なテーマについて，理論と事例の両方を並置しているところに特徴がある。たとえば，第1章の「国家」では，第1節〜第3節で国家についての理論や歴史を取り扱い，第4節〜第5節で事例を取り扱っている。事例についても，先進国と途上国をそれぞれの節でとり上げている。ある章では，取り扱う事例が先進国だけだとしても，全く異なるタイプを並べている。

　比較政治学という名称は，わかりやすいようで，案外とわかりにくいのではないかと思う。比較政治学が世界中のさまざまな国の政治に注目することは確かだとしても，先進国に注目するのか，途上国に注目するのか，それらすべてに注目するのかは，大学の講義ごとに異なるし，比較政治学の研究者ごとに異なる。もちろん，先進国への関心から比較政治学を勉強してもいいし，途上国への関心からでもかまわない。本書では，多様な読者にとって有益な情報を少しでも多く提供できればと思い，可能な限り先進国と途上国の両方を事例として取り扱うことにした。

　本書の第1章〜第15章は，最初の3節で理論を，最後の2節で事例を取り扱っている。そこでのテーマは，比較政治学においてすでに十分な研究の蓄積があり，事例とともに，最低限度これだけは知っておくべきという内容を簡潔に説明している。続く第16章〜第20章は，最初の1節で理論を，残りの3節で事例を扱う構成となっている。これらは最近の比較政治学において注目を浴びているテーマばかりであり，まだ蓄積された研究が少なかったり，「これだ」といえるような研究がみられなかったりするため，理論よりも事例を多く提示している。

　紙幅の都合上，取り扱うことのできなかった国や地域も数多く存在する。読者には本書を読んだ後に，関心のあるテーマについて，さらに国や地域を拡大して観察を深めたり，関心のある国や地域について，より詳しく調べたりすることによって，比較政治学の面白さを体験して欲しい。そのときに役立つように，比較政治学の「方法論」についての補章を設けている。比較政治学とはどのような学問なのかを知るためにも，また，比較政治学の研究に取り組むためにも，補章をよく読むと理解が深まる

だろう。

　最後に，本書の裏話を一つ書いておこうと思う。2021年の夏に初めての編集会議をZoom で開催して以来，刊行までに一年ほど時間を要した。本書は36名の執筆者によって書かれているが，「やわらかアカデミズム・〈わかる〉シリーズ」では，さほど大人数ではないらしい。しかし，これだけの人数で一冊の書物をつくるには異例の速さで進行できたと思う。一気呵成に執筆から刊行まで駆け抜けることができたのは，一人ひとりの執筆者の協力があってこそだし，編者三人とはいえ，お兄さんのような存在の松尾秀哉さんと，弟のような存在の岩坂将充さんによる強力な支えがあったからだと痛感している。もちろん，ミネルヴァ書房編集部の浅井久仁人さんがいなければ，刊行は実現しなかった。本書にかかわるすべての方々に心から感謝の気持ちを伝えたい。

　　　　2022年10月10日

　　　　　　　　　　　　　　　　　　　編者を代表して　　岩崎　正洋

もくじ

SERIES

ya

やわらかアカデミズム・〈わかる〉シリーズ

よくわかる
比 較 政 治 学

比較政治学とは何か

 政治学の一分野としての比較政治学

　比較政治学は，政治学における一つの分野として位置づけられる。かつては，「比較政治学こそ政治学である」という指摘もみられたが，実際のところ，政治学には他の分野も含まれており，比較政治学イコール政治学というのは性急であろうし，注意が必要である。単純に考えても，「政治学」ではなく，「比較」という冠がついた「政治学」であり，「比較」という言葉には何らかの意味が込められているのだとすれば，そこには「政治学」と「比較政治学」とを区別する何かがみられるだろう。比較政治学とはどのような学問なのかを理解するために，まず，海外で刊行された定評のある比較政治学の教科書において，比較政治学がどのように説明されているのかを確認しておこう。その教科書は刊行以来，何度も改訂が施されており，世界的に有名な比較政治学者が何名も執筆に参加している。編者のカラマニ（Daniele Caramani）によれば，政治学における主な下位分野としては，比較政治学，政治理論，国際関係論の三つが挙げられる。◁1

　例えば，政治理論の分野には，政治思想や政治哲学などが含まれ，平等や自由，正義などのように，規範的かつ理論的なテーマが取り扱われる。それに対して，比較政治学は，経験的な問題を取り扱う。比較政治学は，政治参加が民主主義にとって善いことか否かという問題を考えるのではなく，人びとが政治に参加するのはどのような方法であるのかとか，なぜ若者は高齢者と比べて政治に参加しないのかという問題に関心を向ける。比較政治学が規範的な問題に全く関心をもたないわけではないが，経験的かつ価値中立的な立場の学問であるという点は，政治理論と大きく異なっている。両者の違いは，政治理論が政治学における規範的なアプローチを重視するのに対し，比較政治学は経験的なアプローチを重視するところにあり，同じ政治学の一分野でありながらも，性格を異にしていることが明白である。

　また，国際関係論と比較政治学も異なる。国際関係論は，勢力均衡や戦争，貿易などのように，政治システム間の相互作用に注目するのに対して，比較政治学は，政治システム内部の相互作用に注目する。国際関係論という名称だけでなく，国際関係学や国際政治学などと称されることもあるが，戦争が例に挙げられるように，これらの関心は国家間の関係である。比較政治学は，国家間

▷1 Caramani, Daniele (ed.) (2020) *Comparative Politics*, 3rd Edition. Oxford University Press.

の戦争を分析するのではなく，例えば，どの政党がどのような有権者からの支持を得て政権に就き，軍事介入を行うのか，外交政策や貿易政策に対する軍事産業の影響力がどの程度なのかなどといった問題を取り扱う。比較政治学は，政治システム内の様々な政治的アクターに注目するため，国内の権力関係に言及するが，国際関係における権力関係や国際的な影響力そのものに焦点を絞ることはない。例外的な場合があるとしても，国際関係論も比較政治学とともに，多くの場合に経験的なアプローチを採用している。

② 比較政治学とは何か

　それでは，比較政治学とはどのような学問なのだろうか。比較政治学が政治理論や国際関係論とは異なるものだとしても，それだけではイメージがつきにくい。かつて，「比較政治学は消去法で定義しないとその輪郭がみえない専門分野ではないか」と指摘されたことがある。そうだとすれば，政治学全般から政治理論と国際関係論を除外して，そこに残ったものすべてが比較政治学の取り扱う対象であり，それらを一括して「比較政治学」と呼ぶことになる。

　これまでに日本で刊行された比較政治学の教科書では，例えば，次のように定義されている。「比較政治学とは，(1)実在するデータを分析し，(2)国際関係ではなく国内の政治を分析対象とし，(3)ある国の固有性理解ではなく，ある程度地域・時代を超えて存在する政治現象に対する因果関係の説明（一般理論化）をめざす学問分野である」。別の教科書では，「比較政治学とは，複数の国家，地域ないし時代の政治について，適切な方法によって，事実認識および因果関係の解明を行う学問領域である」とされている。また，「世界中で生じる国内の政治現象を研究し，そこから普遍的な理論を導き出すことをめざす学問」という定義もある。

　教科書ごとに異なる言い方や表現がみられるとしても，共通点も多くみられる。比較政治学が独特の方法（適切な方法ともいえる）を用いて複数の国や地域の政治を比較することにより，そこに見出される因果関係を明らかにし，理論を導き出すという点については共通性がみられる。比較政治学の「比較」とは，国家間の比較なり，地域間の比較なり，あるいは各国の政党や選挙制度の比較など，同じ単位のものを比較することにより，共通性と類似性を明らかにし，さらに，そこにみられる因果関係を解明することを意味している。「比較」という言葉のイメージに縛られて国と国を並べて単に共通点や相違点を列挙することが比較政治学だと考えてはならないし，政治学と比較政治学とを混同してはならない。それだからこそ，比較政治学の方法が重要になるが，本書では「よくわかる〜」シリーズの一冊という書物の性格に鑑みて，方法論については補章で取り扱うのみとし，比較政治学の主なテーマや理論，概念やモデル，さらに，各国の具体的な事例を中心に取り扱う。　　　　　（岩崎正洋）

▷2　河野勝 (2002)「比較政治学の方法論——なぜ，なにを，どのように比較するか」河野勝・岩崎正洋編『アクセス比較政治学』日本経済評論社。

▷3　粕谷祐子 (2014)『比較政治学』ミネルヴァ書房。

▷4　建林正彦・曽我謙悟・待鳥聡史 (2008)『比較政治制度論』有斐閣。

▷5　久保慶一・末近浩太・高橋百合子 (2016)『比較政治学の考え方』有斐閣。

参考文献

岩崎正洋 (2015)『比較政治学入門』勁草書房。
河野勝・岩崎正洋編 (2002)『アクセス比較政治学』日本経済評論社。

2 比較政治学の系譜

1 比較政治学の歴史

　比較政治学の始まりは，アリストテレス（Aristotle）による政体の6つの類型論であり，その後，マキアヴェッリ（Niccolò Machiavelli）の『君主論』での統治の技術に関する議論，モンテスキュー（Charles-Louis de Montesquieu）が『法の精神』で論じた三権分立論，トクヴィル（Alexis-Charles-Henri Clérel de Tocqueville）の『アメリカのデモクラシー』，ブライス（James Bryce）の『近代民主政治』につながるとされる。しかし，本書では，第二次世界大戦後に時期を限定し，戦後の比較政治学の歴史を概観する。

　第二次世界大戦後の比較政治学は，それ以前のように，自国の政治制度や政治機構をよく理解するために外国の政治制度や政治機構について研究するというよりも，政治現象の一般的な理解を目的とする研究へと変わった。1952年には，社会科学研究評議会が主催した「比較政治学に関する大学間共同セミナー」が開催され，1953年に同セミナーの報告書が発表された。セミナーの座長であったマクリディス（Roy C. Macridis）は，これまでの比較政治学が西欧諸国にのみ関心を向け，政治現象の記述ばかりで分析しようとせず，法的に規定された公式的な側面にしか焦点を向けず，より動態的な政治過程には目を向けず，事例研究を志向し本来の意味での比較研究を行ってこなかった点を批判した。

　1954年から1963年までの間，社会科学研究評議会の比較政治学委員会（Committee on Comparative Politics）において，アーモンド（Gabriel A. Almond）は委員長として，それまでの比較政治学における反省をふまえ，戦後の比較政治学を牽引する役割を果たした。アーモンドによれば，「比較政治学委員会は，新興諸国と発展途上地域における政治の近代化と民主化の問題に最初から関心をもっていたために，計画の最初の数年間は，外国（とくに非西欧）の政治システムについての知識をたくわえることと，近代的なシステムと非近代的なシステムを比較するいくつかの方法を概念構成の側面から吟味することについいやされた」のであった。委員会の研究活動は，当時の「行動論革命」ともあいまって，政治発展論の興隆に影響を及ぼした。

　当時の比較政治学の主たる研究テーマは，政治発展にかかわるものであり，欧米諸国を代表する多彩な比較政治学者が議論に参加していた。例えば，アー

▷1　アリストテレス『政治学』，マキアヴェッリ『君主論』，モンテスキュー『法の精神』，トクヴィル『アメリカのデモクラシー』，ブライス『近代民主政治』はいずれも翻訳されており，文庫本などで読むことができる。

▷2　ハワード・J・ウィーアルダ編（1988）『比較政治学の新動向』（大木啓介他訳）東信堂。

▷3　ゲイブリエル・A・アーモンド（1982）『現代政治学と歴史意識〔現代政治理論叢書10〕』（内山秀夫他訳）勁草書房，20頁。

▷4　岩崎正洋（2006）『政治発展と民主化の比較政治学』東海大学出版会。

モンドをはじめ，コールマン（James S. Coleman），パウエル（G. Bingham Powell, Jr.），アプター（David E. Apter），パイ（Lucian W. Pye），ウィナー（Myron Weiner），ラパロンバラ（Joseph LaPalombara），ヴァーバ（Sidney Verba），オーガンスキー（A. F. K. Organski），アイゼンシュタット（S. N. Eisenstadt），ドイッチュ（Karl W. Deutsch），リプセット（Seymour M. Lipset），ハンティントン（Samuel P. Huntington），リッグズ（Fred W. Riggs），ムーア（Barrington Moore, Jr.），ロッカン（Stein Rokkan）などの名前が挙げられる。彼らの研究はいずれも1950年代から1970年代までの間に提出されたものであるが，今日においても注目に値する議論が数多くみられる。

② 政治発展論の盛衰

政治発展論は，第二次世界大戦後の世界において，それまでの植民地支配から独立して国づくりの道を歩み始めたばかりのアジアやアフリカにおける新興諸国が欧米諸国の歩んできたような政治発展を遂げていくであろうという展望を内包していた。すでに欧米諸国の政治システムは，機能的にも構造的にも高度に分化し，政治発展を遂げたものとして位置づけられており，発展途上諸国の政治システムは，それらをモデルとして段階的に発展を遂げていくであろうと考えられていた。イーストン（David Easton）による政治システム論をふまえ，アーモンドとパウエルは，政治システムの構造機能分析について論じたが，彼らの議論では，政治発展が政治システムを構造面と機能面において高度に専門分化していくとされ，段階的に途上国における構造と機能の分化が進んでいけば，やがては先進国の政治システムのようになると考えられていた。

▷5 デヴィッド・イーストン（1968）『政治分析の基礎』（岡村忠夫訳）みすず書房。

しかし，現実には途上国が先進国と同様の道のりを歩むことはなかった。1960年代後半から1970年代には，途上国の政治システムが政治発展論において論じられるように構造面でも機能面でも分化するわけではないという現実が表面化した。この点は，世界の現実を広く知らしめることになっただけでなく，現実政治と比較政治学との間の乖離を顕在化させた。戦後の世界の動きとともに，比較政治学は急速に展開したが，1970年代以降はそれまでの勢いに歯止めがかかり，グランドセオリー（大理論）から中範囲理論へと射程を狭めることになった。

その後の比較政治学は，先進国のみを対象とするもの，途上国のみを対象とするもの，民主主義のみを対象とするもの，権威主義のみを対象とするものなどのように，徐々に細分化する一方で，他方においては，統計分析の手法を導入するなどして方法論が進展し，少数事例（small N）ではなく多数事例（large N）の比較に取り組む研究がみられるようになった。本章に続く以下の章では，これまで述べてきたことをふまえ，現在の比較政治学の到達点を紹介していく。

（岩崎正洋）

参考文献

岩崎正洋（2006）『政治発展と民主化の比較政治学』東海大学出版会。

岩崎正洋（2015）『比較政治学入門』勁草書房。

国家とは何か

　20世紀末頃から，国家の役割の変化，あるいは地位低下・機能不全といった指摘がなされるようになったが，国家は歴史上長きにわたって存在しており，現在もその存在が人々の様々な活動において重要であることに変わりはない。

1 近代国家と主権

　今日われわれが多く目にする国家のかたち，すなわち近代国家（主権国家）は，三十年戦争の講和条約として1648年に締結されたウェストファリア条約に起源を求めることができる。三十年戦争は，宗教改革後のローマ・カトリック勢力とプロテスタント勢力との対立を背景とした戦争であったが，最終的にプロテスタント勢力が勝利したことで，ローマ・カトリック勢力の中心であった神聖ローマ帝国内に存在した各領邦（国家）にも「主権」が認められることとなった。

　この主権という概念は，「至高性」を意味するフランス語 *souveraineté* に由来し，自らの領域内に対する排他的な実効的支配権を指すものである。各国の主権は相互に不可侵であるとされ，この原理にもとづいてヨーロッパ諸国家間で成立した国際秩序を主権国家体系と呼ぶ。近代国家の重要な要素としては，主権のほか，一定の「領域（領土）」やそこで恒常的に生活する「国民」が挙げられるが，従来の国家のあり方や国際秩序を大きく変えたという点で，主権は近代国家の最大の特徴であるといえる。またウェーバー（Max Weber）は，暴力の行使が国家特有の手段であるとの認識から，近代国家を「ある一定の領域内で（中略）レジティマシーを有する物理的暴力行使の独占を（実効的に）要求する人間共同体」と定義した。

▷1　脇訳では「正当な物理的暴力行使の独占」となっているが，原語 *legitim* は「正当な」とも「正統な」とも訳しうるため，ここでは「レジティマシーを有する」とした。

　初期の近代国家は絶対王政に分類され，主権は君主に属していた。しかし，17世紀のイギリス市民革命や18世紀のフランス革命にみられるように，君主に代わって国民が主権者となる国家も出現した。これを国民国家と呼ぶ。ここでいう国民とは，領域内の住民をひとつのまとまりとみなすもので，19世紀半ばのヨーロッパでは英仏にならうかたちで次々に国民国家が誕生した。国民国家は，帝国主義時代におけるヨーロッパ列強の植民地支配を経て，第二次世界大戦後に旧植民地が独立することで全世界に広まっていった。

② 2つの主権

　主権には2つのかたち，すなわち対内主権と対外主権があり，近代国家の成立には双方とも必要である。

　対内主権とは，領域や国民といった国家の内部に対する排他的な実効的支配権を意味する。対内主権の確立は，実効的支配を行う政府の成立およびそれに反対する個人や集団への支配に裏づけられる。次節で詳しくみるように，国家建設は国家の対内主権の確立過程ということもできる。政府の実効的支配が全領域・全国民におよばず，反政府勢力が一部の領域・国民を支配しているような国家は，疑似国家と呼ばれる。

　一方，対外主権とは，国家が外部から独立して実効的支配を行うとともに，それを他国から承認されていること，他国の支配に服していない状況を意味する。ある国家の政府が他国の政府と対等な外交関係にある場合，対外主権は確立していると考えられる。対内主権は確立しているが，国際的に承認されていないような国家は，未承認国家と呼ばれる。

③ 国家による支配

　では，国家による主権（対内主権）の行使は，どのように理解されてきたのだろうか。

　かつて絶対王政の時代には，ボダン（Jean Bodin）らは君主の主権（王権）は神から与えられたものであり神以外に拘束されないとして，君主の人々に対する支配を正当化した（王権神授説）。これに対し，17世紀頃からは，国家の成り立ちを人工的なものとみなし，人々の相互契約によってつくられたという説明が広まっていった（社会契約説）。ホッブズ（Thomas Hobbes）やルソー（Jean-Jacques Rousseau），ロック（John Locke）はその代表的な論者である。

　ホッブズは，人間は自然状態においては際限のない欲望にしたがい他者と衝突しつづけることになると考えた。自己保存のために暴力を行使することは肯定されるが（自然権），同時に他者の暴力によって死んでしまうことを避ける必要があることから，人間は理性によって暴力の行使を制限する（自然法）。そして自然法を徹底させるため，人々は自然権を主権者にゆだねる契約を結ぶのである。

　ホッブズはこのように人々が国家による支配を受け入れる状況を説明したが，人々の相互契約に基づく国家の成立という理解は，ロールズ（John Rawls）が示した正義の原理などにも思想的基盤を提供しており，理想的な社会のあり方を考える際にも有益なものとなっている。　　　　　　　　（岩坂将充）

▷2 「万人の万人に対する闘争」という言葉で表現される。

参考文献

マックス・ヴェーバー（2020）『職業としての政治（改版）』（脇圭平訳）岩波書店。
トマス・ホッブズ（2014）『リヴァイアサン1』（角田安正訳）光文社。
トマス・ホッブズ（2018）『リヴァイアサン2』（角田安正訳）光文社。
ジョン・ロールズ（2010）『正義論（改訂版）』（川本隆史・福間聡・神島裕子訳）紀伊國屋書店。

近代国家の広まり

 近代国家と戦争

　近代国家がヨーロッパで成立・発展し，普遍的な国家形態となった背景を説明するものとしては，ティリー（Charles Tilly）の議論がもっとも広く知られている。

　ティリーによると，近代国家という国家形態を生み，存続させた最大の要因は戦争である。数多くの国家間戦争が繰り広げられていたヨーロッパでは，いかに戦争に備え，遂行し勝利するかが国家にとっての重要課題であった。戦争に際して求められるのは資本と軍隊であるが，これらをより効率的に調達・整備する仕組みが国家の統治機構の発展につながった。

　資本の調達は，領域内の住民に対する徴税をとおして行われた。そして徴税を行うためには，これを実施する制度の構築が必要であることから，官僚制の拡充につながった。しかし，経済があまり発展しておらず領域や人口規模が大きな国家（ロシアなど＝強制集約型）は，効率的な資本調達を実現できなかった。

　一方，軍隊の整備には，資本にくわえて人員も必要となる。訓練を受けた職業軍人によって構成され恒常的に編成された常備軍は，それまでの民兵や私兵の集団にくらべ強力であったが，戦争が大規模化すると住民を強制的に動員しなければならなかった。その際には，経済が発展していたが領域や人口の規模が小さい国家（ヴェネツィアなどの都市国家＝資本集約型）は，十分な人員を確保することができなかった。

　資本や軍隊という資源をより効率的に調達し，戦争を遂行するうえで優位に立ったのが，近代国家であった。近代国家は，ティリーが資本化強制型と名づけた国家形態であり，強制集約型と資本集約型の特徴を兼ね備えていた。すなわち，国内に十分な資本にくわえ，一定以上の領域や人口の規模を有していたことで，近代国家は対外的な戦争と国内での基盤確保の双方においてほかの国家形態より卓越していたのである。

 近代国家と相互承認

　ティリーの議論は，戦争の重要性を主張したものであるため，それ以外の要素があまり取り上げられていない。これに対しスプリュイト（Hendrik Spruyt）は，近代国家が生き残った理由を，経済に焦点を当てつつ相互承認の観点から

論じた。

　スプリュイトによると，近代国家は発生段階と淘汰段階という２つの段階を経て広まった。まず発生段階においては，ヨーロッパにおける交易の拡大が経済構造に変化をもたらし，それにともなって誕生した新興都市が封建秩序に代わるあらたな制度を模索するようになった。そこで生まれたのが，都市国家，都市同盟，そして近代国家である。

　そして淘汰段階では，近代国家だけが生き残ることとなるが，スプリュイトはこれを３種類の淘汰を用いて説明した。第一の淘汰は，ダーウィン的圧力とスプリュイトが呼ぶ，適者生存によるものである。これは，近代国家が度量衡の標準化や司法・税制の確立によって国内の円滑な経済活動を実現したこと，そして国王などの最終意思決定者が明確であったため交渉などで対外的にも信用を与えることができたことを意味している。例えば都市同盟などは，構成するそれぞれの都市の独立性が高く，領域性が曖昧であったことから，標準化や意思決定の明確さに問題を抱えていた。

　第二は，相互強化による淘汰である。近代国家は互いに承認しあうことで強化されていき，ほかの国家形態をヨーロッパ国際社会から排除していった。排除の要因は第１のメカニズムとも関連しており，近代国家が交渉相手として都市同盟を対等とはみなしていなかったことを意味する。この点において，都市国家は近代国家の排除の対象とはなっていなかったため，その後もしばらく存続した。

　そして第三は，模倣と離脱による淘汰である。これは，近代国家の効率性や経済的（さらには軍事的）優越性が認識されるようになったことで，ほかの国々がこれを模倣するようになったことを指す。また，近代国家になることで，国際社会から排除されることなく経済的にも利益を得られることが期待されるのである。

　このようなスプリュイトの議論は，国際社会が国家の成立・発展に大きな影響を与えるという指摘を含んでいる。この点は，近代国家が誕生したヨーロッパ以外の地域を考える上でも，示唆的なものであるといえるだろう。

（岩坂将充）

▷1　ここではハンザ同盟が念頭に置かれている。

参考文献

Spruyt, Hendrik (1994) *The Sovereign State and its Competitors: An Analysis of Systems Change.* Princeton University Press.

Tilly, Charles (1992) *Coercion, Capital and European States, AD 990-1992,* Revised Paperback Edition. Blackwell.

3 非西欧諸国の国家建設

1 国家建設は普遍的か

　ティリーは戦争，スプリュイトは経済と相互承認によってヨーロッパでの近代国家の成立と発展を論じたが，非西欧諸国の場合，こうした説明は必ずしも当てはまらない。とりわけ，ヨーロッパ列強に支配された旧植民地においては上からの国家建設がなされた点が特徴的であり，これに帝国の崩壊という背景をあわせもつ中東，とりわけアラブ地域の事例も重要である。

　近代国家成立以前の中東は，オスマン帝国の支配下にあった。北アフリカ地域は19世紀末までにイギリスやフランスに奪われたが，残るアラブ地域は20世紀に入ってもオスマン帝国に属していた。しかし，第一次世界大戦でオスマン帝国が英仏らの連合国に敗れると，この地域は英仏によって分割され委任統治 というかたちで占領された。英仏がこの地域にあらたな国境線を引いて今日のシリア・レバノン・イラク・ヨルダンなどを「建国」し，統治者を選出したのである。これらの国々は1950年代までに独立を達成したが，英仏による占領時代は以降の国家のあり方の基礎を決定づけるのに十分な時間であったといえる。

2 植民地国家

　こうしたアラブ地域の国々における支配様式を，オーウェン（Roger Owen）は「植民地国家」という概念によって捉えた。オーウェンは植民地宗主国と植民地政府との関係性を分析することで，以下にみるような① 中央統治，② 宗主国による植民地政策，③ 外部の影響，という３つの特徴を植民地国家に見出した。

　宗主国はまず，占領していた地域に中央集権的な支配体制や司法制度，国境などを付与して近代国家の体裁を整えた。これによって領域が確定すると，国境内の住民を管理するため国勢調査の実施と国籍法の整備，そして国境の管理が行われた。植民地政府には官僚機構も形成され，同質性と平等が強調されるようになった。また，警察や治安機関が重視され，小さいながらも軍が編成された。こうして導入された中央統治の特徴は，例えば軍の政治化というかたちで，独立後にも多大な影響を与えることになる。

　同様に宗主国による植民地政策も，アラブ地域における国家のあり方を特徴づけるものであった。宗主国は，植民地の大土地所有者や地方の有力な部族長

▷1　民族自決原則を掲げるアメリカの主張をもとに，植民地型支配を防ぐため国際連盟によって設立された制度。国際連盟に委任された国が，連盟理事会の監督のもと統治を行った。旧オスマン帝国領のアラブ地域は将来の独立を視野に入れた「Ａクラス」に分類され，住民自治や国籍付与が行われたが，実質的には植民地と大きな違いはなかった。

を取り込み，彼らを治安維持や選挙の際の調整役として利用していたし，宗派や部族の分断を利用・強調し，それぞれに異なる法制度を導入するといった分割統治も試みることで，植民地の政治・社会を操作した。さらに経済においても，植民地の通貨は宗主国の通貨と結びついていたことから，宗主国の影響から逃れられない状況にあった。

　これにくわえて，宗主国内における政治的な変化が植民地政府に様々な影響を与えたという点も，看過できない。宗主国では植民地政府と関係なく政権交代などが起こりうるが，植民地政府はその影響をこうむるからである。そして同時に植民地の住民たちは，宗主国は国内では民主主義を実践していながらも，植民地政府の独裁性を黙認しているという両面を認識することとなった。また，宗主国が自国民に特権を付与することで，植民地において利益を得られるように配慮されていたことも，植民地国家の特徴の１つであった。

③ 植民地国家の独立

　英仏が撤退し独立を達成した後も，アラブ地域の国々の新たな指導者たちは占領下で構築された制度が抱える諸問題に対峙しなければならなかった。独立運動の際に彼らが宗主国に対して行った批判の多くに，今や自分たちが取り組まなければならなかったのである。しかし，貧困や分断，そして国家の一体性の維持は，独立直後の政府にとってはとてもすぐに解決できるものではなかった。そして，占領下で編成され独立にともなって増強された軍が，社会の不満に呼応するかたちでクーデタを起こす事例が多くみられるようになった。◁2

　このように，アラブ地域における近代国家の成立は，英仏というヨーロッパ列強の支配によってもたらされたものであり，それは独立後の政治的不安定をももたらした。ここで示したオーウェンの議論は，アラブ地域以外にも様々な点で応用が可能である。ヨーロッパで成立・発展した近代国家が世界に広まっていく過程は，ヨーロッパが経験したことのコピーというわけでは決してない。国家建設は，世界の各地域でほかとは異なる論理と方法によって行われてきたのである。

（岩坂将充）

▷2　クーデタについては，第6章第3節を参照。

参考文献

ロジャー・オーウェン（2015）『現代中東の国家・権力・政治』（山尾大・溝渕正季訳）明石書店。

4 事例Ⅰ：外部介入と国家建設
──イラクの事例から考える

1 何が問題になるのか

イラクを事例に国家を考える時，どのような問題が重要になるだろうか。

言うまでもなく，重要な論点は時代と状況によって異なる。イラクの場合，分水嶺は間違いなく2003年の米英を中心とする軍事侵攻（イラク戦争）である。同戦争以前のイラクは，アラブ社会主義政権下で近代国家建設が進み，国家の肥大化が重要な論点であった。他方，イラク戦争以降は，紛争後の国家建設と民主化が主たる論点となる。

2 肥大化する国家機構

イラクで近代国家の形成が始まったのは，英国の委任統治下においてであった。英国は，オスマン帝国支配下で整備された官僚制を基盤に，宗主国の制度を持ち込んで国家機構を整備した。こうした近代国家の建設は，その後の軍事政権とアラブ社会主義政権下でさらに進んだ。特にアラブ社会主義を掲げたバアス党政権下では，多くの国民を公務員として巨大な官僚機構に雇いあげ，中央集権的な支配体制を構築した。

1968年にバアス党が政権を取った時，約5万8千人だった公務員の数は，1980年には82万8千人に増えた。これは，当時の人口約1700万人の4.9％を占め，労働力人口の15％を超えていた[1]。同じようなことは軍や警察にもみられた。1970年代前半には約6万2千人にすぎなかった治安機関（軍と警察）の人員は，フセイン（Saddam Hussein）が政権を取った後の1980年代には，実に7倍以上の約43万人に増えた。1950〜80年のあいだに，イラクの人口は約510万人から約1700万人に増加したが，治安機関の人員増加は人口増をはるかにしのいでいる。1980年代のイラクでは，兵士と警察の人口に占める割合は2.5％を超えていた[2]。

それに加え，イラク共産党の組織体系を模範として組織化を進めたバアス党の党組織を用いて監視国家を築いた。「細胞」と呼ばれる数人単位の組織を基盤に，中央の最高指導者を頂点とした厳格なヒエラルヒー構造を形成し，党のネットワークを用いて市民の生活を徹底的に監視した。こうしてバアス党員でなければ出世できない社会ができあがった。

このように，オスマン帝国下で整備された近代国家の基盤が形成され，それが英国委任統治下で西洋的な近代国家へと再編され，その後のバアス党政権下

▷1 ファーレフ・ジャッバール（1998）「イラクにおける国会，社会，地縁集団，党，そして軍」酒井啓子編『イラク・フセイン体制の現状』アジア経済研究所，1-28頁。

▷2 同上。

で国家機構がさらに肥大化していったのである。

③ 紛争と国家建設

　ところが，肥大化した国家機構は，イラク戦争によってほぼ完全に解体された。イラクを占領統治した米国は，まずバアス党幹部を公職追放する「脱バアス党政策」を強行した。パージの対象となったのは，旧バアス党政権の中核幹部のみならず，官僚などの国家公務員や大学教員も含まれていた。実質的に国家や行政を支えてきた多くの人たちもまた，職を追われることになった。その結果，30万人を超える失業者が生まれた。それに加え，軍，警察，諜報機関などが完全に解体された。いくつかの情報を照らし合わせると，職を失った兵士と警察官の数は35万人にのぼる[3]。

　その結果，新たな国家建設の担い手が不足するようになった。国家公務員を大量に排除したことで，制度や法規定の策定が困難になった。軍や警察を解体したことで，兵士や警察官のリクルートから始め，指揮官の訓練もやり直さなければならなくなった。アルカイダの活動が活発になり，治安が悪化しても，軍や警察が解体されていたため，対応できなかった。占領当局が治安の回復を優先せざるを得なくなったことで，国家機構の再建は後回しにされるという悪循環が生じ始めた。

　ところで，外部介入による国家建設支援において重要なのは，民主主義の確立である。大量破壊兵器が発見できなかった米国にとっては特に，イラクの民主化を進めることが必須であった。旧体制下で過度な中央集権が進んだことが，権威主義体制の維持につながったと考えた米国は，民主化と地方分権を同時に進めようとした。クルディスターン地域に自治を認め，分権的な政治制度を導入したことは，その典型的な例であった。ところが，官僚機構や治安機関などの国家機構の再建が進捗をみないなかで分権的な民主化を進めることは，至難の業であった。多様な利害を背景に政治参加を始めた様々な勢力を，コントロールできないからである。こうして，国家のパイの争奪戦に躍起になった多様な勢力が，分権的な民主制度を換骨奪胎し，自らの利権に合うように再編・利用していった。選挙や議会は権力闘争の場となり，民主主義は機能不全に陥った。

　民主化の頓挫だけではなく，国家機構の再建も遅々として進んでいない。というのも，イラクは原油という豊かな地下資源を有しており，国家収入の9割以上をその輸出が占めているためである。すなわち，徴税の必要がほとんどないのだ。その結果，近代国家の主たる役割の一つと考えられている徴税のための官僚機構の整備という課題が，喫緊のものとして認識されていない。だからこそ，民主化というゲームの中で多様な勢力間のバランスを維持するだけの政治が続き，国家建設が進展しないのである。　　　　　　　　　　（山尾　大）

▷3 Stansfield, Gareth (2007) *Iraq: People, History, Politics.* Polity Press.

（参考文献）

酒井啓子（2003）『フセイン・イラク政権の支配構造』岩波書店。
山尾大（2013）『紛争と国家建設——戦後イラクの再建をめぐるポリティクス』明石書店。

事例Ⅱ：イギリス国家の変容
——EU と分権化との間で

1 議会主権の単一国家

　イギリスは，イングランド・スコットランド・ウェールズ・北アイルランドの4つの国から構成される連合王国である。16世紀にイングランドとウェールズが併合され，18世紀にスコットランド，19世紀にアイルランドが合併した後，1922年に南アイルランド（現在のアイルランド）が独立し，現在の形となった。ただし制度的には，ドイツのように国家と州との間で立法権が分有される連邦制ではなく，中央集権的な単一国家として国家形成がなされてきた。

　では，権力はどこに集められてきたのだろうか。それは議会であり，イギリスは「議会主権」であるといわれる。イギリスには成文憲法が存在せず，ロンドンにあるウェストミンスター議会が，様々な政治的決定や立法を行う最上位の機関として捉えられてきた。議会は，もともと王が求める戦費への同意の場として形成されたが，その後，下院（庶民院）議員が選挙で選ばれるようになり，選挙権も拡大した。議会は，イギリスの民主的政治体制の核でもある。

　しかし近年では，この「議会主権」と「単一国家」の両面から，イギリスは変化しつつある。その変化を引き起こしたのは，一方ではEUとの関わりであり，他方では分権化の進行である。

2 EU 加盟と離脱

　EUの端緒であるECSCが設立されたのは1951年だが，この時点ではイギリスは参加しなかった。イギリスは，アメリカや英連邦諸国とのつながりが強く，ヨーロッパとの関係はそれらと並ぶものではあったが，優先順位が高いわけではなかった。しかし，ヨーロッパとの関係が特に経済面で強まってきた1960年代に加盟を申請し，2度の加盟拒否を経た上で，73年に加盟を果たした。

　その後，ヨーロッパ統合は次第に経済面から政治面へと発展していくが，それと反比例するように，イギリスではヨーロッパ懐疑主義と呼ばれる反対勢力が台頭していく。その端緒となったのは，1980年代のサッチャー首相（Margaret Thatcher）である。サッチャーは，ヨーロッパ統合が，例えば労働規制のような政治面にも及べば，イギリスが自国に関わることを決めるという「主権」を脅かすであろうという点から反発した。

　したがって，ユーロへの通貨統合など，国家の主権に関わるいくつかの分野

には，イギリスは参加しない形をとったが，1990年代以降もイギリス国内において ヨーロッパ懐疑主義は拡大していった。それが頂点に達したのが，2016年のEU離脱をめぐる国民投票である。離脱派による「主権を取り戻す」といったキャンペーンなどにより，離脱が残留を僅差で上回ったのである。

これは国民投票の結果であり，正式に離脱するためには，議会主権のイギリスでは議会で決めなければならない。しかし議会では，離脱の条件などをめぐって政党を横断した形で議論が紛糾し，決定できない状態が続いた。その結果，当初の予定では2019年3月が離脱の期限であったが，実際に離脱できたのは2020年1月であった。この過程で，イギリスの「議会主権」のあり方は，強く問われることとなった。

③ 分権化と自治・独立運動

もう一つの変化は，分権化である。スコットランドでの自治・独立の要求の高まりや，北アイルランド和平の観点から，1999年にスコットランド・ウェールズ・北アイルランドへの分権化が，各地域での住民投票の結果を踏まえて，実施された。その最大の成果は，それぞれに地域議会が設けられたことである。特にスコットランド議会には，立法権や課税を含む財政的権限の一部が委譲され，自治権が拡大することになった。

こういった地域議会を廃止する権限は依然としてイギリス議会が持つため，イギリスは連邦化したわけではなく，あくまで分権化であり各地域への権限委譲である。しかし，分権化によってイギリス国家の性格は大きく変化しており，様々な論点を生み出している。

一つは，議会の決定の範囲をめぐる矛盾である。例えばスコットランド議会には一定の政策分野に関して立法権が委譲されているため，その分野に関するイギリス議会の決定はスコットランドには及ばない。しかし，イギリス議会にはスコットランドの選挙区で当選した議員が存在しており，これらの議員は，権限委譲されているためスコットランドには関係なく，イングランドにのみ影響する政策分野に関しても，下院で投票する権利をもつのである。[1]

もう一つは，特にスコットランドにおける自治・独立運動の高まりである。スコットランド議会において地域政党であるスコットランド国民党（SNP）が伸長し，イギリスからの独立を求める声も高まった。それを受け，2014年にはスコットランド独立の賛否を問う住民投票が行われたが，結果は否決であった。ただし，その後も独立を求める運動は収まってはいない。特に2016年のイギリスのEU離脱決定以降は，「イギリスから独立してEUに加盟する」という論理で，スコットランドでの独立への支持率は再び上昇しており，スコットランド地域政府は再度の住民投票を求めている。この動向によっては，イギリス国家が分裂する可能性もはらんでいるのである。　　　　　（近藤康史）

▷1　これは「ウエスト・ロジアン問題」と呼ばれ，分権化後のイギリス議会をめぐる矛盾の一つとなっている。

（参考文献）

近藤康史（2017）『分解するイギリス——民主主義モデルの漂流』ちくま新書。

梅川正美・阪野智一・力久昌幸編著（2014）『現代イギリス政治［第2版］』成文堂。

民主化の理論

1 民主化研究のきっかけ

民主化研究が比較政治学の一大潮流となるきっかけは，1970年代後半から80年代にかけて相次いで起こった，非民主主義体制の崩壊であった。1930年代から独裁政権が続いていたポルトガル，スペイン，1960年代以降軍政が支配していた南米南部（ブラジル，アルゼンチン，ウルグアイなど），東・東南アジア（フィリピン，韓国，台湾）そして旧共産圏など，その範囲は文字通り世界規模であった。ハンティントン（Samuel P. Huntington）は，この世界的潮流を，民主化の「第三の波（The Third Wave）」と表現した。[◁1]

この現象を契機に，民主化研究は大きく発展することになり，その中で民主化とは何か，民主化はいつどのような形で起こるのか，民主化後の体制が安定するための条件は何かといった，様々な問いが生じた。本節では，主に「第三の波」に関する研究から生まれた知見を紹介する。

2 民主化の定義

民主化とは，一般的には「非民主主義体制から民主主義体制への変化（移行）」を意味する。[◁2] しかし，民主化を論じるためには，何をもって民主主義というのか，より具体的には，いかなる条件・基準を満たせば民主主義体制といえるのか，という点を明らかにしなければならない。

民主主義を，「選挙を通じて政治エリートが民衆の支持を調達すべく行う競争」と定義したのはシュンペーター（Joseph A. Shumpeter）であるが，この定義に従えば，野党・反対派勢力も参加した，競争的な選挙が実施されるようになれば，民主化が達成されたと考えられる。しかし，競争的な選挙の実施は民主主義の十分条件であろうか。

ダール（Robert A. Dahl）は，民主主義体制研究の古典ともいえる『ポリアーキー』において，「自由化（公的異議申し立て）」と「包摂性（参加）」という2つのメルクマールを用いて，双方を高い水準で満たす体制を，「ポリアーキー」（理念としての民主主義に最も近い体制）と位置づけた（図2-1）。ダールはシュンペーターの定義に，国民の包括的な参加（普通選挙），さらに結社や意見表明の自由，自由で公正，かつ定期的に実施される選挙などの要素を付け加えた。こうした条件がなければ，特に反対派勢力にとって真に自由・公正で競争的な選

▷1 ハンティントンによれば，19世紀ヨーロッパで起こった比較的長いスパンの民主化が第一の波，第二次世界大戦終結後，枢軸国および新興独立国で起こった民主化が第二の波であるという。

▷2 今日の比較政治学においては，「非民主主義体制」と「権威主義（体制）」がほぼ同義に使われるが，厳密には前者には「全体主義体制」「ポスト共産主義体制」なども含まれるため，本節においては「非民主主義体制」という語を用いる。

挙にはなりえないためである。今日の議論では，ダールの定義を，手続的民主主義の最低条件（デモクラティック・ミニマム）とし，これを満たす体制が成立することを「民主化」と捉えることが一般的である。

③ 民主化の諸段階とその態様

民主化の定義は明らかになったが，実際には，非民主主義体制から民主主義体制へと一足飛びに変化するわけではない。一般的には民主化はいくつかの段階（局面）に分類することができる（それぞれを分析するための視角は次節で検討する）。

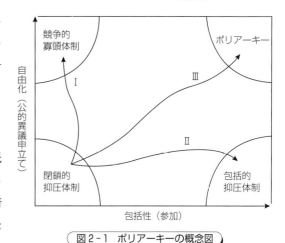

図2-1 ポリアーキーの概念図

出典：ダール（2014：14）。

第1段階は，非民主主義体制における自由化（政治結社の禁止・検閲などの措置の部分的緩和）である。これにより，非民主主義体制に反対する政治勢力の結集や，体制を批判し，民主主義を求める意見が広まるなど，民主化への機運が高まると考えられる。

第2段階は非民主主義体制から民主主義体制への「移行（transition）」である。ただし，この段階も，詳細に検討すると様々なパターンがある。すなわち，旧体制は革命や武力衝突により瓦解したのか（さらにそうした動きを主導したのが組織化された反体制派勢力か，市民による暴発的な蜂起か），それとも様々な圧力や反体制派勢力との協議の結果，自発的に権力を放棄したのか。そして新体制の成立（新憲法の制定やその下での第1回選挙の実施）は，旧体制の終焉から間を空けずに，かつスムーズに起こったか，長いインターバルがあったのか，などがメルクマールになる。

こうした点に着目すると，非民主主義体制の崩壊と民主化は理論上も実際上も同義ではなく，崩壊後に流動的な政治状況が生じる可能性もあるし，「移行」のあり方の違いが，その後の民主主義体制の動向にも影響を及ぼすことが明らかになる。

第3段階は，確立された民主主義体制の「定着（consolidation）」である。民主化後の体制が十分な安定性を備えるというのがその意味するところである。ただしこれも，一義的な基準・指標があるわけではない。軍などの反民主的勢力が，クーデタなどの手法で民主主義体制を転覆する可能性が極小化した時か，それとも政治勢力もしくは市民の大部分が，民主主義（体制）の正統性を受容した時か，などさまざまな捉え方がありうる。 　　　　　　（武藤　祥）

参考文献

ヨーゼフ・シュンペーター（2016）『資本主義，社会主義，民主主義』（大野一訳）日経BP。

ロバート・A・ダール（2014）『ポリアーキー』（高畠通敏他訳）岩波書店。

サミュエル・P・ハンチントン（1995）『第三の波──20世紀後半の民主化』（坪郷他訳）三嶺書房。

2 民主化研究の発展

第2章 民主化

民主化研究の発展

1 初期の民主化研究

　比較政治学における初期の民主化研究は，中長期的なタイムスパンに立ち，かつ社会構造に着目したものが多かった。リプセット（Seymour M. Lipset）は経済発展と民主化との間の大まかな相関関係を指摘したが，これはいわゆる近代化論▷1の枠に沿った議論であった。ムーア（Barrington Moore, Jr.）は近代以前の階級関係（小作農，領主，ブルジョワジー）のあり方が現代における政治の分岐（民主制か独裁か）を規定するという，比較歴史社会学の古典をものした。

　近代化論への批判を踏まえ，「民主化に至る道」をより内在的に解明したのが，1960年代以降の政治発展論である。ハンティントン『変革期社会の政治秩序』，オドンネル（Guillermo O'Donnell）『近代化と官僚型権威主義体制』などがその代表的研究だが，それらが明らかにしたのは，政治発展の諸段階において民主化はしばしば停滞・後退するという，近代化論の単純な想定とは正反対の命題であった。

2 民主化はなぜ，どのように起こるか：着眼点とアプローチ

　1980年代以降の民主化研究は，「第三の波」の事例を念頭に置きながら，より精緻なアプローチを追求していった。中核的な問題関心は論者によって異なるが，① 民主化をもたらす中長期的な背景・条件を探る，② 先行する権威主義体制の崩壊から民主化に至るプロセスを分析し，民主化の成否を分かつ要因を探る，とまとめられよう。また，それぞれの着眼点・アプローチは，①は社会経済的な要因などのマクロ的アプローチ，②は政治制度やその中での政治アクターの動向などに着目したミクロ的アプローチである。近年注目を集める「移行期正義▷2」と民主化の成否との関係も，②に含められよう。

　マクロ的アプローチは，上述したリプセットの問題関心などを部分的に受け継いでいるが，東欧諸国などの事例分析から，市民社会の成熟度なども取り入れられるようになった。ミクロ的アプローチは，旧体制（権威主義体制）側のエリートと，民主化を求める反体制勢力，さらにそれぞれの内部に存在する穏健派・強硬派（非妥協派）の関係性や行動に即し，民主化の動向や成否を探るものである。このアプローチの代表作がオドンネルとシュミッター（Philippe C. Schmitter）の『民主化の比較政治学』である。また彼らが用いた，民主化を

▷1　1950年代にアメリカを中心に提唱された理論で，あらゆる社会は近代社会（社会的な機能分化，合理化，経済発展，都市化，教育水準の向上などをその特徴とする）に向かうというもの。同時期のアメリカが第三世界へ開発支援を行う際の理論的支柱となったが，単線的な発展を想定していることや，欧米型の社会を近代社会として，価値的に優れたものと位置づけていることなどに対し，多くの批判を受けた。

▷2　移行期正義の意味するところは多様であるが，差し当たりここでは，非民主主義体制下で起こった組織的・大規模な人権侵害に対し，民主化以降の新政権が被害者を認知し，その名誉・損害を回復し，平和・和解・民主主義のために真実を究明し，必要に応じ責任を追及する過程，と規定する。

一連のプロセスと捉える見方により，権威主義体制の崩壊は民主化と同義ではなく，流動的な状況が生じる可能性もあるという点（前節参照）が解明された（もっともこうした視座は，政治変動論では以前から用いられていた）。

　しかしこれらのアプローチは，相互に対立するものではなく，民主化のどの側面を明らかにするかという目的に応じた，着眼点の違いと捉えるべきであろう。

❸ 「定着」をいかに捉えるか

　さらにここから，手続的民主主義の最低条件（デモクラティック・ミニマム）である「自由で競争的な選挙の実施，国民の包括的な参加」を一度実施すれば民主化は完了するか，という問いが生まれる。歴史的事例を紐解けば，「第三の波」以降の時代に限っても，一度民主化した国において，民主主義体制が十分な安定性を持たず，再び非民主主義体制へ逆戻りする危険性にさらされる事例や，民主化後の政治体制が，さまざまな問題（経済格差，軍の特権的地位，人権侵害，政治腐敗など）をはらむ事例も少なくなかった。

　このような現実を前に，民主化研究の主たる関心は，民主主義体制への「移行」から「定着」へ，すなわち「いつ，どのような形で，いかなる条件を満たせば，民主制が『定着』したといえるのか」という問いの解明，そして民主主義体制の「質」の探求へと変わっていった（リンス＆ステパン（2005）など）。デモクラティック・ミニマムは文字通り必要条件に過ぎず，「定着」と質的な深化こそが民主主義の十分条件であるという認識がその背景にはあった。

　少なくとも個別事例に関して，民主主義体制がいつ定着したかという問いは，後付けの議論にならざるを得ない。だが，事例研究の積み重ねから，以下のような条件を析出することができる。すなわち，自由で公正な選挙が複数回実施され，選挙結果を各政治勢力が受容することである。特に，権威主義体制下での反対派勢力が政権を獲得し，それを旧体制のエリート層が受容すること，言い換えれば民主主義が「街で唯一のゲーム」（リンス＆ステパン）になることが，定着の目安になる。

　先行体制が軍事独裁であった場合は，軍の後見的役割を排除し，軍を文民統制下に置くこと，さらに「移行期正義」の扱いも重要になるが，これは非常にデリケートな問題を含む。軍を徹底的に政治の場から排除する，あるいは軍政下での人権侵害などの責任を徹底的に追及することは，新生民主主義体制の正統性を高めるために重要であるが，逆に軍の敵対心を生み，クーデタなどの危険性が増すというジレンマをもたらすためである。

　そして「定着」をめぐる議論の中で出てきた，民主主義の「質」という論点は，ダールが提示したメルクマール，特に選挙と参加という外形的基準以外の要素への着目を生むことになった。言い換えれば「民主主義体制の（さらなる）民主化」をいかに進めるか，が次なる課題となっていく。　　　　　　（武藤　祥）

参考文献

ギジェルモ・オドンネル＆フィリップ・C・シュミッター（1986）『民主化の比較政治学——権威主義支配以後の政治世界』（眞柄他訳）未來社。

サミュエル・P・ハンチントン（1972）『変革期社会の政治秩序（上・下）』（内山秀夫訳）サイマル出版会。

バリントン・ムーア（2019）『独裁と民主政治の社会的起源（上・下）』（宮崎他訳）岩波書店。

ファン・リンス＆アルフレッド・ステパン（2005）『民主化の理論——民主主義への移行と定着の課題』（荒井他訳）一藝社。

民主化研究の現状と課題

① 民主化の幸福な絶頂期

　「第三の波」以降の民主化研究は，冷戦末期という時代状況に大きな影響を受けていた。1990年代には，権威主義体制の崩壊後に成立した体制が，自由民主主義の観点に照らして不十分であるという認識は，比較政治学界で広く共有されていた。そうした体制を分析するために，オドンネルの「委任型民主主義（Delegative Democracy）」など，様々な名称を冠したモデルも提唱された（それらは「形容詞付民主主義」と総称された）。だがその名称からも明らかなとおり，そうした体制はあくまでも民主主義体制の一類型であること，そしてそうした体制はいずれ完全な自由民主主義に移行するであろうということは，多くの研究者の共通了解であった。

　こうした認識は，フクヤマ（Francis Y. Fukuyama）の『歴史の終わり』に代表されるような楽観論，すなわち冷戦の終結および共産主義陣営の消滅とともに，世界の政治体制は自由民主主義に収斂していき，民主化も加速するという多幸的な予測に，比較政治学も少なからず影響を受けていたことを示している。

② 「形容詞付民主主義」から「形容詞付権威主義」へ

　しかし，2000年代に入ってから，このような見方に対する疑問が呈される。その背景には，①旧ソ連諸国などにおいて，権威主義的支配が終焉した後に登場した体制が，質的に十分な民主主義にならず，長期間継続する事態が多く見られた，②中国や湾岸諸国などにおいては，民主化に向かう兆しがほとんど見られなかった，③一部の民主主義国家（トルコ，ベネズエラなど）においては明確に民主主義が後退した，という一連の事実がある。

　従来の理論においては，こうした状況は民主化の一時的な停滞であり，例えば①のような体制は，完全な民主主義体制に向かう過程で生まれる，過渡的なものと位置づけられてきた。しかし現在では，こうした体制は権威主義体制の一類型と捉える見方が，比較政治学では一般的になっている。

　代表的な議論が，レビツキー（Steven Levitsky）とウェイ（Lucan A. Way）の「競争的権威主義（Competitive Authoritarianism）」である。彼らが明らかにしたことは，そうした体制は，民主主義的な外観（三権分立と代議制に基づく執政制度）を備え，野党勢力も含めた競争的な選挙が行われるが，体制側の権力濫用

▷1 Collier, David and Steven Levitsky (1997) "Democracy with Adjectives: Conceptual Innovation in Comparative Research." *World Politics* 29(3).

▷2　第4章参照。

などによって，その競争は不公正なものとなること，そしてそれらは独自のメカニズムと持続性をもつ政治体制と捉えるべき，という点である。

民主主義と権威主義との間のグレーゾーンに位置する統治は，権威主義の一種であるという認識の定着，そしてそれを反映するように，さまざまな形容詞を冠した権威主義モデルが提唱されたことは，冷戦後の楽観的な見方の終焉を象徴するものであったといえよう。

③ 民主化研究のこれから：境界線が消えた世界で

新たな権威主義体制をめぐる理論は，民主的外観と権威主義的統治実践が併存する体制における，制度（体制の類型，執政制度のあり方，エリート間の関係など）と，その持続可能性に関心を集中させている。

だが，そうした議論も，新しいタイプの権威主義が民主化に向かう条件を探る，すなわち「権威主義から民主主義へ」という動態を前提としている点では，従来の民主化理論と同じであるといえよう（レビツキーらも，「競争的権威主義」が民主化する可能性を，主に国際的要因に着目して説明している）。それらを独自の性質をもつ体制として捉えるならば，民主化の可能性，すなわち「権威主義体制はすべからく崩壊する」という前提を議論の出発点としていることには矛盾があるのではないか。

また，先に述べたように，今日の権威主義が少なくとも外見上は民主的な政治制度を備えていることから，権威主義と民主主義とを，客観的な基準（特に競争的な選挙の実施）を用いて区別することがますます困難になりつつある。したがって，「第三の波」の時代のように，非民主主義体制から民主主義体制への移行が明確な形で起こる可能性も，また低下していると考えられる。

2000年代に旧ソ連諸国で起こった「カラー革命」，あるいは2010年から起こった「アラブの春」は，民主化の「第四の波」を感じさせる出来事であった。しかし，いずれも当該地域に安定した民主主義を確立することにはつながっていない。

世界的な権威主義化が進む中，自由民主主義を絶対視する見方は大きく動揺している。そしてそれに伴い，世界が民主化に向かっているという単線的なパラダイムは，理論的にも実際的にもかつてのような説得力を失っている。民主化研究は現在大きな岐路に立たされているといえよう。　　　　　（武藤　祥）

▷3　一例として，シェドラー（Andreas Schedler）の「選挙権威主義（Electoral Authoritarianism）」など。Schedler, Andreas (ed.) (2006) *Electoral Authoritarianism: The Dynamics of Unfree Competition*. Lynne Rienner.

参考文献
上谷直克（2017）「『競争的権威主義』と『委任型民主主義』の狭間で——ラテンアメリカの事例から考える」日本比較政治学会編『日本比較政治学会年報第19号：競争的権威主義の安定性と不安定性』ミネルヴァ書房。
フランシス・フクヤマ（2020）『新版　歴史の終わり』（渡部昇一訳）三笠書房。
Levitsky, Steven and Lucan A. Way (2010) *Competitive Authoritarianism: Hybrid Regimes after the Cold War*. Cambridge University Press.

4 事例Ⅰ：南欧の民主化

1 両国の民主化の位置づけ：共通点と相違点

1970年代半ばに南欧諸国（スペイン，ポルトガルのほか，本節で取り上げないギリシアも含む）で起こった独裁の終焉と体制移行は，その後，南米，東南アジアにも波及し，世界的な民主化の潮流（「第三の波」）の発端となった。

隣接する国同士で，ほぼ同じタイミングで起こったため，スペインとポルトガルの体制移行は類似した事例と理解されることもある。両国とも，長期独裁からの移行という共通点はあるが，詳細に観察すると，この2つは大きく異なる点も多い。

両国の民主化を比較する際のポイントとしては，① 体制移行を促進した独裁時代の政治的・社会的変容，② 体制移行の担い手，③（② とも関連して）軍のあり方，④ 前体制（独裁）との連続性の強弱，⑤ 独裁終焉後，民主体制が定着するまでのタイムスパン，などが挙げられる。

2 両国の民主化の展開

先に述べたように，スペインとポルトガルは大戦間期に成立した独裁体制が長期間の支配を続けていた（スペインのフランコ（Francisco Franco）体制は1939年から，ポルトガルの新国家体制は1933年から）。^{◁1}

1960年代以降，両体制に変化の兆しが見られ始めるが，その内容は対照的なものであった。ポルトガルは，第二次世界大戦後もアンゴラやモザンビークといった植民地の維持に固執したが，1950年代末，独立を目指す武力紛争が勃発した。紛争は泥沼化し，ポルトガルの国家財政に大きな負荷をかけたばかりか，人的犠牲が拡大することで，軍内の政権に対する不満は高まっていった。1968年，サラザール（António Oliveira de Salazar）は不慮の事故で執務不能に陥り，カエターノ（Marcelo Caetano）が後継首相になったことで，体制改革への期待が高まる。しかし体制内保守派の反対もあり，改革はほとんど進まなかった。

スペインは，1950年代末の経済自由化により，1960年代には経済発展が一気に進んだ。それに伴い，都市化や，大学進学率の向上などの社会変動も見られた。また，1966年の出版法により，新聞や雑誌などで体制に対する批判的な意見を表明できるようになり，政治的自由化が部分的に進んだ。

このような背景のもと，両国における独裁の終焉も対照的であった。1974年

▷1 ポルトガルでは1926年，軍のクーデタにより，1910年に成立した第一共和制が崩壊した。その後6年間の軍事独裁期間を経て，1932年にコインブラ大学の財政学教授であったサラザールが首相に就任し，翌年には新憲法が制定された。この独裁体制を「新国家体制」と呼ぶが，実権はサラザールに集中していた。

　4月25日，ポルトガルでは軍の若手改革派将校からなる「国軍運動（MFA）」がクーデタを決行し，40年あまり続いた新国家体制はあっけなく瓦解した（カーネーション革命）。MFA は共産党（PCP）や社会党（PS）などとともに「革命評議会」を結成し，移行期の政治を主導する。

　スペインでは，1975年11月20日，フランコが82年の生涯を閉じる。すでに1969年に，フランコは自らの後継国家元首として，ブルボン家のフアン・カルロス王子（Juan Carlos Ⅰ）を任命しており，王子はフランコの死後すぐにスペイン国王に即位した。フアン・カルロスは，フランコ体制下の単一政党「国民運動」出身の若手政治家スアレス（Adolfo Suárez）を首相に任命し，以降スアレスは民主化に向けた政治改革を急ピッチで進める。

　両国の体制移行を比較すると，スペインが非常にスムーズかつ平和裏に進んだのに対し，ポルトガルは困難に満ちた，長い過程を経なければならなかった。

　スペインでは，1976年に政治改革法が成立した。この法律は，フランコ体制下に置かれた議会（コルテス）が，独裁の終焉と，民主制の導入を定めたといえる内容である。スペインの体制移行は法的連続性が高く，「法から法へ」と形容されるのはこうした経緯からである。

　その後，1977年6月の選挙で選出された制憲議会で新憲法案が審議された。新憲法案は，立憲君主制を維持する一方，最大の懸案であった地域主義問題に対し，連邦制に近い制度（自治州国家体制）の導入という解決案が示された。

　政治改革法から新憲法制定までには，政体問題（王制か共和制か），共産党の合法化問題など様々なデリケートな争点が存在した。だが，フランコ体制側，民主化推進勢力双方とも，文民政治家の間には，これらの問題をめぐる対立が尖鋭化して，民主化自体が挫折することを回避しようという暗黙の合意があったと言える。同時に，軍の政治介入を防いだことも，スペインの民主化がスムーズに進んだ要因であった。

　他方，先述の通り，ポルトガルにおいて，新国家体制の打倒を主導したのは軍であった。1976年2月に，MFA が中心となった臨時政府からの民政移管が決定されたが，その後も共和国大統領は軍の参謀総長エアネス（António Eanes）が務めた。また革命評議会も，選挙による民主的正統性とは異なる，革命由来の正統性をもつ機関として，独自の権威と軍の統制権を保有し続ける。

　「軍による革命」という起源ゆえ，ポルトガルの体制移行は，旧体制からの民主化と，軍の政治過程からの漸進的排除という，二重の課題に取り組まなければならなかった。1982年の憲法改正によって革命評議会は廃止され，1986年の大統領選挙で，文民出身のソアレスが当選したことで，軍の政治的影響力は排除された。「カーネーション革命」から，民主化の完結まで，実に12年を要したことは，スペインの事例と鮮やかな対照をなしている。　　　（武藤 祥）

▷2　上下両院からなる立法府の設立，直接普通秘密選挙の導入などを定めたもの。

参考文献

アルフレッド・ステパン（1989）『ポスト権威主義——ラテンアメリカとスペインの民主化と軍部』（堀坂浩太郎訳）同文舘出版。

永田智成（2016）『フランコ体制からの民主化——スアレスの政治手法』木鐸社。

5 事例Ⅱ：交渉による民主化
──南アフリカの事例

 南アフリカにおける「民主化」の意味

　1974年にポルトガルから始まった「民主化の第三の波」は，1980年代末にアフリカにも波及した。1989年時点のアフリカ諸国の政治体制は，一党制または軍事政権が大半であった。ところが1990年代に入ると複数政党制への転換が相次ぎ，1990年 1 月から1993年 1 月の 3 年間のうちに，一党制をとっていたアフリカの30か国中28か国が複数政党制へと転換した。このようなアフリカにおける「民主化の雪崩」現象の背景には，冷戦の終結という世界秩序の大変動があった。[1]

　南アフリカの民主化も「第三の波」のなかで起きたものである。ただし南アフリカでは，それ以前のアパルトヘイト（人種隔離）体制のもとで，白人有権者のあいだでは複数政党制による選挙が定期的に実施されていた。したがって，南アフリカにおける「民主化」とは，一党制や軍事政権から複数政党制への転換という他のアフリカ諸国の「民主化」とは異なり，アパルトヘイト（人種隔離）体制下で少数派の白人だけに認められていた参政権を，それまで排除されてきた多数派の人びとにも拡大することを意味していた。

2 「民主化」の経緯

　1990年 2 月，27年間獄中につながれていたマンデラ（Nelson Mandela）が釈放され，解放運動組織の活動禁止措置が解かれたことから南アフリカの民主化は本格的に始動した。民主化交渉は，アパルトヘイト体制の与党でデクラーク（Frederik W. de Klerk）が率いていた国民党と，マンデラを指導者とする解放運動組織，アフリカ民族会議（ANC）の二者を軸に，それ以外の政治勢力も交えた多党間交渉の形で進められた。

　対話に反対する勢力による暴力事件が相次ぎ，民主化交渉は何度も暗礁に乗り上げたが，1993年に暫定憲法の合意に至り，翌1994年に初めて全人種参加による総選挙が実施された。この選挙で ANC は過半数を大きく上回る得票により勝利を収め，暫定憲法の規定に基づき，ANC は旧与党の国民党を含む主要政党とともに「国民統合政府」（Government of National Unity）を形成し，マンデラが黒人として初めて南アフリカの大統領に就任した。以後，南アフリカでは自由・公正と評価される選挙が定期的に実施されており，民主主義体制が継

▷ 1　1990年代前半のアフリカにおける民主化の雪崩現象については，林編（1993）所収の小田英郎の論考を参照。

続している。

1996年に制定された恒久憲法には，アパルトヘイト体制下のような人権侵害を繰り返さないための充実した人権憲章，一般市民からの通報をもとに政府の説明責任を問う独立機関の設置なども盛り込まれた。交渉による体制移行の実現，そしてその結果として導入された政治制度の民主的性質から，南アフリカの民主化は成功例として高く評価されることも多い。ただし，ANCの一党優位状況が長期化するに伴い，汚職の蔓延など，民主主義の「質」の低下が指摘されるようになって久しい[2]。

③ 体制移行をもたらした要因

冷戦終結は世界各地で大きな政治変動をもたらし，1990年代前半には泥沼の紛争を経験した国も多かった（旧ユーゴスラヴィア，ルワンダなど）。そのようななか，アパルトヘイト政策によって極度の分断が生じていた南アフリカにおいて，交渉による体制移行・民主化が実現したのはどうしてだろうか。

一つには，国民党とANCという2つの主要な政治勢力間のパワーバランスが拮抗し，双方が痛みを伴う「手詰まり」を認識していたことがある[3]。冷戦時代には，イギリスやアメリカをはじめとする西側諸国がアパルトヘイト体制の維持に手を貸す一方で，ソ連をはじめとする東側諸国が解放闘争を支援するという構図があった。冷戦の終結により，国民党とANCの双方が国際的な後ろ盾を失うこととなった。軍事的手段により相手を完全制圧できる見通しがなくなったことが，両者を交渉へと向かわせた重要な要因であった。

そして，交渉が最終的に合意へと至ったのは，国民党・ANCの双方が受け入れ可能な政治制度の着地点を見出すことができたからであった。具体的には，人種にかかわらず平等な一人一票の選挙権の実現というANC側の譲れない主張に即しつつ，選挙制度としては少数派政党が議席を獲得しやすい比例代表制が導入されることになった（アパルトヘイト体制下の選挙制度は小選挙区制であった）。さらに少数派政党に政権参画機会を保障する「国民統合政府」の規定も1993年の暫定憲法には盛り込まれた。

これらの政治制度は，政治学者のレイプハルト（Arend Lijphart）が提唱した，分断社会における安定的な民主主義を可能とする政治制度としての「多極共存型民主制（consociational democracy）」の議論を参照したものであった[4]。恒久憲法においては「国民統合政府」規定は削除されたが，独占していた権力を失うことになる少数派の白人の抵抗感に配慮した政治制度が経過措置として採用されたことが，南アフリカにおけるスムーズな体制移行を可能にした重要な要因の一つであったといえるだろう。

（牧野久美子）

▷2 「民主化」を経たアフリカ諸国における民主主義の「質」の問題について包括的に論じたものとして遠藤（2012）を，南アフリカの事例については川中編（2018）所収の拙稿を参照。

▷3 「手詰まり」が紛争当事者を交渉に向かわせる条件について，ザートマンの議論を参照（Zartman 2000）。

▷4 南アフリカにおける「多極共存型」モデルの適用については，峯・畑中編（2000）所収の峯陽一の論考を参照。

参考文献

遠藤貢（2012）「アフリカにおける『民主化』経験と政治体制評価の新課題」『日本比較政治学会年報』14：1-25。
川中豪編（2018）『後退する民主主義，強化される権威主義——最良の政治制度とは何か』ミネルヴァ書房。
林晃史編（1993）『南部アフリカ諸国の民主化』アジア経済研究所。
峯陽一・畑中幸子編（2000）『憎悪から和解へ——地域紛争を考える』京都大学学術出版会。
Zartman, I. William (2000) "Ripeness: The Hurting Stalemate and Beyond." Stern, Paul C. and Daniel Druckman (eds.), *International Conflict Resolution after the Cold War.* National Academy Press, pp. 225-250.

民主主義体制の複数性の発見
　　──多極共存型民主制

　本章は，民主主義体制を大まかに捉える分析枠組を概観する。現在の比較政治研究は個別の制度（例えば選挙制度）が与える影響を検討することが多い。しかし，多様な政治体制の全体的な特徴を捉えることは政治を学ぶ学生や実務家にとってなお重要である。加えて，「民主体制の後退」といったトレンド（Vatter, Flinders and Bernauer 2014）や，体制の特徴がもつ政策的帰結に関心をもつ研究にとっては，体制の性格付けは依然として有意味な問いである。

1　多極共存型民主制論による地平の開拓

　民主体制はしばしば多数決と同視される。政権選択こそが民主主義の要諦であると考えるならば，大統領なり議会多数派なりの選出を多数決で行い，その政権に政治運営をゆだねることこそが民主体制の特徴ということになりそうである。実際，多数決や二大勢力の競争を軸とするアメリカやイギリスの民主制が初期の比較政治学の中ではモデルとされてきた。

　民主体制の多様性が注目されるようになるのは，1960年代後半である。その時期に生まれ比較政治学の基本概念として共有されているのが，多極共存型民主制（Consociational Democracy）というキーワードである。これを案出したオランダ出身のレイプハルト（Arend Lijphart）の議論は，英米型とは異なるが安定した民主体制が存在することを示すものであった。当時の主流モデルは，政治文化の同質性を重要な条件としており，宗教や階級による社会の分断に特徴づけられるヨーロッパ大陸諸国は，民主体制の不安定や崩壊に見舞われたとされていた。この通念に対してレイプハルトは，母国オランダやベルギー，スイスといったヨーロッパの小国が，深い政治文化の分断に特徴づけられつつも長く安定した民主制を維持してきたことを指摘する。

　レイプハルトは，説明のためにエリートと大衆の行動パターンという要因を導入する。そしてエリート・レヴェルの協調的行動が成立すれば，政治文化が分断的でも民主体制が安定しうると論じた。これに従えば，英米型は同質な政治文化の上でエリートが競争的にふるまう類型となる。競争という行動原理を分断された政治文化に持ち込むことで，デモクラシーは不安定となるのである。

　レイプハルトは協調的行動を担保する非公式ルールを４つ挙げた。第一に大連合統治であり，主要集団の代表がすべて（非公式の形を含め）政権運営に参加することを指す。第二に，各集団の死活問題に関して全会一致を原則とする，

相互拒否権である。第三に，ポストや資金の配分に関する比例原理である。選挙制度としての比例代表制のみならず，官職や公営企業の役員などにも及ぶ。最後に区画の自治である。大枠のみを全体で定めたうえで，具体的執行と裁量を小さなユニットに委ねる方式であり，連邦制もその一つの例である。

❷ 権力共有モデルへの展開

　初期レイプハルトは同質的な社会での多数決型の優位を認めつつ，新興独立国の多くは政治文化の分断が前提となるため，多極共存型がより高い適用可能性を持つと論じていた。例として挙げられていたのがレバノンである。

　この主張は民主化時の処方箋としての含意を含み，権力共有（power-sharing）モデルの是非としてなお議論が続いている（Reilly 2012；Bogaards 2019）。レイプハルト自身，南アフリカの憲法制定に助言を与えている。この議論に従えば，権力分散が重視されることになり，選挙制度としては比例代表制が推奨される。

　権力共有モデルに対しては，多極共存型の安定を目指す枠組みが，ある時点の勢力比を固定しその後の変化に対応できないという批判が向けられる。さらに集団への帰属が固定的に把握され，アイデンティティの漸次的変容や世代を経ての変化が想定されないばかりか，変容を阻害しうることも批判される。

　このいわゆる統合モデルは，多数代表型の選挙制度を推奨する。多数を獲得するため政党の訴求対象は広くなり，政党同士は妥協に導かれ，分断が軽減されると想定される。特に移譲式，すなわち複数人区の単記移譲式，一人区の選択投票制または補足投票制が推奨される。ただしこの主張は十分検証されたわけではない。一方に比例代表制の下で投票のエスニック化が低くなるという研究がある（Huber 2012）。他方スイスの事例として，エスニック集団の壁を越えた投票は比例代表より（定数と同数の票を投じる）連記制の大選挙区制度において促進されるという研究もある（Stojanović and Strijbis 2019）。

　選挙制度に限らず制度が集団間の紛争に与える影響が複雑であることを示唆する研究もある。すなわち比例代表制や議会制政府は，多様性が中程度である場合にはそれを悪化させる傾向があるが，より多様性の度合いが高い場合には，紛争のリスクを低めるという。これに対して連邦制は多様性が高い場合に紛争リスクを高くする（Wilson 2020）。あるいは権力共有型の制度をリベラル型と社団型に分類したうえで，前者（比例代表制や立法過程における特別多数の要求）は強い正の影響をもたらすのに対し，後者（特定集団の拒否権やクオータ制）は負の影響をもたらす場合もあるとする（Juon and Bochsler 2022）。

　このように，民主体制の多様性という知見を踏まえると，民主体制の制度設計にも様々な考慮が必要となることがわかるであろう。　　　　　（網谷龍介）

参考文献

Bogaards, Matthijs (2019) "Consociationalism and Centripetalism: Friends or Foes?" *Swiss Political Science Review* 25 (4)：519-537.

Huber, John D. (2012) "Measuring Ethnic Voting: Do Proportional Electoral Laws Politicize Ethnicity?" *American Journal of Political Science* 56 (4)：986-1001.

Juon, Andreas and Daniel Bochsler (2022) "The Two Faces of Power-Sharing." *Journal of Peace Research* 59 (4)：526-542.

Reilly, Benjamin (2012) "Institutional designs for divided societies: consociationalism, centripetalism and communalism compared." *European Political Science Review* 11 (2)：259-270.

Stojanović, Nenad and Oliver Strijbis (2019) "Electoral incentives for cross-ethnic voting: evidence from a natural experiment." *European Political Science Review* 11 (2)：197-212.

Vatter, Adrian, Matthew Flinders and Julian Bernauer (2014) "A Global Trend Toward Democratic Convergence? A Lijphartian Analysis of Advanced Democracies." *Comparative Political Studies* 47 (6)：903-929.

Wilson, Matthew C. (2020) "A Closer Look at the Limits of Consociationalism." *Comparative Political Studies* 53 (5)：700-733.

2 # 合意型民主制と民主体制のマッピング

① 合意型民主制論への変化

　先進工業国を主な対象とする議論においては，レイプハルトの議論はさらに展開する。1984年の『諸民主主義』を基礎として1999年に公刊された『民主制の諸パターン』が第二のランドマーク的業績である（レイプハルト 2014）。多数決型と対抗モデルという構図に変化はないが，いくつかの大きな変化がある。

　まず，多数決型への対抗モデルは合意型民主制（Consensual Democracy）と呼ばれることになった。多極共存型民主制論においては，社会の特性と制度枠組が一体として扱われる傾向があったところ，合意型民主制論においては，政治制度を独立に測定する色彩が強まっている。

　第二に，多極共存型民主制がいくつかの社会の政治運営を基礎とする理念型に近く，特徴的な国（例えばオランダやスイス）を議論することしかできなかったところ，合意型民主制論ではすべての民主制についてその性格を測定する枠組みが作られた。具体的には10の変数を個別に集計した上での因子分析の結果として，各民主制は二次元空間上に位置づけられる。一つ目の政府・政党次元は権力の共有に関わる次元であり連合政権や政党数などと関連する。もう一つは連邦制次元と称され，権力が中央政府以外に分散される程度を表現する。

　第三に規範的評価も変化した。レイプハルトは合意型を，より「温和で，親切な」，すなわちパフォーマンスが良好な類型として位置づけた。その指標は失業率などの政治経済的帰結であり，「政治」そのものの評価であるかには疑問が残るが，多数決型と「同等」という位置づけをこえた強い主張となった。

　特に第二の点は合意型民主制論の適用可能性を大きく広げ，比較政治の一般的用語となった。対象国の増加は計量研究への利用を促す。また，比較事例分析の対象選択の理由を論ずる上でもこの図式は有用だった。

② 合意型民主制論への批判

　多極共存型から合意型へと議論を深化させつつ，民主制の多様性を捉える地平をレイプハルトの議論が開拓したことの意義を強調しすぎることはない。^{▷1}

　しかし疑問点も多くある，まず，彼が提示した二次元図式と，実際の記述が必ずしも対応していない。上述の通り，彼は権力共有と権力分散からなる二次元四象限の図式化を提示した，これが議論の中ではしばしば多数決型対合意型

▷1　民主制の多数決型ヴィジョンと比例型ヴィジョンという，レイプハルトに触発された対比を，政府の政策位置の測定と組み合わせて論じる，パウエル（G. Bingham Powell）の業績はアメリカ比較政治学において頻繁に参照されている（Powell, G. Bingham (2000) *Elections as Instruments of Democracy: Majoritarian and Proportional Visions.* Yale University Press）。

28

という二項対立へと単純化されてしまっている。例えばイギリスとアメリカは権力単独行使型だが，権限分散の軸に関して対極的である（イギリスは集権，アメリカは分散）。多極共存型民主制とされてきた国は権力共有的である点は共通だが，スイスが権限分散的なのに対しオランダの分散度は平均的である。これを「多数決型対合意型」という一次元的対立に単純化するのは無理がある。

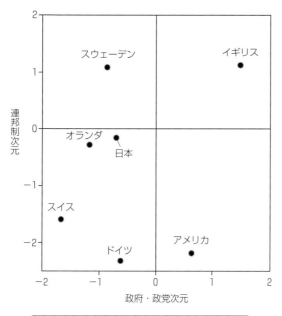

参考文献

アレンド・レイプハルト（2014）『民主主義対民主主義──多数決型とコンセンサス型の36カ国比較研究［原著第2版］』（粕谷祐子・菊地啓一訳）勁草書房。

Coppedge, Michael (2018) "Rethinking Consensus vs. Majoritarian Democracy." https://doi.org/10.2139/ssrn.3271512.

Keman, Hans and Paul Pennings (1995) "Managing Political and Societal Conflict in Democracies: Do Consensus and Corporatism Matter?" *British Journal of Political Science* 25 (2): 271-281.

Horne, Will, James Adams and Noam Gidron (forthcoming) "The Way we Were: How Histories of Co-Governance Alleviate Partisan Hostility." *Comparative Political Studies*.

図3-1 民主主義の二次元概念図（1981-2010）

出典：レイプハルト（2014：270）のデータを基に抜粋作成。

　第二に，指標の測定や因子分析の結果に関する経験的問題も早くから指摘されている。彼が用いている，10の指標の測定に不分明な点があり，再現性が小さいという指摘である（Coppedge 2018）。

　第三に，合意型の優位にも疑問が呈されている。早い段階から指摘されているのは，その優位が「コーポラティズム」という，政治体制とは異なるレヴェルの変数に影響されており，それを差し引くとパフォーマンスの差は見いだせない，という批判である（Keman and Pennings 1995）。

　これらの批判に対して十分な対応がとられているとはいえない。とはいえ民主制のマッピングは必要である。そこで合意型対多数決型という理論的枠組を出発点としつつ，レイプハルトの指数は用いず，独自の変数を用いる研究も少なくない。例えば近年のある研究は，先進諸国で党派間の分極化が焦点となる中で，合意型デモクラシーがより「穏和」であるという大きなメッセージを，過去の共同統治の経験が政党支持者間の敵意の減退をもたらすという仮説に具体化し，検証している（Horne, Adams and Gidron 2022）。

（網谷龍介）

民主主義体制分析の新たな展開

① 拒否権プレイヤー論

　民主制の多様性，という論点に，理論構成の点で新たな地平を切り開いたのは，ギリシア出身のツェベリス（George Tsebelis）である（ツェベリス 2009）。彼は公共選択論的な分析用具を活用することで，従来は別個に議論されてきた二院制や執政制度（大統領制か議院内閣制か）といった諸制度を，拒否権プレイヤーという観点から統一的にモデル化して捉える視角を提供したのである。

　ツェベリスの議論は，理論的基礎がより明確であることに加え，制度として拒否権ポイントがあることと，勢力配置によってそれが顕在化しないことを説明できるなど，ダイナミックな分析を可能とする。また公式ルールと慣行を区別し，「協調を旨とするルールが手詰まりを招く」ことへの注目を促した。

　ただし，学術論文では継続的に用いられてはいるものの，合意型民主制論に比べて広く使われているとはいいがたい。その理由は，ツェベリスの議論の長所と裏腹である。すなわち「指数化された位置」を拒否権プレイヤー論はかならずしも提示しない。もちろんそのような試みはある。あるドイツの政治学者は，制度的な拒否権プレイヤーの数による分類を示した。それによればボツワナやコロンビアが 0，コスタリカやジャマイカが 1，イギリスやスウェーデンが 2 とされ，ベルギー，イタリア，オランダが 7，ドイツとスイスが 8，オーストリアが 9 となる（Schmidt 2010：332-333）。しかしドイツ語文献であることを差し引いても，この種の試みが広がっているとはいいがたい。拒否権プレイヤー論はある特定の政治システムにおける局面の変化（とその帰結）を分析するための理論的モデルとして，より効能を発揮しているように思われる。

② 民主制の多様性の測定の進化

　現在顕著なのは理論的な革新というよりもデータ構築の革新である。民主制の多次元的性格を考慮しつつ，より精密に測定する指標が生み出されている。

　民主制の測定は1960年代末にガー（Ted R. Gurr）が開始した Polity プロジェクトが嚆矢であり，その後 Freedom House 指標などが用いられてきた。これらが民主制と非民主制の区分に主眼があるのに対し，近年の Democracy Barometer などは，民主制の多元性を意識して構築されている。

　そして現在，最も有力な指標として用いられているのがヨーテボリに本拠を

持つ V-Dem プロジェクトである．同プロジェクトの特徴は，民主制の質に関連する多様な変数についてのデータベースを構築し，しかも長期にわたるデータとして提供していることにある。また指標化に際して項目反応理論を採用していることも革新的であり，標準的な指標としての位置を占めつつある。

民主体制は多くの個別制度の複合体であり，多次元化・精密化は理解を前進させる潜在力をもつ。そのためには同時にデモクラシーとは何かという概念内容についての省察が，経験的研究であっても必要であろう。Kasuya and Mori (2021) は，民主政か否かを二分する既存の質的分類を基にして，Polity, Freedom House および選挙デモクラシー指標（EDI）の切断点との関係を検討した。その結果，質的分類に最もよく適合するのは Polity 指標では5，Freedom House では3.5，EDI では0.39である一方，各々の指標が推奨する切断点（それぞれ6，2，5，5）がこれより高くなっていることを示した。空井 (2020) は，民主制の最小限定義を示した上で，Freedom House のスコアから民主制定義と関係しない変数を省き，独自のスコアを構築したうえで，民主制の脆弱性／強靭性を検討した。同論文が指摘するように，「型」としての民主制を理論的にどう構築するかがまずは必要な作業であるといえるだろう。

3 民主制の特徴の変化？

ここまで各国民主体制に特定の特徴があることを前提に論じてきたが，それは変化しないのだろうか。グローバル化やポピュリズムといった世界的トレンドの中，民主体制が収斂したり同方向に変化したりすることはないのだろうか。

レイプハルト (2014) はこの問いを検討し，まず各社会の特徴の安定性を確認する。その上で，10の変数のうち8つには合意型への変化がみられるが，その傾向は強いものではないと評価する。政府・政党次元に絞ったより精密な検討（Vatter et al. 2014）も，わずかながら合意型に向かう傾向を確認するが，その傾向は合意型の国においてより強いとする。またイギリスなど多数決型の性格を強める変化も存在しており，弱いながら日本もその一つの事例である。その限りでは，特定モデルへの収斂は見られない。ただしグローバル化の影響が強く拒否権プレイヤーの障壁が小さい場合には一定の収斂が見られるという。

Kasuya and Reilly (2022) はアジアの民主制の変化を検討している。1990年代には日本をはじめ多数決型へのトレンドが見られたが，2000年代には，比例性を高める選挙制度改革，先住民・被差別民代表，ジェンダー平等代表を促進する制度が目立つようになった。これを V-Dem データセットを用いて検討した結果，公式制度においては2000年代に合意型への傾向が確認された。ただし，実際上の文化や行動の変化や民主主義の質の改善にはつながっていないという。

このように，民主体制は各国ごとの特徴を備えつつも変化を遂げており，両面に目を配りながら理解していくことが必要であろう。　　　　（網谷龍介）

参考文献

空井護 (2020)「民主主義は脆弱で権威主義は強靭か」『日本比較政治学会年報』22：3-29。

ジョージ・ツェベリス (2009)『拒否権プレイヤー——政治制度はいかに作動するか』(眞柄秀子・井戸正伸訳) 早稲田大学出版部。

Kasuya, Yuko amd Kota Mori (2021) "Re-Examining Thresholds of Continuous Democracy Measures." *Contemporary Politics*.

Schmidt, Manfred G. (2010) *Demokratietheorien: Eine Einführung. 5.Aufl.* VS.

Kasuya, Yuko and Benjamin Reilly (2022) "The Shift to Consensus Democracy and Limits of Institutional Design in Asia," *Pacific Review*.

Vatter, Adrian, Matthew Flinders and Julian Bernauer (2014) "A Global Trend Toward Democratic Convergence? A Lijphartian Analysis of Advanced Democracies," *Comparative Political Studies* 47(6)：903-929.

事例Ⅰ：イギリス
——多数決型民主制のモデル

① 集権的統治機構と単独政権

　イギリスは民主体制の模範・理念型として扱われてきた。議会政治の母国といわれるように，早くから政治エリート間の競合に基づいた政治が確立していたことが特徴的である。この議会に統治の諸権限が実質的に集約され，そこでのエリート間の競合が「民意」への対応を促す，そのダイナミクスに模範としての性質を見ることができるだろう。

　イギリス議会，とりわけ下院（庶民院）の権限は大きい。議会主権といわれるように，議会は何物にも拘束されない。成文化された憲法典は存在せず，憲法は立法内容を法的に制約はしない。また，裁判所が議会の立法を憲法に基づいて審査することもない。1998年人権法に基づいて，ヨーロッパ人権条約の人権規定と立法との適合性審査のみが可能である。もう一つの院である貴族院と下院の意見が異なる場合には貴族院が譲るのが現在の慣例であり，立法の制約とはならない。

　その下院の議席はすべて，小選挙区相対多数代表制の下で選出される。これに基づいて第二次世界大戦後のほとんどの選挙において保守党または労働党のいずれかが過半数を獲得し，政権を握っていた。多数派を握る政権与党は，議会の運営を主導する。議長は中立の立場をとるが，議事日程は与党の院内総務が決定権限をもつ。会期はおおむね１年程度であり，2004年の改革以降は，継続動議の可決により会期をまたいでも審議が継続できる。これにより会期末の与野党の駆け引きも解消された。したがって，野党が政府法案に抵抗する余地は少なく，政府提出法案の成立率が会期によっては100％となることすらある。また，下院の審議での中心はアメリカや他のヨーロッパ諸国とはことなって委員会ではなく本会議にあり，法案の精査ではなく政府対野党の大局的な議論が論戦の中心となる。すなわち次の選挙のための有権者への情報提供が議会の中心的機能となっている（大山 2010）。

　政府にとっての立法の障害は与党内からの反乱に限られる。実際，1970年代以降は造反の増加が観察されている。ただしイギリスの政党規律は相対的にはなお強いと評価される。第一に多くの議員は，強い地縁的結びつきを持たない選挙区から立っており，個人的な地盤は持たず政党，特に選挙区組織に依存している。第二に，イギリスの政府の議員任用ポスト規模は多く，与党議員の

▷1　もっとも男子普通選挙権が確立されたのは1918年と早くはなく，男女の普通平等選挙権が確立されたのも1948年の法改正を経てからである。1999年まで世襲貴族が原則として全員貴族院に議席をもつなど，多様な人々の平等な包接という点ではイギリスに先駆性はない。

▷2　ただし立法が人権条約に抵触する場合も効力は否定されず，不一致が宣言されるのみである。

▷3　1945年から2019年までの21回の総選挙のうち，1974年２月，2010年，2017年の３回を除く18回の選挙で，第一党が過半数の議席を獲得している。

1/3程度が政府の職に就いている。すなわち，閣議に出席する日本と同等の大臣以外にも，行政府の一部局の長となるが閣議には出席しない閣外大臣，政務次官，議会担当秘書官などのポストに与党議員が就いている。これらのポストに就くものは政府の方針に従う義務を負っている。さらに院内総務が閣僚ポストとして位置づけられ，院内幹事長や院内幹事が財務省ポストの肩書を同時にもつなど，与党と政府が融合し一体化している点に特徴がある。

日本で時に論点となる官僚の優位もない。イギリスの官僚制の特徴の一つは中立性であり，党派を問わず大臣の命に従う一方，人事についての政治的介入は行われない。公務員のキャリアと政治家としてのキャリアは分離しており，公務員側が政治的野心をもって政党に接近することも少ない。政治的任命による職としては特別顧問制度が1980年代から拡充されているが，官僚制内の指揮系統への介入は認められていない。与党政治家といえども官僚制に個人的に接触することは認められておらず，政治的入力は大臣からのものに限定される。

このようにイギリスにおいては過半数を獲得した政党と政府が融合し，効率的に統治を行うことが制度上可能になっている。これを理念型としたものがいわゆるウエストミンスター・モデルである。選挙による独裁（electoral dictatorship）という形容が示すように，政権を制約するのは次の選挙の敗北への懸念のみであり，事実としての政権交代の存在に多くを依存している。

② サッチャー政権と政策転換

このような特徴を利用して時に大胆な政策転換が行われることがある。その一例がサッチャー首相（Margaret Thatcher，在任1979-1990）期の改革である。

1983年4月にアルゼンチンが英領フォークランド諸島を占領すると，人気浮揚の好機として武力行使に踏み切ったサッチャーは，6月に解散総選挙に打って出，得票率42％ながら650議席中397議席を獲得する地滑り的勝利を得た。

1979年からの第一次政権期には議席の余裕も小さく，党内反対派の批判も強かったが，この勝利により「国民の委任」を得て，党内基盤も固まった。これにより労働組合との全面対決が可能となった。政府は炭鉱閉山と人員削減案を公表し，鉱山労働組合のストライキを招いた。第一次政権期には対労組で一定の譲歩を余儀なくされていたが，今回はストを予想した準備も進めており，一切の交渉を拒否することで1年後には労組側の完全敗北での終息を得た。

大衆資本主義の旗の下，大規模な民営化も実施された。閣内や党内からの反対と世論の消極姿勢を押し切る形で通信公社（BT）の民営化に踏み切ったのに加え，英国航空（BA）やブリティッシュ・エアロスペース，さらにガスの民営化・大規模株式放出が行われた。第三次政権ではさらに英国石油（BP）や，鉄鋼，上下水道の民営化も行われる。このように党内外の反対を押し切って強硬な政治姿勢を維持できるのは，イギリスのデモクラシーの特質による。　　　　（網谷龍介）

参考文献

梅川正美・阪野智一・力久昌幸編（2014）『現代イギリス政治［第2版］』成文堂。

大山礼子（2010）『比較議会政治論』岩波書店。

アンドルー・ギャンブル（1990）『自由経済と強い国家——サッチャリズムの政治学』（小笠原欣幸訳）みすず書房。

高安健将（2018）『議院内閣制——変貌する英国モデル』中央公論新社。

5 # 事例Ⅱ：ドイツ
——権力の分散と共有

① 権限分散と権力共有

　イギリスが中央政府への集権化と権力の単独行使を特徴とするのに対し，ドイツは権限の分散と権力の共有を特徴とする。ドイツにおける国民国家の形成は19世紀後半と遅く，集権性の弱いものだった。第一次世界大戦後の民主化後も権限分散の伝統は継続する。そしてナチ体制の下で集権化が強制的に進められたことは，戦後体制構築において意識的な権限分散を促すことになった。

　まず国民代表としての連邦議会の権限は成文憲法によって制約されている。戦後（西）ドイツの憲法は国民投票を経ずに議会の特別多数のみで改正することが可能だが，いくつかの条項は改正が明示的に禁じられており（永久条項），「民意」に基づく憲法改正に限界が明示されている。また立法に対する憲法の優位を保障するものとして，独立の憲法裁判所が設けられている。憲法裁判所への提訴には，個別具体的な訴訟の中での訴え，議員や国家機関などによる法律自体の抽象的な（具体的権利侵害を要しない）審査，そして私人による憲法訴願といった複数のルートがある。その結果憲法裁判所にはしばしば政治的争点に関する判断が求められ，立法に違憲判断が下されることも珍しくはない。

　またドイツ憲法は，ドイツが国際協調の枠組の中でのみ存続しうることを意識しており，国家権限の一部を国際機関に移譲することが予定されている。すなわち国際的側面からも主権の行使が制約されることは前提となっている。

　政治的意思決定の内側にも独断的な権力行使への制約はある。国民代表機関である連邦議会の選挙制度は比例代表制と小選挙区制の併用だが，議席総数を決定するのは比例代表部分であり，小党乱立を防ぐハードルが設けられている^{▷2}ものの，単独過半数の獲得はかなり難しい。そのため政権は常に連合政権の形をとり，政党間の交渉が必要となる。連合交渉の中では，文書化された連合協定を結ぶことが現在では通例であり，その分量は数百ページに及ぶ。

　連邦議会の運営は，他の大陸ヨーロッパの議会の通例と同様，各会派の代表者の合議によって議事が定められることとなっており，政府・与党側のみで審議日程を決定することはできない。議会の活動の中心は委員会にあり，一定の専門性を共有する議員たちが，与野党の壁を越えて一定の共通認識に基づいて審議が行われることも多い。政府案の修正が行われることは一般的である。

　連邦議会の他に，もう一つの院として連邦参議院が存在し，全体の半分以上

▷1　ドイツは第二次世界大戦後，米英仏ソの4カ国に占領され，西側陣営の占領地区がドイツ連邦共和国（西ドイツ）に，ソ連占領地区がドイツ民主共和国（東ドイツ）となった。分断国家としての暫定的性格を強調するため，西ドイツの憲法には「基本法」という名称が与えられ，統一後もそれは変わっていない。

▷2　全国得票率5％または小選挙区部分での3議席獲得というハードルを越えて初めて，全国得票率に基づいた議席配分を受けることができる。小選挙区で1または2議席のみを獲得した場合，その議席は当選者のものであるが，党としての得票に応じた議席配分を受けることはできない。

の立法がその同意を要する。連邦参議院は州政府代表による審議機関であり，各州に人口を考慮して加重された票数が割り当てられる。そのため州議会選挙の度に（州政府の構成変更を通じて）勢力図は変動する可能性がある。州議会選挙の時期は統一されておらず，地域事情により各党の勢力比や連合関係が異なるため，連邦議会多数派による連邦参議院の多数確保は保障されていない。しかも連邦与党の州政府も，州利益の代表として連邦議会多数派と異なる立場をとることがある。そこで連邦野党との妥協がしばしば必要となる。

　決定以前の政策形成や立法後の実施においても多様な合意形成が必須である。ドイツの連邦制においては，連邦か州のいずれかに権限が割り当てられるよりも，連邦が政策形成・決定を行い，実施を州が担うという分担が行われる分野の方が多い。州は政策を自らの責任において実施するとされ，連邦政府の命令に従う立場にはない。そのため連邦立法に先立ち，予め州政府との調整が必要であり，公式・非公式の連絡調整枠組が繁茂している。また，労使をはじめドイツの利益団体は伝統的に堅固な組織を擁し，行政との相互依存関係を形成している。そのため社会団体との間でも意見聴取や交渉が行われる。

2 政権主導の改革への制約

　多元的調整の必要は上からの政策転換を困難にする。「潮流の変化」を掲げ1982年に政権についたコール（Helmut Kohl）は，16年にわたる長期政権の間に，ドイツ統一やマーストリヒト条約調印など外交面での業績を上げたが，内政面の大きな改革は行わなかった。これは前任・後任者にも共通する傾向であり，内政の方が多くの主体との交渉が必要となるためである。

　例えば1990年代に社会保障財政の状況が厳しくなる中で，失業扶助給付の期限設定や受給者の就労義務を含む政府の提案は1993年に後退を余儀なくされた。与党（キリスト教民主党と自民党）の連邦議会多数には余裕があったが，法案は連邦参議院の同意を要する部分を含み，野党社民党率いる州の賛成が必要であった。野党の反対のみならば連邦議会再議決で成立可能な部分も，反対陣営に旧東独の与党州首相が加わり連邦参議院の2/3を占めることで，再議決不可能となる危険があった。連邦議会勝利だけでは十分とはいえないのである。

　憲法裁判所の判断も影響を与える。2005年にシュレーダー（Gerhard Schröder）社民党・緑の党政権は失業関連制度の大規模な改革を行い，従来型の失業手当の受給期間を短縮した。これに対して，2010年2月に「人間の尊厳に値する最低生活の保障に対する基本権」の侵害として違憲判断が下された。判決を下した第一法廷は当時，キリ民党推薦4名，社民党推薦3名，緑の党推薦1名の裁判官から構成されていたが，判決は全員一致であった。これをうけて子どもの事情を考慮した給付額の算定方法見直しなどの改正が行われた。政府と多数派与党の決断のみでは動かないのが，ドイツ内政の特徴である。　　　　（網谷龍介）

参考文献

近藤正基（2009）『現代ドイツ福祉国家の政治経済学』ミネルヴァ書房。
西田慎・近藤正基編（2014）『現代ドイツ政治』ミネルヴァ書房。
平島健司（2017）『ドイツの政治』東京大学出版会。

権威主義体制とは何か

1　権威主義体制への関心

▷1　民主化の「第三の波」
米国の政治学者ハンティントン（Samuel P. Huntington）は1991年に，民主化の高まりは歴史上三度訪れたと論じ，1974年から続く高まりを「第三の波」と呼んだ。この波は2000年頃まで続いた（本書第2章を参照）。

　世界の民主主義は，民主化の「第三の波」と呼ばれるように，1970年代から今日まで拡大してきた。実際，世界における民主主義国の割合は1979年の25％から2014年には60％に増加した。しかし，その一方で，一般には独裁国家や専制国家と呼ばれる権威主義国は，2014年時点で59か国（40％）に上る（フランツ2021）。2019年時点で世界の人口の約52％が非民主主義国に住んでいるというデータもある（ダイアモンド2022）。

　権威主義体制の数を時系列でも見てみよう。図4-1は，1946年から2014年までの間に存在した権威主義国の数を示したものだが，2000年代以降の数は1980年頃のピーク時よりは減少したものの，第二次世界大戦後よりは多く，しかも横ばい傾向であることがわかる。

図4-1　権威主義体制の数（1946〜2014年）

出典：フランツ（2021：58）。

　また，現在我々が住む日本の周辺には権威主義国が少なくない。思いつくだけでも北朝鮮，中国，ロシアがあるし，東南アジアに範囲を広げれば，ミャンマーやタイなども指摘できる。これらの国々について，日本は安全保障など国益に関わる問題を抱えているほか，国民への人権侵害や身体的・精神的な抑圧も無視できない。以上のように，権威主義体制は依然として世界に多く，また日本の身近に存在している。ここに我々が関心をもつべき理由があるといえる

だろう。

② 民主主義，全体主義，権威主義

さて，権威主義体制とは，今では民主主義国となって久しいスペインやポルトガル，ラテンアメリカ諸国の政治体制から生まれた概念である。それらの国々では第二次世界大戦後に，民主主義体制でも全体主義体制でもない第三の政治体制が登場しており，それを研究しようという関心が高まっていた。1970年代にスペインのフランコ独裁を研究し，初期の代表的な政治学者であったのが，リンス（Juan Linz）である。リンスは，政策形成への関与が一部のエリートや集団のみに認められる「限定された多元主義▷3」という点で，権威主義は民主主義とは異なるが，国民の積極的動員や体系的イデオロギーがない点で全体主義とも異なると論じた。

その後の権威主義体制研究は，1970年代にラテンアメリカ諸国を中心に展開した。オドンネル（Guillermo O'Donnell）のアルゼンチンを事例にした官僚主義的権威主義論や，ステパン（Alfred Stepan）によるブラジルの軍事政権研究はその例である。続いて，韓国，台湾，シンガポール，タイ，マレーシア，インドネシアといった東アジア諸国の研究も進んだが，その中では権威主義体制と経済開発を結びつけた「開発独裁論」や「開発体制論」（本章第3節参照）も1980年代以降，関心を集めた。

③ 独裁・専制としての権威主義体制

1989年からの東欧革命やソ連崩壊によって全体主義の国が地球からほとんど消え去ると，権威主義体制は民主主義以外の体制全般を指すようになった。現在，独裁や専制と同じ意味で理解されているのはこのためである。この定義は民主主義の最小限の定義に対応しており，2つの体制を区別する要素は，政府が自由で公正な選挙で選ばれるかどうかである（第2章参照）。

冷戦の終結により権威主義体制の定義は簡素化されたが，それに属する国の数は期待したほどには減少しなかった（図4-1）。こうした現状が，多くの政治学者の関心の高まりの背景にあるが，それにもかかわらず，実は権威主義の研究は民主主義ほど進んでいないといわれている。それは，ひとつには政府のプロパガンダや秘密主義のために政治の動きや手続きに関する情報が入手しにくいからである（フランツ 2021）。また，権威主義国政府は，政治的に問題ありと判断した海外の研究者や報道関係者の入国を拒否することがあり（ダイアモンド 2022），このことも一因といえるかもしれない。 　　　　　　　（岡部恭宜）

▷2　全体主義体制
この体制においては，単一の前衛的政党に権力が集中しており，野党の存在は認められない。大衆には積極的な政治参加と動員が奨励されているが，それは前衛的政党によって統制されている。また，同党の行動は知的に洗練されたイデオロギーによって規定されている。ナチス・ドイツやスターリン時代のソ連がその典型である。

▷3　多元主義
多元主義とは，複数の政党や利益集団の存在が認められ，政治活動における競争が行われることを指す。多元主義は，民主主義体制ではほとんど制限されないが，反対に全体主義では基本的に認められない。

参考文献

久保慶一・末近浩太・高橋百合子（2016）『比較政治学の考え方』有斐閣。
ラリー・ダイアモンド（2022）『侵食される民主主義（上）——内部からの崩壊と専制国家の攻撃』（市原麻衣子監訳）勁草書房。
エリカ・フランツ（2021）『権威主義——独裁政治の歴史と変貌』（上谷直克ほか訳）白水社。
ホアン・J・リンス（1995）『全体主義体制と権威主義体制』（高橋進監訳）法律文化社。

権威主義体制の類型

1　多元主義の程度による分類

　独裁者，抑圧，不正な選挙，人権侵害などの一定のイメージが付きまとう権威主義だが，それは様々な基準によって分類が可能である。ひとつの基準は，第1節で紹介した「限定された多元主義」の程度である。最近の権威主義は，冷戦後の世界で民主主義の価値が普及していったことを背景に，擬似的な民主主義制度を取り入れるようになった。例えばベネズエラ，タイ，トルコ，ロシアのように政党や議会を有し，選挙を実施する国が多いのである。

　この多元主義の程度という観点からは，様々な民主主義の色合いをもった権威主義が存在することになる。2019年以降のタイのように下院は民選だが，首相は非民選で，上院は任命制であるとか（本章第4節），チャベス（Hugo Chávez）政権（1999～2013年）のベネズエラのように野党は存在するが，選挙では不正や操作が行われ，選挙管理委員会や司法が政権側に支配されているといった具合である。「競争的権威主義」[1]や「選挙権威主義」[2]は，このハイブリッド体制を表す概念である。

　もちろん権威主義体制における選挙は新しい現象ではないが，競争的／選挙権威主義が従来と異なるのは，複数政党が参加する選挙を定期的に，しかも執政府の長や国政レベルの議会の選挙を実施している点である。しかし，その選挙は自由で公正なものではなく，むしろ支配維持のための道具であることに注意を要する。民主主義の色合いをもつとはいえ，それは競争的／選挙権威主義が民主化への過渡的な現象であることを必ずしも意味するわけではない。

2　支配の特徴による分類

　もうひとつの基準は支配の特徴である。これは多元主義の程度と異なり，全ての権威主義体制を同程度に権威主義的だとみなすことで，民主化の見込みを排除して，支配の特徴が体制維持や民主化に及ぼす影響の分析を可能にしている。この基準では様々な分類とデータセットが公開されているが，ここではゲデス（Barbara Geddes）らによる4つの類型を紹介する（フランツ 2021）[3]。4つを区別するのは，体制のリーダーを規律する制度の違いである。

　(1)「軍事独裁」は，軍部がリーダーを規律する体制である。ブラジル（1964～1985年）やアルゼンチン（1976～1983年）など，冷戦期のラテンアメリ

▷1　競争的権威主義は，レビツキー（Steven Levitsky）とウェイ（Lucan Way）が提示した概念である。
Levitsky, Steven and Lucan Way (2010) *Competitive Authoritarianism: Hybrid Regimes after the Cold War.* Cambridge University Press.

▷2　選挙権威主義は，シェドラー（Andreas Schedler）が次の文献で論じている。
Schedler, Andreas (2013) *The Politics of Uncertainty: Sustaining and Subverting Electoral Authoritarianism,* Oxford University Press.

▷3　ゲデスらのデータセットは下記のウェブサイトで閲覧できる。
Autocratic regime data https://sites.psu.edu/dictators/

カで多く見られた。アジアでは例えば韓国の軍事政権（1961～1987年）があり，2013年クーデタ後のエジプトもこれに含まれよう（本章第5節）。

(2)「支配政党独裁」は，一つの政党が支配権や政府の要職を握る体制である。メキシコの制度的革命党（PRI, 1915～2000年），台湾の国民党（1949～2000年）は長期に君臨したし，中国共産党は現在も支配を固守している。

(3)「個人独裁」は，特定のリーダーに権力が集中しており，それを規律する制度は基本的にない。フィリピンのマルコス（Ferdinand Marcos, 1972～1986年），コンゴ民主共和国（旧ザイール）のモブツ・セセ・セコ（Mobutu Sese Seko, 1965～1997年），2022年現在ベラルーシ大統領のルカシェンコ（Alexander Lukashenko）はその例である。

(4)「君主独裁」は王族が世襲で支配権を掌握する体制であり，中東に多い。[4]

4類型の国の数は1946～2010年の期間で図4-2のように推移した。まず，君主独裁は一貫して10か国程度と少ない。軍事独裁は，冷戦中は米ソの支援を受けて増加したが，1980年代から減少し，2010年時点では僅かとなった。支配政党独裁は，冷戦中は共産党支配の拡大を背景に最も多い体制であった。冷戦後は共産主義が衰退して減少したが，2000年代も多くの国で維持されている。最後に個人独裁は緩やかな増加傾向にあり，いずれ最多の類型となる勢いである。

個人独裁の高まりは近年のポピュリズムの台頭と関係があるかもしれない。ベネズエラでは民選のチャベス大統領が強権化して個人独裁となったが，国民が彼を支持したのは，伝統的政党への強い不満，政治変革の期待，救世主を望むラテンアメリカの伝統，そしてチャベスがカリスマ性のあるアウトサイダー政治家であった点が背景にあった。この背景はポピュリズムが人々の支持を集めるパターンとほぼ一致する。[5] こうしたポピュリズムが，大統領への権力集中，民主的制度への攻撃，そして選挙の不正を招き，民主主義の後退をもたらしたのである。

（岡部恭宜）

▷4 なお，以上の4類型は必ずしも目新しいものではない。例えば1970年代～80年代のラテンアメリカ諸国の権威主義体制について，「個人独裁型」「軍事政権型」「覇権政党型」の3つに分類することが行われていた（恒川 2008参照）。

▷5 ポピュリズムについては，第18章を参照。

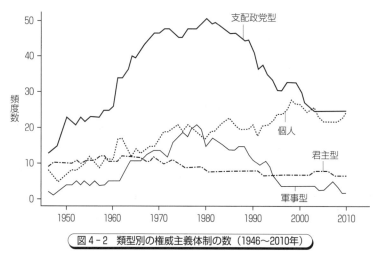

図4-2 類型別の権威主義体制の数（1946～2010年）

出典：フランツ（2021：106）。

参考文献

坂口安紀（2021）『ベネズエラ——溶解する民主主義，破綻する経済』中央公論新社。

恒川惠市（2008）『比較政治——中南米』放送大学教育振興会。

エリカ・フランツ（2021）『権威主義——独裁政治の歴史と変貌』（上谷直克他訳）白水社。

権威主義体制の持続性と政策パフォーマンス

1 持続性のための戦略

　第 2 節でみたように権威主義体制はまだまだ世界で生き残っているが，そのために政府はどのような戦略を採用しているのだろうか。権威主義の政府は民主主義と異なり，自由で公正な選挙で選ばれたという正統性がないために，他の勢力によって政権を奪われる脅威に常にさらされている。この脅威を抑制し，体制を維持する主な手段が，抑圧と抱き込みである。

　抑圧は，暴力の行使から表現・結社・集会の自由の制限まで多様である。暴力の例としては，1989年の中国の天安門事件のように抗議運動の参加者を多数殺害することのほか，反対派リーダーの暗殺も含まれる。暴力の行使は人目にさらされるため，国際的な非難を浴びることも珍しくない。最近では2019年に国連人権高等弁務官によって，ベネズエラのマドゥロ（Nicolás Maduro, 2013〜）現政権の弾圧や人権侵害が強く非難された。表現等の自由の制限については，最近では手法が巧妙になっており，反対派を監視したり，彼らを黙らせるため名誉毀損の民事訴訟を起こしたりするほか，インターネット利用も監視したりしている。

　抱き込みとは，体制支持の見返りに利益を供与することである。体制支持者への恩顧採用や金銭的報酬が典型であるが，具体的には，政治エリートに公職を提供したり，国営企業の経営権を付与したりすることから，議会での野党との取引，野党による選挙参加の許容，さらには大衆に対する賃金引き上げや公共サービス拡大にまで及んでいる。

2 持続性を支える構造的要因

　上記の戦略は権威主義国の政府が操作できるものだが，政府が簡単には変更できない構造もまた，体制の生存を支える要因となる。第 2 節で紹介したレビツキーとウェイは「競争的権威主義」が安定する要因として，権威主義国の欧米諸国との対外関係および権威主義国の組織力という構造に着目した。

　第一の対外関係はレバレッジと呼ばれ，欧米の民主化圧力に対する権威主義国の脆弱性を意味する。経済の規模や対外依存度は経済制裁に対する脆弱性の程度を左右する。また，欧米の利益に大きく関わる国に対しては圧力は弱くなるし，欧米の圧力に対抗して第三国が支援を提供する場合も同様である。

▷1　天安門事件
1989年 4 月，中国共産党の改革派指導者だった胡耀邦・元総書記が死去した。彼の追悼のため北京の天安門広場に多数の学生・市民らが集まったが，それを契機に民主化を要求する大規模な運動に発展した。中国指導部は「反革命暴乱」と断じ，6 月に軍を投入して制圧した。

▷2　恩顧採用や金銭的報酬
これらはパトロネージと呼ばれる。

▷3　例えば，サウジアラビアやクウェートなどの産油国がこれに該当する。

▷4　例えば，キューバ，中国，ロシアは，欧米の経済制裁に苦しむベネズエラのマドゥロ政権を支援した。

第二は権威主義国と欧米諸国との多面的な相互依存関係を意味するリンケージである。具体的には，経済関係，外交・軍事関係，留学や国際機関を通じたエリートと欧米とのつながり，観光・移民によるヒトの流れ，テレビ・インターネット・メディアを通じた情報の流れ，現地の人々と欧米系NGOとの関係という局面が重要である。そして組織力とは，権威主義国の治安維持における強制力，支配政党のプレゼンスや組織的一貫性を指す。

レビツキーとウェイは以上の要因を組み合わせて，どのような場合に競争的権威主義が安定し，または民主化するのか分析した。その結果，リンケージが中程度か低く，組織力が高いときに体制は安定しやすく，またリンケージと組織力が中程度か低いときであっても，レバレッジが中程度か低い場合は同様に体制は安定すると論じた。

③ 権威主義体制の政策パフォーマンス

ところで，体制の持続性は，政策パフォーマンスによっても支えられる。自由で公正な選挙という正統性に欠ける権威主義政府は，持続性を高めるために他の手段で正統性を補う必要があるからである。その有力な手段は経済政策であり，それに成功したのが東アジア諸国であった。例えば，1961年のクーデタで政権を握り，1979年まで大統領を務めた韓国の朴正熙は，当時の危機的な経済状況を前に，「経済発展という実績を通じて執権を正当化しようとした」と述べた。実際に彼の政権下で韓国経済は飛躍的に成長したのである。

冷戦期の東アジアでは，韓国，タイが軍事独裁，台湾，マレーシア，シンガポールが支配政党独裁，インドネシア，フィリピンが個人独裁というように類型は異なるが，各国とも権威主義体制下で経済成長を実現した。この事実から，新興国の経済開発には権威主義体制が不可欠だという「開発独裁論」が登場した。もちろん，この主張は途上国全体には当てはまらない（政治体制の違いが経済成長率に影響したとはいえない）ことが統計分析で明らかとなっている。また，東アジアの成長を促したのは，市場の不確実性を引き下げる社会的ネットワーク，専門官僚制の伝統，そして各国が冷戦下に置かれていたことであり，いずれも政治体制とは関係のない要因であった。しかし，この地域で権威主義と経済成長が両立したことは事実であり，経済実績を理由に権威主義体制が正当化されたのであった。

似たような例は現在のコロナ禍でもみられる。権威主義国（非民主国）の方が民主主義国に比べて感染症対策に優れているという見解が登場したのである。これが正しいのかどうか，詳しくは「補章」に譲るとして，ここでは，感染症対策に成果を上げた権威主義国は，体制の正統性を高めることができるので，より存続する可能性があるとだけ指摘しておきたい。果たして「防疫独裁論」の登場となるか。

（岡部恭宜）

参考文献

坂口安紀（2021）『ベネズエラ――溶解する民主主義，破綻する経済』中央公論新社。

恒川惠市（1998）「開発経済学から開発政治学へ」川田順造ほか編『岩波講座 開発と文化6 開発と政治』岩波書店。

東京大学社会科学研究所編（1998）『20世紀システム4 開発主義』東京大学出版会。

中村正志編（2012）『東南アジアの比較政治学』アジア経済研究所。

エリカ・フランツ（2021）『権威主義――独裁政治の歴史と変貌』（上谷直克他訳）白水社。

Levitsky, Steven and Lucan Way (2010) *Competitive Authoritarianism: Hybrid Regimes after the Cold War.* Cambridge University Press.

事例Ⅰ：タ　イ
——国王を元首とする民主主義政体

1　タイ政治をどう理解するか

　権威主義体制は，① 軍事独裁，② 支配政党独裁，③ 君主独裁，④ 個人独裁に分類されるが，タイの権威主義体制は①と③のミックス型，または寡頭支配体制だと理解できる。1932年に絶対王政が若手軍人や官僚からなる人民党により打倒されて以降，基本的には軍部を中心とする官僚勢力により支配されてきた。しかし，時期により変化はあるものの，軍事独裁に分類することは必ずしも適切ではない。特にプーミポン（Bhumibol Adulyadej）前国王（在位1946〜2016年）の治世下では，軍部が幾度もクーデタにより政治権力を掌握したが，クーデタの正当化は国王の権威に依存しており，クーデタ後に一定期間が経過したのちに民政移管することが暗黙の約束となっていた。背景には冷戦期以降，軍部が国王や王室の権威を高めるために様々な伝統的式典を復活させたり，頻繁に地方行幸させるなど尽力してきたという事情がある。軍部と国王との関係性については，2006年にプレーム（Prem Tinsulanonda）枢密院議長^{▷1}が陸軍士官学校で行った講演によく表れている。プレームは講演の中で，我々は「国王陛下の兵士である」，軍隊が競走馬であれば「政府は騎手のようなものである。兵士の所有者は，チャート（国家）と国王陛下である」と述べ，軍部が忠誠を尽くすべきは政府や国民ではなく，国王であることを強調した^{▷2}。現在もタイでは軍部と王室は相互に支え合う関係にある。

2　タイ権威主義体制の歴史

　1932年の人民党による立憲革命以降，現在までに19回のクーデタが起き，20本の憲法が制定されてきた。長きに渡る権威主義体制による支配の合間には，幾度か民主化の流れも起きており，(1) 軍事政権，(2)「半分の民主主義」（ハイブリッド体制）^{▷3}，(3) 民選政権の時代に分けることができる。冷戦期以降のタイ政治史を振り返ると，おおよそ以下のように区分することができる。1958年のサリット（Sarit Thanarat）将軍によるクーデタから1973年10月の学生革命までが軍事政権，1970年代半ばに民主主義が興隆した後，1977年クーデタから1988年までは半分の民主主義，1990年代から2006年クーデタまでは再び民主主義，2014年クーデタから2019年総選挙までは軍事政権，2019年以降は再び半分の民主主義である。途中1971年，1976年，1977年，1991年にもクーデタが起き

▷1　プレームは元陸軍司令官であり，1980〜1988年には首相を務めた。首相辞任後は国王の諮問機関である枢密院議員となり，1998年から2016年に亡くなるまで枢密院議長を務めた。プーミポン国王夫妻の信頼が厚かった人物である。

▷2　玉田芳史（2015）「タイにおける脱民主化とナショナリズム」『アジア研究』61(4)：53。

▷3　「半分の民主主義」(semi-democracy) とは，非民選首相，任命制の上院，民選制の下院からなる政治制度を指す。

ており，クーデタ後には1〜2年にわたり軍事政権が支配した。このように繰り返されるクーデタと民政復帰のサイクルは，タイ政治の「悪循環」（vicious cycle）と呼ばれる。

　軍事政権や半分の民主主義体制による支配を支えるのは，1960年代に軍事政権が作り上げた「タイ式民主主義」と呼ばれる政治理念である。タイ式民主主義は幾人かのアイデアにより作り上げられ，タイ国内に拡散された。サリット将軍によると，西欧型の議会制民主主義はタイには適合しておらず，タイ社会には国家を統一することができる人物による強力なリーダーシップが相応しいとされた。西欧型の議会制民主主義は民意の反映を基盤とする一方，タイ式民主主義は上からの指導を重視しており，選挙は必ずしも必要な要素とされていない。不道徳な政治家を取り除くために実施されるクーデタは悪いものではなく，社会的平和と政治的安定をもたらすと正当化された。1980年代にはプレーム政権の下で中間的な政治体制である半分の民主主義が導入され，官僚勢力による上からの支配と，選挙を通じた民意の反映との両立が図られた。世界的に民主化が進展した1990年代以降も，タイではタイ式民主主義を発展させた「国王を元首とする民主主義政体」という政治概念が憲法や法律に書き込まれ，国王を頂点とする政治秩序と議会制民主主義が共存する状況が継続している。一部の学者はこのような政治体制を，「君民共治体制」と呼ぶ。また1990年代からは，華人系大資本家や外国企業からの王室への献金が急増し，王室と軍部はビジネスセクターとのつながりを強めた。

③ 21世紀におけるタイ権威主義体制

　1990年代から2006年にクーデタが起きるまでは民主主義の時代であった。しかし2006年クーデタ以降，タイは再び権威主義の時代に入った。直接的な契機は，2001年に誕生した国民からの人気が高いタックシン（Thaksin Shinawatra）政権（2001〜2006年）と王室や軍部を中心とする伝統的エリートとの衝突であった。2014年クーデタ以後は，1960年代以来となる軍事政権による長期支配が約5年間も続いた。しかし21世紀に再登場した軍事政権は，過去の軍事政権とは異なる特徴をもっている。主な変化は（1）大衆デモの激化や国王の代替わりなどの変化に伴い，不敬罪やコンピューター犯罪法などによる国民に対する言論弾圧が強化された，（2）国王による政治介入は低調となり，代わって裁判所が政治的役割を果たすようになった。軍部が人事を通じて司法機関に政治介入するようになった，（3）従前以上に軍事政権と特定の大資本家との関係が強化され，大資本家のプレゼンスが上昇している，以上3点である。2019年総選挙を経て軍事政権は民選政権に衣替えをしたが，実質的には軍部が政治権力を掌握している状態が継続している。転換期のタイがどのような政治権力のバランスに着地するのか，今後も注視する必要がある。　　　（外山文子）

▷4　2016年にプーミポン国王が崩御し，ワチラーロンコーン（Vajralongkorn）国王が即位した。しかし現国王は，女性関係のスキャンダルが多いことなどから国民に不人気である。

参考文献

玉田芳史（2015）「タイにおける脱民主化とナショナリズム」『アジア研究』61(4)：42-60。
外山文子（2018）「〈タイ〉タックシンはなぜ恐れられ続けるのか——滅びないポピュリズムと政治対立構造の変化」外山文子ほか編『21世紀東南アジアの強権政治——「ストロングマン」時代の到来』明石書店，38-99頁。
Hewison, Kevin and Kengkij Kitiranglarp (2010) "'Thai-Style Democracy' The Royalist Struggle for Thailan's Politics." S. Ivarsson & L. Isager (eds.), *Saying the Unsayable. Monarchy and Democracy in Thailand.* Nordic Institute of Asian Studies Press, 179-202.
Puangchon Unchanam (2020) *Royal Capitalism: Wealth, Class, and Monarchy in Thailand.* The University of Wisconsin Press.

事例II：エジプト
——軍支配型体制の民主化の失敗

　本節では，中東の権威主義体制を理解する手がかりとしてエジプトを取り上げたい。エジプトでは，1952年のクーデタで共和制が成立してから現在まで，2011年から2013年の民主化の時期を除き，権威主義体制が続いている。

1　最も強い政治アクター，軍

　エジプトの政治体制の第一の特徴は，軍が最も強い政治アクターであるということである。1952年に軍がクーデタで王制を廃止し，共和制を樹立した時から，この国の政治経済構造は軍によって形成された。これまで6人が大統領に就任したが，ムルスィー（Mohamed Morsi）を除く全員が軍出身者である。国防大臣には現役の軍トップが就任し，文民統制は存在しない。県知事の多くは軍出身者である。退役した軍高官は国営企業や官僚組織の重役に就任する。軍の経済活動規模はGDPの5％～40％ともいわれる。2011年2月の反政府大規模抗議運動「アラブの春」によって当時のムバーラク大統領（Hosni Mubarak）が辞任した際，ムバーラクに引導を渡したのは軍であった。その後の不安定な民主化過程は，2013年7月の軍による再びのクーデタで終止符が打たれ，エジプトは再権威主義化した。このように軍は政治過程の分岐点で重要な役割を果たし，エジプト経済の主要な担い手でもある。

2　公式政党による政党政治の支配

　政党政治の領域では，ムバーラク時代まで公式政党による支配が続いた。1952年クーデタを主導した軍将校から成る「革命評議会」は解放運動（1953～57）を結成し，それ以外の政党を禁止した。解放運動は国民連合（1957～62），アラブ社会主義連合（1962～76）へと再編され，一党体制が20年間続いた。1974年，サーダート大統領（Anwar al-Sadat）は右派，中道，左派の3つの政治的フォーラムの結成とこれへの参加を容認し，実質的な複数政党制の導入を決定した。このうち，中道の政治集団がムバーラク時代の公式政党「国民民主党」（1978～2011，以下NDP）となった。複数政党制とはいえ，実情はNDPの覇権的地位を脅かさない程度に野党に自由な活動を認めたものであった。したがって，最大野党のムスリム同胞団が2005年の議会選挙で88議席を獲得する大躍進を遂げると，治安当局は多数の同胞団幹部を逮捕した。2010年末の議会選挙では，大掛かりな不正によってムスリム同胞団の議席はわずか1議席に激減

▷1　"Sisi says military economy is 1.5% of Egypt's GDP, but how accurate is this?" *Mada Masr*, November 2, 2016.

▷2　「アラブの春」
2010年12月から2011年春にかけて，中東の複数のアラブ諸国で起きた反政府抗議運動。

▷3　ムスリム同胞団
1928年，エジプトのイスマーイーリーヤで結成されたイスラーム主義運動組織。イスラーム法（シャリーア）に基づく社会経済政治体制の構築を目指す。

した。このような野党活動の限定的容認と懲罰の戦略によって，政府は野党の挑戦的行動を抑制し，権威主義体制の維持を図ってきた。

3 民主化の失敗

　2011年，「アラブの春」を経てエジプトは民主化を開始した。しかし，初めての自由な議会選挙によってイスラーム主義勢力が議会多数派を獲得し，大統領選挙でムスリム同胞団出身のムルスィーが勝利すると，民主化過程は暴力的対立に陥り，2013年7月のクーデタで完全に停止した。

　エジプトで民主化が失敗した第一の原因は，移行過程の危機局面（2012～13）において，相反する利益を有するアクター同士が交渉による合意形成に失敗したことにある。軍とリベラル派は，ムルスィー政権が国の「同胞団化」を試みていると考えて危機感を強め，議会や街頭デモの場で政権を批判した。対してムスリム同胞団は，軍とリベラル派はムルスィー政権が民主的に選出されたにもかかわらず，その正統性を否定していると反論した。両勢力の主張は相容れず，街頭デモは暴力化し，ついには全国的な大統領辞任要求運動に発展した。軍はこの大統領辞任要求を民意と捉え，ムルスィー大統領の強制追放というクーデタに踏み切った。

　民主化が失敗した第二の原因は，移行過程を軍がコントロールしたことにある。エジプトの政治経済構造を形成し，そこから利益を得ていた軍は，民主化によって損をするアクターであった。民主化によって軍の既得権益（政治介入の権利，軍所有企業の経済活動）が政治的議論の俎上に載せられる可能性が高まり，自由な選挙の導入によって，全国レベルの組織的基盤を有するムスリム同胞団が勝利することは予想されていた。軍は国の「同胞団化」を防ぎ，民意に応答するという大義の下，ムルスィー政権追放に踏み切ったが，その背景には軍が民主化によって不利益を被る構造が存在した。その後，クーデタを主導した当時の国防相兼軍最高司令官のスィースィー（Abdelfattah al-Sisi）は，国をムスリム同胞団から救った英雄とみなされ，2014年大統領選挙で圧倒的勝利を収めた。2018年大統領選挙でも再選を果たし，2019年には大統領任期の延長と軍の政治的権利の拡大を含む憲法改正を実行し，確固たる権力基盤を築いた。

　エジプトで軍がこれほど政治的に強大なアクターであり続ける要因は，国内と国外に政治体制を不安定化しうる脅威が存在するからである。対外的には1980年代までイスラエルと戦争を繰り返し，国内では現体制の打倒を掲げるムスリム同胞団やイスラーム過激派の脅威に直面してきた。こうした軍と政治の関係は他の中東諸国にも共通して見られるため，中東諸国の民主化を考える上で軍の政治的役割は避けて通れない問題である。　　　　（金谷美紗）

▷4　リベラル派
エジプト政治における反／非イスラーム主義勢力を指す。

参考文献

鈴木恵美（2012）「エジプト権威主義体制の再考──ムバーラク政権崩壊の要因」酒井啓子編『中東政治学』有斐閣，21-34頁。

横田貴之＆ダルウィッシュ・ホサム（2012）「エジプト政治の民主化と社会運動──「1月25日革命」とムバーラク政権の崩壊」酒井啓子編『中東政治学』有斐閣，141-154頁。

横田貴之（2019）「エジプトのイスラーム主義は失敗したのか──ムスリム同胞団の栄枯盛衰」髙岡豊・溝渕正季編著『「アラブの春」以降のイスラーム主義運動』ミネルヴァ書房，181-203頁。

抑圧としての暴力

　かつてアーレント（Hannah Arendt）は20世紀を「暴力の世紀」と評したが，21世紀の今日においても暴力は様々な分野で重要なテーマである。比較政治学の射程である各国国内の政治的領域においても，国家（政権）による非国家主体や市民の抑圧，またその逆に国家への抵抗，あるいはテロリズムといったかたちで，暴力は明示的に存在してきた。

1 国家の関与する政治的暴力

　ウェーバー（Max Weber）が近代国家の特徴を「暴力の独占」と表したように，国家は軍や警察を介して暴力を行使しうる主体である。また，自らが直接これを行使するだけでなく，他の組織や個人に暴力の行使を委任・許可することによっても，国家は暴力にかんする権限を保持してきた。

　このような国家が政治的な意図をもって非国家主体や市民に暴力を行使する場合には，治安組織による過度な暴力・残虐行為をはじめ，拷問，粛清，さらにはジェノサイド（集団殺害）などのかたちをとる。これらはその手法によっては「国家テロ」とも呼ばれることがある（テロについては第3節を参照）。さらに，明示的な暴力でなくとも，資源配分の不均衡をあえて是正せず国内の特定の集団を困窮させることも，こうした暴力の一部とみなすことがある。

2 政治的暴力のかたち

　治安組織による過度な暴力は，様々な国で発生している。市民のストライキやデモへの武器を使った対応をはじめ，被疑者の逮捕時における過剰な暴力は先進国・途上国を問わず生じており，人権侵害や人種差別などと組み合わさることでしばしば大きな社会的反応を招くことがある。1992年にアメリカ・ロサンゼルスで起きた大規模な暴動は，前年に黒人男性の逮捕時に激しい暴行をくわえた白人警官らが無罪となったことが重要な背景となった。また，2020年にミネアポリス近郊で白人警官による逮捕時の過剰な拘束で黒人男性が死亡した事件は，デモや暴動のきっかけとなり，ブラック・ライヴズ・マター（Black Lives Matter）は世界的な運動として広がっていった。このほか，2011年頃に生じたアラブ地域での一連の政治変動（いわゆる「アラブの春」）も，チュニジアでの警官の暴力がひとりの青年の自殺の引き金となり，反政府デモ・暴動へとつながったといわれている。◁1

▷1　警官ではなく市職員であったという説もある。また，エジプトでも，警官による暴力が反政府デモや暴動の背景にあったと言われている。

また，身体的・精神的に重い苦痛を与え自白を強要する拷問も，しばしばみられる政治的暴力のひとつである。拷問は多くの国の法律と同様に，1984年に国連総会が採択した拷問等禁止条約（拷問およびその他の残虐な，非人道的または品位を傷つける取扱いまたは刑罰を禁止する条約）によって国際的にも禁止されているが，アムネスティ・インターナショナルによると依然として140カ国以上において拷問や虐待が行われている[▷2]。拷問は，政治体制を問わず被疑者や囚人，捕虜への暴力というかたちでもあらわれるが，権威主義体制においては反政府勢力や活動家の抑圧や恐怖による体制の維持にもちいられる。

③ 粛清とジェノサイド

国家による粛清も，多くの場合に暴力をともなう。粛清は，組織や社会の純化を掲げ，主に体制の維持を目的として行われる。粛清の対象は，思想上・政策上の対立関係にある者（あるいはそのようにみなされた者）であり，その方法には組織からの排除や追放のほか，死刑や暗殺などが含まれるが，権力・後継争いや私怨，猜疑心も重要な動機となりうる。粛清は歴史上様々な場所で行われてきたが，スターリン（Joseph Stalin）のもと1930年代のソ連で行われたいわゆる「大粛清」では，幹部政治家だけでなく，将校や一般党員，市民もその標的となった。70万人あるいはそれ以上とも言われる人々が刑務所や強制収容所へと連行され，処刑されるか，あるいは過酷な環境で命を落とすこととなった。

そして，政治的暴力のなかでも最も苛烈な形態の一つがジェノサイドである。ジェノサイドはある集団の全部もしくは一部を壊滅する意図をもって行われる行為であるが[▷3]，一般的には政治的意図をもった国家が直接・間接にかかわらず組織的に関与する。ナチス・ドイツによるユダヤ人らに対するホロコースト（Holocaust）はその最もよく知られた事例であり，1948年に国連総会がジェノサイド条約（ジェノサイド罪の防止及び処罰に関する条約）を全会一致で採択するきっかけとなった。行為者の「集団を破壊する意図」の有無が焦点となるため，国際的に認定された事例は限られているが，1970年代にカンボジアでポル・ポト政権（Pol Pot）によって行われた虐殺や，ルワンダ紛争中に生じた虐殺（1994年），ボスニア・ヘルツェゴヴィナ紛争中のスレブレニツァ虐殺（1995年）は，広くジェノサイドとみなされている。ジェノサイドについては，しばしば市民の加担が指摘・強調される場合もあるが，民兵や軍・警察といった国家機構が不可欠な役割を果たしたという点は看過されるべきではない。武器の提供や殺害の実行など，国家が暴力の行使に与えるインパクトはいずれの事例においても絶大であったといえる。

（岩坂将充）

▷2 2020年報告書における過去5年間の数字。ただし，拷問や虐待の存在は当然隠される傾向があるため，実際の数字はこれより大きいと考えられる。

▷3 ジェノサイド条約第2条による。同条では，行為の例として次の5つが挙げられている。①集団の構成員を殺害すること，②集団の構成員に身体的または精神的に重大な危害を加えること，③集団に対し全部または一部の身体的破壊をもたらすような生活条件を意図的に課すこと，④集団内での出生の妨げを意図する措置を講じること，⑤集団の子どもを他の集団に強制的に移すこと。

参考文献

ハンナ・アーレント（2000）『暴力について——共和国の危機』（山田正行訳）みすず書房。

武内進一編（2003）『国家・暴力・政治——アジア・アフリカの紛争をめぐって』アジア経済研究所。

日本政治学会編（2009）『政治における暴力（年報政治学2009-Ⅱ）』木鐸社。

Amnesty International (2020) *Ending the Torture Trade: The Path to Global Controls on the 'Tools of Torture'.*

抵抗としての暴力

1 非国家主体の関与する政治的暴力

　前節では国家による非国家主体や市民に対する抑圧としての暴力を取り上げたが，国家に対する抵抗としての暴力も存在する。思想的には，ロック（John Locke）が政府が，権力を不当に行使した際の人々の抵抗権（right to resist）を示したほか，ナショナリズムや宗教，マルクス・レーニン主義も人々の抵抗に正当化の根拠を与えてきた。

　これらが具体的な行動となってあらわれたものとしては暴動や反乱などが挙げられるが，ここではロックの思想が理論的根拠を提供したフランス革命やアメリカ独立戦争に代表される，革命（revolution）に焦点を当てる。

2 革命とは何か

　革命は，おもに暴力的手段によって急激に政治・経済・社会構造の変革を目指す，大規模かつ計画的な体制変動である。多くの場合に大衆蜂起をともなうという点で暴動や反乱もこれに類似しているが，これらはより小規模であったり非計画的・突発的なものであったり，あるいは目的が達成されたか否かという点で区別される。また，暴動や反乱がのちに革命へとつながる場合もしばしばみられる。

　革命の発生は，経済や階級，民族・宗教などによる社会的亀裂が広範な不満や敵対関係をみちびき，それが政治的権力を争う状況になるところにみられる。一般的には，中心となる個人や組織（軍事組織を含む）が大衆を動員して実行され，集団による暴力の行使とともに宣伝やサボタージュ，ストライキをともなう場合もある。そして政府や統治機構の全面的な変更を求め，権力の奪取に成功した際にはこれを固定化するために新憲法の制定や旧憲法の大幅な修正を行うことが多い。また，政治構造だけではなく，経済・社会においても大規模な変革を実施するため，人々の習慣や精神面にも大きな影響を及ぼすものであるといえる。

　こうした革命の推移，とりわけ発生段階の背景は暴動や反乱などとも共通している。それらと革命とを分けるものは，指導力，イデオロギー，組織化，大衆動員といった戦略的・能動的な契機であると考えられ，このため革命においては，自然発生的ではない側面にその特徴があるということができるだろう。

▷1　政府によって人々の生命や自由，財産が奪われるような場合には，人々の政府への信託は解消されて政治的権力は人々のもとへと戻り，人々は政府に抵抗する権利を得る，とされる。

▷2　元来「革命」は王朝の交代を指す言葉であったが，17世紀頃までに急激な社会変革を意味するようになった revolution の訳語として定着した。

③ 革命の類型

　革命はいくつかの類型がみられる。例えばハンティントン（Samuel P. Huntington）は，旧体制の政治制度が崩壊しその後に新しい集団が政治に動員され，それから新しい政治制度が創設される「西欧型」と，新しい集団の政治への動員と新しい政治制度の創設によって始まり，旧秩序の政治制度を暴力で打倒することによって終わる「東洋型」に分類した。また中野は，革命の標的と目的に基づき，① 近代革命，② 農民・民族二重解放革命，③ 反植民地・完全独立革命，④ 民族主義的社会革命，⑤ 民主化・反覇権主義革命の５つに分類した。

　このような革命の類型化は，革命の発生や成否，その後の影響や傾向の変化を分析する際にきわめて有用である。だからこそ，何に着目した類型であるのかに注意を払いつつ，分析にもちいる必要があるだろう。

④ 革命の発生要因

　革命の発生について，その直接的な要因の説明は様々な論者によって試みられてきた。

　近代化と革命との関係に注目したガー（Ted R. Gurr）は，近代化にともなう高度経済成長の後にあらわれる経済的低迷において，人々が期待するような物質的進歩が実現しない「相対的剥奪（relative deprivation）」という状況が，不満と攻撃性を生み，革命の背景となると論じた。これは人々の動機を分析したものであるが，相対的剥奪があっても革命にいたらない事例を説明できないという欠点があった。

　また，国際的要因や構造に注目したスコッチポル（Theda Skocpol）は，国際紛争に端を発する国家の危機と農民反乱の重要性を指摘し，国家の中央集権的な行政・軍事機構が農民階級からの攻撃に対し脆弱となっていたことで革命が生じたと論じた。こうした国際的要因・国内的要因の結合による説明は一定の説得力を持ったが，想定される要因が揃っていないのに革命が生じる事例や揃っていても革命が生じない事例の説明が困難な点，また個人やイデオロギー，政治文化の役割についての分析が不足している点などは，しばしば批判を受けている。

　その後，革命にも従来とは異なった多様な背景をもつものがみられるようになると，ゴールドストーン（Jack Goldstone）のように，革命の発生要因を直接説明しようとするのではなくむしろ革命が成功するために必要な「国家が不安定になる条件」の解明へと関心が移っていった。革命についての研究は，そのインパクトの大きさにもかかわらず，いまだ発展途上にあるといえる。

（岩坂将充）

参考文献

中野実（1989）『革命（現代政治学叢書４）』東京大学出版会。
サミュエル・P・ハンチントン（1972）『変革期社会の政治秩序（下）』（内山秀夫訳）サイマル出版会。
ジョン・ロック（2011）『市民政府論』（角田安正訳）光文社。
Goldstone, Jack (2001) "Towards a Fourth Generation of Revolutionary Theory." *Annual Review of Political Science* 4.
Gurr, Ted Robert (1970) *Why Men Rebel.* Princeton University Press.
Skocpol, Theda (1979) *States and Social Revolutions: A Comparative Analysis of France, Russia and China.* Cambridge University Press.

3 テロリズム

1 政治的暴力の非対称性

　暴力を独占する存在としての国家に対し，革命や暴動，反乱は大衆の動員によって挑戦を試みる行為であるといえる。しかし，大衆動員をともなわない，むしろ量的に圧倒的に優位な国家に対して質的な優位性をもちいて挑戦する行為が，テロリズム（以下「テロ」）である。

　テロの語源はフランス語などの「恐怖」にあり，フランス革命期に政敵や市民の粛清による恐怖政治を行ったジャコバン派（Jacobins）を批判する際にテロリストという言葉がもちいられたのが最初だといわれている。しかし今日では，「恐怖」という核心は変わらないが，当初とは異なるものを指すように変化している。そこで以下では，今日のテロとは何であるかについてその定義を整理していきたい。

2 テロとは何か

　テロは報道などでしばしば目にする言葉であるが，時代や国・組織によって異なった定義があり，けっして明確ではない。しかし小林によると，テロについての様々な定義には共通する3つの要素がある。

　最初に挙げられるのは，違法な暴力あるいは暴力による威嚇を行うことである。これは一般的なテロのイメージと合致するものといえるが，これだけではテロとその他の暴力行為や犯罪とを区別することができない。そのため，これが以下の2つの要素のために利用された場合に，その行為はテロと呼ばれることになる。

　まず，政治的な動機である。テロは，犯行によって恐怖を拡散し変革を目指すことを目的とする。そのため，外見上テロと類似した出来事であっても，個人的な怨恨を理由とするもの，あるいは経済的な利益を主たる目的としているものはテロとは呼ばれない。また，政治的な動機といっても，環境保護のような個別具体的なものから体制変革のような抽象的なものまで幅広く，「社会におけるパニックや分断の惹起」や「政府の権威失墜」，そして実行組織や個人の「売名」等を当面の目的としている場合も考えられる。

　そして，直接の対象だけでなく多くの聴衆を視野に恐怖の拡散を意図していることも，テロに共通する要素である。前述のような当面の目的を達成するた

めには恐怖の拡散は有効であり，実際に世論の関心を高めている。そして，テロの件数や被害者数はその他の犯罪と比べて少ないにもかかわらず，こうした世論の関心の高さも影響して，国家はテロ対策をより重視することになるのである。

3 テロの歴史

ラポポート（David C. Rapoport）によると，19世紀以降のテロには4つの波が存在している。すなわち，①無政府主義者の波，②反植民地主義の波，③新左翼の波，そして④宗教の波，である。

無政府主義者の波は，社会的な不満と過激な無政府主義思想の広まり，そして情報通信技術の発展を背景に，1880年代〜1920年代に発生した。この時期のテロの標的は皇族や国家元首などであり，世間の注目を集めることを中心的な目的としていた。そして，反植民地主義の波では，1920年代〜1960年代に植民地の独立をおもな目的として宗主国関係機関を標的にテロが実行された。この背景には民族自決やナショナリズムの高揚があるが，同時に，不当な状況下での自由の獲得手段としてテロの正当化もみられ始めた。つづく新左翼の波は，冷戦下の1960年代〜1990年代においてみられ，社会主義・共産主義思想にもとづいて既存の体制を攻撃するかたちで発生した。標的は著名な政治家たちであり，ハイジャックや誘拐といった手段によって仲間の釈放や身代金の獲得を目指したテロも増加した。またテロの国際化やテロ組織間の国際連携もすすんだが，冷戦が終結に向かうとソ連による支援もなくなり，次第に退潮していくこととなった。最後の1980年代〜現在にいたる宗教の波は，宗教に基づく国家建設を目的に掲げ，こうした動きを抑圧しようとする政権やその支援国を対象にテロを実行するものである。イラン革命やソ連のアフガニスタン侵攻時に活躍したムスリム志願兵（ムジャーヒディーン）の帰還がこれに大きな影響を与えたと考えられるが，イスラーム以外の宗教においても過激派は拡大した。そして，いわゆる自爆テロが増加しテロ組織が中央集権的なものからネットワーク型へと変化していったことなどが，新左翼の波と異なる点である。

またラポポートは，これらの区分に共通してナショナリズムという要素が存在すると論じた。同様に，社会における不満の蓄積と暴力の行使を正当化する思想の結びつきも各時代に共通しており，変化している標的や手段とあわせてこれらを考察する必要がある。

（岩坂将充）

▷1 ムジャーヒディーン（mujahidin）はアフガニスタンに成立した共産主義政権に対し蜂起したが，1979年にソ連が共産主義政権支援のため侵攻してからは，これとも戦った。ムジャーヒディーンはアフガニスタンだけでなくイスラーム世界各国から戦闘に参加し，ソ連と対立する様々な国から支援を受けていた。

参考文献

小林良樹（2020）『テロリズムとは何か――〈恐怖〉を読み解くリテラシー』慶應義塾大学出版会。

アラン・B・クルーガー（2008）『テロの経済学――人はなぜテロリストになるのか』（藪下史郎訳）東洋経済新報社。

Rapoport, David C. (2001) "The Fourth Wave: September 11 and the History of Terrorism." *Current History* 100 (650).

4 事例Ⅰ：テロ組織・非国家武装主体 としての「イスラーム国」の実践

1 事例としてのイスラーム過激派

　本節では，政治的暴力，あるいは政治的暴力の行使者の事例として，イスラーム過激派を取り上げる。なお，以下では「イスラームによって秩序付けられた社会を建設するという政治目標をもつイスラーム主義者のうち，そのような政治目標を達成する手段として主にテロリズムに依拠する」個人や団体をイスラーム過激派と呼ぶ（類似の現象を指す別の呼称としてジハード主義，（暴力的）サラフィー主義など）。政治的暴力という観点からイスラーム過激派を分析する際には，イスラームの思想や歴史，国際関係，テロリズム，非国家武装主体などを主な論点として挙げることができる。本節では，主にテロリズム，非国家武装主体という側面に着目する。なお，本節においては「イスラーム国」の実践を題材とするが，このことは「イスラーム国」を国際法上の法人格をもつ主体として，あるいは分析の単位としての国家として認めたり，正当化したりすること意味しない。

　「イスラーム国」といえばテロ組織だとの評価が確立しているだろう。テロリズムをいかに定義するかにおいては諸説があるが，最低限の共通理解としては「政治的目的の実現や政治的主張の流布のために違法な暴力の行使やその威嚇を用いる」がある。しかし，テロリズムの定義において「違法な暴力」との属性にこだわりすぎると，国家権力こそが最も強力な政治的暴力の行使者であるとの歴史・政治研究上の重要な事実を見逃してしまいかねない。すなわち，どのような暴力が違法であるのかを誰が判断するかによって，政治的な暴力がテロ行為と呼ばれるかどうかが決まるということだ。

2 「イスラーム国」の実践

　2003年にイラク戦争以降，イラクにはアメリカ軍などと闘う武装勢力が乱立し，その一部は今日の「イスラーム国」の前身となった。そうした武装勢力には世界各地から多くの者が合流した。彼らは，2011年にシリア紛争が勃発するとその混乱に乗じて勢力を伸ばし，2014年にはイラク・シリア両国にまたがる広範な領域を占拠し，カリフ制の復活を主張して「イスラーム国」を僭称した。同派の活動の特徴は，外国人の誘拐・処刑，現地の敵対勢力や民間人の殺戮を厭わないだけでなく，それを積極的に広報することである。これは，敵方の社

会の世論に影響を与え，自らの目的を達成するというテロリズムの典型に見える。一方，「イスラーム国」はイスラーム法に基づくと称して制圧下の住民に対しても様々な形で暴力を振るい，その対象は敵への内通者，刑事犯から性的少数派，異教徒・異宗派信徒への虐待にまで及んだ。また，制圧下の住民に対し，礼拝や断食の実行に止まらず，服装，顎髭の手入れ，飲酒・喫煙・墓廟の建立・衛星放送視聴の禁止のような個人の志向に関わる規範を強制した。一連の殺戮・処刑・懲罰は，逐一不特定多数に向けて公開されたので，これは単なる行政上の措置ではなく視聴者全般に恐怖によって影響を与えることを意図した行為だといえる。「イスラーム国」は，敵との戦い，政治権力の奪取・樹立や制圧下の住民の統制や彼らへの規範の強制において，論理的根拠をイスラームに求めた。この文脈ではイスラームはテロリズムの根拠となる政治的信条の一つであり，この点で世俗主義，社会主義，共産主義，キリスト教，仏教など他のあらゆる思想信条と同様である。したがって，「イスラームはテロリズムとは無縁である」との護教論はこの現象を理解・考察する上で避けるべき発想である。

3 非国家武装主体としての「イスラーム国」

「イスラーム国」が国家を僭称したことや領域を統治したこと，既存の国家や国境の破壊を唱導したことは，中東の現代史上の画期の一つであるかのように評されたこともあったが，実はこのような行為は紛争地における非国家武装主体の営みとしては珍しくない。紛争などが理由で国家権力が及ばなくなった領域には，それを代替する非国家主体（多くは武装している）が統治に類する活動を行い，活動の手法としてテロリズムを採用する。中には国家に擬した制度や機関を整備するものもある。当然ながら，多くの非国家武装主体は国境を越えて活動し，一部は既存の国家・国境の超越や再編を公言する。国家権力が及ばない領域に秩序をもたらす存在として非国家武装主体が伸張する現象は，様々な状況においてみられる。「イスラーム国」が注目を集めたこともあり，非国家武装主体としてのイスラーム過激派の研究は近年急速に発展している。左翼・民族主義・その他の信条に基づく非国家武装主体の実践との比較の中で「イスラーム国」をはじめとするイスラーム過激派の実践を研究することは，政治的暴力，そして非国家武装主体の研究という，より普遍的な枠組みで論じることにより理論と事例研究の両面での貢献が可能である。　　（髙岡　豊）

参考文献

アラン・B・クルーガー（2008）『テロの経済学』（藪下史郎訳）東洋経済新報社。
中東調査会イスラーム過激派モニター班（2015）『「イスラーム国」の生態がわかる45のキーワード』明石書店。
保坂修司（2017）『ジハード主義——アルカイダからイスラーム国へ』岩波書店。
小林良樹（2020）『テロリズムとは何か——〈恐怖〉を読み解くリテラシー』慶應義塾大学出版会。

事例Ⅱ：インドネシアにみる国家暴力の変容

　国家暴力とは，国家権力が国民に対して行う政治暴力である。その暴力形態は，国家の政治体制の転換にどう影響を受けるのか。インドネシアを事例に考察してみよう。

① 権威主義体制の崩壊と国家暴力の民営化

　インドネシアは，1万の島々と2億を超える人口で形成される世界第4位の巨大国家である。国内では，300を超える民族が生活し，公用語以外に500以上のローカル言語が使われている。同国は「多様性の中の統一」を国是とするが，そのガバナンスは時代と伴に変化してきた。戦後，独立して間もなくは，議会制民主主義を採用したものの，多様な社会の要求を束ねる政治力に欠け，分離独立運動も盛んになり，国家安定が脅威に晒された。その打開に向けて，スカルノ（Sukarno）やスハルト（Suharto）といった大統領は，民主政治と決別して強い指導力で国家を統一しようと試みた。特に後者の時代（1966〜98年）は，「国家安定」の名の下で，中央集権化と国民の政治参加を制限する権威主義体制を構築した。政治の全面に国軍が睨みを利かし，政府批判を危険分子として各地で弾圧の対象とした。こうした国家暴力が30年以上続いた。それに対する国民の怒りが1998年の民主化運動につながり，学生を中心に全国に広がったスハルト退陣運動が，独裁政治の終わりと権威主義体制の崩壊をもたらした。

　ポスト・スハルト時代の民主化で，国家暴力はどう変容したか。まず国軍による体系的な社会弾圧が影を潜めた。民主化に伴う政治改革で，国軍の政治からの撤退と国防への専念が決まったからである。しかし興味深いのは，国軍のプレゼンスが弱まったことで，政治暴力の「市場」に新たな民間アクターが参入し，「独占から自由競争」の時代に移行したことである。宗教や民族アイデンティティーを掲げた様々な民兵集団が，各地で政治エリートと手を組んで対抗勢力への暴力を展開し，民主化は地方紛争の勃発へと発展していった。また，国軍もスハルト時代に築いた地方のビジネス利権を温存するため，そういう民兵を間接的に使って治安を悪化させ，政情不安を煽り民主改革に抵抗した。この国家暴力の「アウトソーシング」も，民主化の副産物に他ならない。

② 分権化される国家暴力

　権威主義時代の象徴であった中央集権による国家ガバナンスも，民主改革の

対象となった。地方分権化が推奨され、財政や経済政策に関する地方自治体の権限が大幅に拡大した。この地方主義の実現こそが、地方での民主化の深化をもたらすと期待されていた。しかし皮肉にも、政治暴力の提供者も地方分権化していった。どういうことか。それは、分権化のインパクトで開発利権をめぐる地方エリート間の政治競争が激化していくなか、彼らが武闘派市民団体を組織化して、脅しや暴力で行政に圧力をかけ、地方メディアや人権・環境 NGO などを黙らせるようになったのである。

「昔は軍人に高い金を払ってメディアを黙らせていたが、今では地元の若いチンピラが、はした金でやってくれるよ」。以前、東ジャワ州の地方政治家から聞いた言葉である。「地元のことは地元で」という地方分権化は、チンピラ集団のローカル化を促進し、彼らの暴力サービスを便利に使う地元政財界エリートの拡大をもたらしたといえよう。

３ 国家暴力のサイバー化

さらに近年では、国家暴力の新たな形態として、サイバー空間における言論弾圧が顕著になっている。インドネシアでは、SNS の拡大が草の根民主運動の組織化に貢献し、政治の腐敗体質や劣悪なインフラ事業などへの抗議活動で影響力を増していた。それに反撃するかのごとく、政治家は、情報電子商取引法という名の SNS 規制を法制化し、サイバー空間での政治家批判や政策批判を、誹謗中傷や国家転覆の容疑で逮捕するようになった。

例えば SNS で農地改革を訴える田舎の学生団体や、環境保護を訴える NGO、雇用創出法の制定に反対する労働運動のリーダーなどは、個人アカウントのハッキング、個人情報の流出、そして脅迫メッセージの連射を浴び、サイバー空間での暴力が日常化している。国家のインテリジェンス機関が、有名なスパイウェアの「ペガサス」や「フィンフィッシャー」を入手していることから、近年の言論弾圧が政権の中核で企画されていると憶測できる。

このように見ると、国軍が国家暴力を独占してきた権威主義体制の時代が終わり、民主主義に移行して定着していくプロセスで、何が起きているかが理解できよう。民主主義になって、国家の政治暴力は軽減・縮小したのだろうか。答えはノーであり、より複雑化している実態がある。民主化を経て、インドネシアの国家暴力は民営化、分権化、サイバー化しており、各々の力学が絡み合って、民主主義体制下の政治暴力を発展させている。こういう現象はインドネシア特有なのか、それとも普遍性があるのか。比較政治学の考察が期待されよう。

(本名 純)

参考文献

足立研幾編著 (2018)『セキュリティ・ガヴァナンス論の脱西欧化と再構築』ミネルヴァ書房。

岡本正明 (2015)『暴力と適応の政治学——インドネシア民主化と地方政治の安定』京都大学東南アジア研究所地域研究叢書。

末近浩太・遠藤貢編 (2020)『グローバル関係学４ 紛争が変える国家』岩波書店。

森下明子 (2015)『天然資源をめぐる政治と暴力——現代インドネシアの地方政治』京都大学東南アジア研究所地域研究叢書。

政軍関係とは何か

1 「政軍関係」

　政軍関係という言葉は，政治学でもちいられる他の言葉とくらべて，あまり広く認知されていないかもしれない。そもそも政軍関係とは英語の *civil-military relations* を訳したものであるが，*civil* を「政」ではなく「民」と訳し「民軍関係」とする場合もしばしばみられる[1]。ただ，*civil-military relations* と呼ばれる分野が従来あつかってきた範囲を考えると，一般市民や市民社会よりもむしろ文民政府と軍との関係がそのおもな対象であった。後述するように，近年は市民社会を視野に入れた研究も蓄積されつつあるが，ここでは，政軍関係という語をもちいていきたい。

▷1　本来的には *civil* ないし *civilian* は「非軍事」を意味することに注意が必要である。

2 軍とプロフェッショナリズム

　現代の軍は，近代国家の常備軍，すなわち対外的脅威から国家・国民を防衛する国防組織を出発点としており，将校（職業軍人）[2]をふくむ高度に専門化された官僚機構として発達してきた。この点において，軍は非政治的主体とみなすこともできるが，実際には，軍はしばしば国内政治への介入を行う存在でもあった。こうした軍の政治への介入を考察するため，政軍関係研究は，軍の政治介入を防ぐ文民統制（civilian control）の方法（第2節）を軸にしつつ，政治介入の要因分析（第3節）も包含するかたちで発展してきた。

　近代国家の軍を考える際に重要な概念となるのが，プロフェッショナリズム（専門職業主義）である。ハンティントン（Samuel P. Huntington）によると，高度に専門化された将校には，弁護士や医師と同様にプロフェッショナリズムを構成する3要素，すなわち① 専門技術，② 責任，③ 団体性，が認められる。将校における専門技術とは，軍事力の編成や装備および訓練，軍事活動の計画，そして戦闘内外での作戦指揮といった暴力の管理である。また責任とは，国家の軍事的安全保障の達成である。そして団体性とは，将校がそれ以外の社会から切り離された特殊な団体を形成していることを指す。ハンティントンは，こうしたプロフェッショナリズムがどの程度軍に備わっているかによって，政軍関係が規定されると論じた。

　軍を一つの制度としてみることで生み出されたプロフェッショナリズムという概念は，政軍関係における軍の捉え方の前提とされ，以降しばらく政軍関係

▷2　ここでは，将校は下士官や一般の兵士とは明確に区別される。下士官や兵士は暴力の使用においては専門技術を有するが，将校のように暴力の管理という専門技術は持ち合わせていないと考えられるからである。

研究の方向性を決定づけるものとなった。そして現在においても，肯定的な立場からも批判的な立場からも，文民統制や軍の政治介入について論じる際に避けて通ることのできない重要な要素となっている。

③ 政軍関係研究のあらたな展開

　政軍関係は本来固定的なものではなく，時代や地域によって変化がみられるものである。政軍関係研究においても，とくに2000年代になると，あらたな関係性に注目したり，これまであまり射程に入れてこなかった要素を検討したりすることで，あらたな視角がもたらされるようになった。

　フィーヴァー（Peter D. Feaver）は，ハンティントン的な軍の理解を見直し，文民政府と軍との関係を，依頼人（principal）と代理人（agent）の相互作用として捉えた。依頼人が要求した任務について，代理人は遂行するか，あるいは回避して自らの利益を追求するかを選ぶことになるが，どちらを選択するかは依頼人が代理人をどれだけ監視しているか，回避が発覚した際の不利益（処罰の可能性やその重さなど）によって決まる。こうした政軍関係の捉え方は，従来の制度に注目したものとは異なり，両者の間で実際に生じている状況から導き出されたものであるため，より動態的な理解を可能にしている。

　またシフ（Rebecca L. Schiff）は，従来の「政」（政治エリート）と「軍」とを明確に区別する枠組みでは非欧米諸国の実情を理解することは困難であるとし，これに「市民（citizenry）」を中心的アクターとして加えた「政」「軍」「市民」の三者での理解を提唱した。これは調和理論（concordance theory）と名づけられ，様々な論争を引き起こしながらも，政軍関係研究の新しい方向性として注目を集めている。例えば，2011年頃から中東地域で生じた一連の政治変動，いわゆる「アラブの春」においても，政府や軍とともに市民の果たした役割は決して無視できるものではなかった。テイラー（William C. Taylor）は，「アラブの春」の際に軍が何にもとづいて政府側に立つか民衆側に立つかを決定したのかという問いに，軍から見た政府や市民社会との関係性に注目することで，回答を試みた。

　政軍関係研究では，ハンティントンの影響が絶大であったため長らく大きな理論的発展がみられなかったが，2000年代以降のこうしたあらたな展開によって，幅広い時代や地域に適用可能な理論の構築が期待されている。

（岩坂将充）

参考文献

サミュエル・ハンチントン（2008）『軍人と国家（上）』（市川良一訳）原書房。

Feaver, Peter D. (2003) *Armed Servants: Agency, Oversight, and Civil-Military Relations.* Harvard University Press.

Schiff, Rebecca L. (2009) *The Military and Domestic Politics: A Concordance Theory of Civil-Military Relations.* Routledge.

Taylor, William C. (2014) *Military Responses to the Arab Uprisings and the Future of Civil-Military Relations in the Middle East: Analysis from Egypt, Tunisia, Libya and Syria.* Palgrave Macmillan.

文民統制

文民統制とプロフェッショナリズム

　文民統制は，政軍関係研究の分野において初期から関心を集めつづけている中心的なトピックである。ハンティントンによると，文民統制は，文民のグループと軍人のグループの相対的な権力関係のうち，軍人グループの権力が弱まる程度に応じて達成されるとした。そのため，文民統制を定義する際の基本的な問題は，「いかにして軍人の権力を極小にしうるか」ということになる。

　そこでハンティントンは，前節で述べた軍のプロフェッショナリズムをもとに，主体的文民統制と客体的文民統制という2つの手法を提示した。主体的文民統制とは，軍との関連において文民の権力を極大化させ，いわば軍を押さえつけることで達成する手法である。これは，軍人を文民化し軍独自の活動分野を否定することで達成されるものであるため，プロフェッショナリズムの欠ける軍に対し唯一可能な文民統制の形態であるとされた。一方の客体的文民統制とは，自律的な軍においてプロフェッショナリズムを育成・促進させ極大化させることで達成される。つまり，軍人を軍人たらしめ，軍が十分なプロフェッショナリズムを獲得すればするほど，政治的に安定・中立化し，政治介入を極小化することができると考えられたのである。ハンティントンは，客体的文民統制がより望ましい手法であると主張した。

② プロフェッショナリズムの是非

　こうしたハンティントンの議論は文民統制を分析する際の基本的な視角を提供したが，同時に様々な批判を受けた。とくに，ハンティントンの主張とは逆に，プロフェッショナリズムはむしろ軍の政治介入の要因となりうるという指摘は，文民統制がどのように達成されるかという問いを再考するのに有益である。

　ファイナー（Samuel E. Finer）は，プロフェッショナリズムの極大化は文民政府との衝突要因につながると指摘した。ファイナーによると，ハンティントンが示したようなプロフェッショナリズムを有していた軍が過去に政治介入を行った事例が数多くあり，プロフェッショナリズムはむしろ軍を自己本位的にするものといえる。さらにファイナーは，プロフェッショナリズムの定義に議論が依存している点に問題があるとし，「プロフェッショナリズムに即した行

▷1　それぞれ原語は *subjective*（主体的）と *objective*（客体的）。三宅は *objective* を「客観的」と訳すのが適当であると指摘したが，ここでは「主体的」との対比から「客体的」の訳を採用した。

▷2　古代ローマの近衛兵を指す言葉に由来する。近衛兵はその武力を背景に，皇帝の任命などにかんして政治力を行使することがあった。

動をとらない軍はプロフェッショナリズムを十分に備えていない」という本質論的な説明におちいる危険性を指摘した。

またパールマター（Amos Perlmutter）は，プロフェッショナリズムのうち，とくに団体性の極大化が軍を強い政治介入傾向のある状態，いわゆるプリートリアニズム（praetorianism）[2] に転化させると主張した。つまり，軍の団体性の維持や団体意識が，軍をもって政治介入させる動機となるという指摘である。こうした考えに基づき，パールマターは，近代国家の軍は① プロフェッショナルな軍，② プリートリアンな軍，③ 団体性をもたない革命的な軍，の3つに分類されるとした。

3 文民統制の新しい視角

文民統制は長らく，軍の政治介入や軍事支配の欠如あるいはそのリスクが低いことを指すと暗黙的に理解されてきたが，これでは明確ではないが積極的な軍の政治への関与を捉えることが困難である。こうした問題を克服するため，ハンティントンらの議論のように文民統制を「終点」とみなすのではなく，むしろ「過程」とみなす考え方が1990年代半ば頃から登場した。例えばアグエロ（Felipe Agüero）は，文民統制には，政府が軍の介入のない状況で政策への幅広い意思決定権限を持つことが必要であると指摘し，トゥリンクーナス（Harold A. Trinkunas）は，文民統制は政府が軍事活動の最終的な権限を有する場合のみ存在するとみなした。またクロワッサン（Aurel Croissant）らは，軍は政府によって具体的に定義された領域の外では意思決定権限を持たず，政府だけが政策決定と政策実施の境界を定義するとした。文民統制の程度の分析方法については，トゥリンクーナスやクロワッサンらの間で意見の相違があるが，政府による軍への制度化した監視の重要性を指摘している点は共通している。

また，権威主義体制における文民統制も注目を集めるようになってきた。そこで有効なのが，クーデタ耐性（coup-proofing）の議論である。とりわけ，中東地域における権威主義体制の比較研究を行ったクィンリヴァン（James T. Quinlivan）の議論は以降の研究に大きな影響を与えた。クィンリヴァンによると，クーデタ耐性は「軍事クーデタを阻止するために体制が講じる一連の措置」であり，① 家族・民族・宗教に対する忠誠の効果的な搾取，② 正規軍と並行する軍事組織の創設，③ 管轄の重なる複数の国内治安維持機関による相互監視，④ 正規軍の専門性の醸成，⑤ これらの措置への十分な資金の提供，という5つの共通点がある。しかしクーデタ耐性の議論は，あくまでもクーデタの有無に着目しているという点では，文民統制を「終点」とみなすハンティントンらの議論の延長線上にあるということができるだろう。 （岩坂将充）

参考文献

サミュエル・ハンチントン（2008）『軍人と国家（上）』（市川良一訳）原書房。

三宅正樹（2001）『政軍関係研究』芦書房。

Agüero, Felipe (1995) *Soldiers, Civilians, and Democracy.* Johns Hopkins University Press.

Croissant, Aurel, David Kuehn, Paul Chambers, and Siegfried O. Wolf. (2010) "Beyond the Fallacy of Coup-ism: Conceptualizinig Civilian Control of the Military in Emerging Democracies." *Democratization* 17(5).

Finer, Samuel E. (1962) *The Man on Horseback: The Role of the Military in Politics.* Pall Mall Press.

Perlmutter, Amos (1977) *The Military and Politics in Modern Times: On Professionals, Praetorians, and Revolutionary Soldiers.* Yale University Press.

Quinlivan, James T. (1999) "Coup-Proofing: Its Practice and Consequences in the Middle East." *International Security* 24 (2).

Trinkunas, Harold A. (1999) *Ensuring Democratic Civilian Control of the Armed Forces in Asia (East-West Center Occasional Papers, Politics and Security Series (1)).* East-West Center.

3 # 軍の政治介入

① 軍の政治介入とその度合い

　ひとくちに軍の政治介入といっても，いわゆるクーデタ（coup d'état）——フランス語で「国家への一撃」を意味する——と呼ばれる明示的なものから政治家に意見を主張するものまで，その度合いの差は大きい。このうちクーデタについては，ハンティントンが① 暴力ないし暴力の威嚇によって現行の政府指導者たちを非合法に排除する政治的連携による努力である，② もちいられる暴力は通常小規模である，③ 参加する人数は少数である，④ 参加者たちはすでに政治体制内で制度的な権力基盤を有している，という4つの特性を挙げており，比較的理解が容易である[1]。

　クーデタ以外の軍の政治介入の分類については，ファイナーの議論が知られている。ファイナーは，① 説得などによる影響力の行使，② 圧力の行使や恐喝，③ 暴力や暴力の行使を示唆する脅迫による内閣や支配者の差し替え，④ 文民の一掃と軍政の確立，という4つの段階を示した。このうち明らかに違憲である③および④について，ファイナーはクーデタという表現をもちいているが，むしろ①は合憲であり，②はとられる手法によって合憲・違憲の双方がありうるとした。

　これに対しノードリンガー（Eric A. Nordlinger）は軍の政治介入のあり方を① 調停者（moderators），② 守護者（guardians），③ 支配者（rulers）という3つに分類した。調停者型では，軍は拒否権を行使し政治経済的目標の現状維持を目指す。守護者型では，軍は政府への統制を行い政治経済的目標の現状維持ないし矯正が行われる。そして支配者型では，軍はクーデタによって権力を奪取・支配したうえで政治的変革や社会経済的変革に着手する。

　このように軍の政治介入には様々な手法・程度が考えられ，それぞれに特徴的な政治へのインパクトが想定されるのである。

② 軍事政権の樹立

　軍の政治介入がクーデタというもっとも極端なかたちをとった場合，その後には軍事政権が樹立されることが多い。政治の専門集団ではない軍の政権運営には様々な課題があるが，これには軍固有の性質が関係している。

　ステパン（Alfred C. Stepan）によると，軍事政権は① 政府としての軍，② 制

▷1　このほかルトワク（Edward Luttwak）は，「国家機構の小さくとも重大な部分への浸透から成り，この部分を利用して政府が他の部分に影響している支配を置き換えること」という定義を示している。

▷2　軍以外のエリートが所得格差の問題を解決する可能性を市民が認識している場合，そしてそれを軍が認識している場合には，介入は起こりにくくなる。

▷3　ノードリンガーは「統治するための道徳的権利（moral right to govern）」として政府の正統性にも言及しており，政府がこれを喪失した場合には，介入が促進されると指摘した。またファイナーも同様に，合法な政府に対するクーデタは一種の権力の強奪と見なされるという「道徳的障壁（moral barrier）」の存在に言及している。

度としての軍，③治安集団，という３つの側面を同時に有している。このうち②は本来の任務を継続している軍を指すが，①は政権運営にかかわる軍を，③は反体制派の監視・弾圧にかかわる軍をそれぞれ指す。国防組織である軍は，軍事政権を樹立した場合にも専門性の高い本来の任務を放棄するわけにはいかず，むしろ門外漢であるはずの政治にたずさわることになるのである。こうした状況を無事切り抜けることは困難であり，ステパンによるとこれら３つの側面が表面的にバランスを保っている場合には，軍事政権は持続しやすく，逆にいずれかが突出している場合には，崩壊しやすいと論じた。

また，軍が政権を手放し民政移管した後の政軍関係においては，バレンズエラ（J. Samuel Valenzuela）が指摘した，軍による留保領域（reserved domains）の設定が大きな影響を与えると考えられる。これは，軍が政治から撤退した後も，特定の領域においては軍の自律的な政策決定を認める制度設計である。多くの場合，軍の関心事である国防分野がこれに指定されるが，留保領域には政府の権力が及ばないため，民政移管後も軍の政治への関与が長く継続することとなる。

3 政治介入の要因

ではなぜ，軍は政治に介入するのだろうか。ステパンは，対外的脅威が存在する場合には軍の政治介入の動機は小さくなり，国内で武装反乱が発生するなど対内的脅威が増した場合には軍の政治介入は誘発されると論じた。また，アセモグル（Daron Acemoglu）とロビンソン（James A. Robinson）は，所得格差が拡大した状況においては軍は介入に対する市民の支持を期待し，介入を実行に移す可能性が高まるとした。しかし，これらはほかの多くの議論と同様に，厳密には政治介入のタイミングについて論じているにすぎず，軍がプリートリアンな性格を帯びていることを前提としている。換言すれば，軍は常に政治介入を志向しているとみなしているのである。

この点に回答を試みた数少ない議論が，ノードリンガーによる団体としての利益（corporate interests）への注目である。ノードリンガーは，軍に限らず，すべての公的制度では自らの利益保護やその強化に関心が高いため，概して①適切な予算支援，②組織内部問題の処理・運営に関する自律，③競合制度からの浸食に対する職務の保護，④制度自身の存続，といった４つの要素における利益をそれぞれ団体として共有していると指摘した。そして軍は，こうした「団体としての利益」の保護と増大を目的とし，政治介入を行うと論じたのである。

(岩坂将充)

参考文献

サミュエル・ハンチントン（1972）『変革期社会の政治秩序（上）』（内山秀夫訳）サイマル出版会。

アルフレッド・C・ステパン（1989）『ポスト権威主義——ラテンアメリカ・スペインの民主化と軍部』（堀坂浩太郎訳）同文舘出版。

Acemoglu, Daron and James A. Robinson. (2006) *Economic Origins of Dictatorship and Democracy*. Cambridge University Press.

Finer, Samuel E. (1962) *The Man on Horseback: The Role of the Military in Politics*. Pall Mall Press.

Luttwak, Edward (1968) *Coup d'Etat: A Practical Handbook*. Penguin Press.

Nordlinger, Eric A. (1977) *Soldiers in Politics: Military Coups and Governments*. Prentice-Hall.

Valenzuela, J. Samuel. (1992) "Democratic Consolidation in Post-Transitional Settings, Notion, Process, and Facilitating Conditions." Scott Mainwaring and Guillermo A. O'Donnell (eds.), *Issues in Democratic Consolidation: The New South American Democracies in Comparative Perspective*. The University of Notre Dame Press.

4 事例Ⅰ：インドネシア国軍
——治安維持を志向する軍の政治介入

1 国家統一を守る治安維持のための軍隊

　国民国家の軍隊（＝国軍）の任務は，対外的な脅威から国家と国民を守ること（＝国防）である。しかし，途上国においては，国を分裂させたり，混乱させようとする勢力を国内的脅威と捉え，それを排除すること（＝治安維持）を主要な任務と考える軍隊がある。インドネシア国軍はそのような軍隊の一つであるとみていいだろう。

　国軍はオランダとの独立戦争の中で生まれた軍隊で，インドネシア独立の立役者であるという強い自負をもつ。広大な島嶼地域に多様な民族・宗教集団が暮らすインドネシアでは，独立直後から共産主義者，イスラーム主義者，分離主義者による武装反乱が頻発して，国軍はその鎮圧に追われた。この頃からすでに，脅威は国内にあり，インドネシア分裂をもくろむ「国内の敵」から国家統一を守ることが自らの使命であると，軍は自任するようになった。

　1959年，政治の実権を握ったスカルノ（Sukarno）大統領は，反・新植民地主義を唱えて欧米諸国を批判するようになり，国内では共産党のプレゼンスが拡大した。右派の陸軍高官はこれを警戒したが，中堅将校はむしろ腐敗した高官に反感を抱いており，共産党は中堅将校の抱き込みによる軍への浸透を図った。左派と右派との反目が社会や軍を分裂させるなか，1965年に9・30事件が起こる。この事件では右派の陸軍高官6人が左派の中堅将校に殺害されたが，事件の鎮圧にあたったスハルト（Suharto）将軍は共産党が事件の黒幕であると断定して左派系将校を次々と逮捕・粛清し，右派の民兵を大規模に動員して共産主義者とみなされた百万人もの人びとを虐殺させた。

2 独裁体制における軍の統制

　スカルノに代わって政治権力を握ったスハルトは，1968年に国民協議会で大統領に就任し，軍を従属させて支配の道具にしながら，自らに権力を集中させる独裁的な個人支配体制を確立した。軍を統制するために，スハルトは軍高官人事を掌握し，忠誠心や能力・適性，組織内の昇進順序を考慮した任命を行っただけでなく，現役・退役の軍人に，ビジネスに携わる，つまり金儲けすることを認め，天下り先として政治・行政ポストを用意して優遇した。このように軍人の利益を保障することで，スハルトは軍を従属させることに成功した。

▷1　第二次世界大戦中，日本軍政下に置かれていたインドネシアは，日本の敗戦とともに独立を宣言し，旧植民地軍と日本軍政下の郷土防衛義勇軍を主な構成要素とする国軍が設立された。オランダとの戦争を経て，インドネシアは1949年12月に正式に主権を委譲された。

▷2　国軍は国防・治安維持機能のみならず，政治・社会機能をもつとする「二重機能」ドクトリンを提唱して，政治・行政への関与を正当化した。スハルト体制期，中央省庁の官僚や国会議員，州知事・県知事・市長などの地方首長，地方議会議員，在外公館の大使や公使など様々な文民のポストが軍人に提供された。また，国営企業の幹部や民間企業の役員に就く軍人も多かった。

スハルト政権はパプアで不正な住民投票を行って，これをインドネシアに編入し，東ティモールに軍事侵攻して国土を拡張していった。これらの地域ではインドネシアからの離脱を求める分離独立運動が起こり，それを潰すために容赦のない軍事作戦が展開された。「領域管理」と称して州レベルから村落レベルまで軍管区や駐屯地が設置され，部隊や下士官が常駐して国民の生活や活動を監視した。具体的な対外的脅威がない中，スハルトと国軍の間では，分離独立運動のような国内の脅威から国家の統一を守ることが軍の役割であるという一致した認識があった。軍の役割と利益が大統領に保障されていたスハルト体制期の30年は，軍の統制が最も効いていた時代であったといえる。

③ 民主主義の下での政軍関係

1997年のアジア通貨危機を端緒として1998年に民主化運動が起こると，それまでスハルトを支持してきた与党や閣僚が次々と離反し，国軍も支持を撤回，スハルト体制は崩壊した。国軍は民主化後に批判にさらされ，改革を約束せざるをえなくなる。新法が制定され，国軍からの警察の分離，国軍は対外防衛／警察は治安維持という役割分化，現役軍人の政治やビジネスへの関与の廃止が定められた。しかし，スハルト体制下で抑え込まれてきた分離独立勢力やイスラーム急進派による活動が民主化後に活発化すると，軍は国内の治安維持活動への関与を強めることで復権を果たす。2002年の東ティモール分離独立は政治エリートや国民に国家統一を維持することの重要性を再認識させ，分離独立運動がくすぶるパプアやアチェでの軍事作戦が許容されるようになった。

専門家は軍による人権侵害や「領域管理」の継続を批判するが，世論調査を見ると2000年代後半以降，国民の多くが国軍に信頼を寄せるようになったことがわかる。軍は汚職が少ないという清廉なイメージがあると同時に，軍は分離主義やテロと戦い，国境防衛に励む姿を国民にアピールしているからである。シフは，軍・政治エリート・市民の間で軍の役割に関する一致があるとき，軍による政治介入が抑えられ，安定した政軍関係が築かれると指摘する。軍によるパプアでの治安維持活動やテロ対策への関与は政治エリートや国民に許容されており，そのような意味で政軍関係は安定している。

しかし，政軍関係の安定化は国軍がプロフェッショナルな軍隊になったことを必ずしも意味しない。南シナ海における中国の覇権的な動きはインドネシアの安全保障環境を変えつつあり，対外的な防衛力の整備が急務になっている。にもかかわらず，国内の治安維持の必要性をことさらに主張する退役軍人がいまだに政治的影響力をもち，対外防衛を旨とする，プロフェッショナルな軍隊へと国軍が脱皮することを阻害している。民主化から20年を経て，軍は文民統制の下に置かれてはいるものの，民主主義の時代にふさわしい国軍のあるべき姿についての模索はいまだ続いている。

(増原綾子)

参考文献

Honna, Jun (2003) *Military Politics and Democratization in Indonesia.* Routledge Curzon.

Mietzner, Marcus (2009) *Military Politics, Islam, and the State in Indonesia, From Turbulent Transition to Democratic Consolidation.* Institute of Southeast Asia.

増原綾子 (2010)『スハルト体制のインドネシア——個人支配の変容と一九九八年政変』東京大学出版会。

増原綾子 (2012)「インドネシアにおける政軍関係の変容——2002年国防法及び2004年国軍法に注目して」『亜細亜大学アジア研究所紀要』38：147-207。

本名純 (2013)『民主化のパラドクス——インドネシアにみるアジア政治の深層』岩波書店。

増原綾子 (2013)「ポスト・スハルト期のインドネシアにおける国防政策——国防白書の分析を通じて」『亜細亜大学アジア研究所紀要』39：1-46。

Rüland, J., M. -G. Manea, and H. Born (eds.) (2013) *The Politics of Military Reform, Experiences from Indonesia and Nigeria.* Springer.

増原綾子 (2016)「民主化期インドネシアにおける脅威認識の変容と政軍関係」『国際政治』185：82-97。

増原綾子 (2019)「インドネシアの政軍関係 東南アジアにおける民主化と国軍」細谷雄一編『軍事と政治 日本の選択 歴史と世界の視座から』文春新書，238-280頁。

事例Ⅱ：メキシコ政軍関係の変容
——革命，支配政党独裁，民主化

1 制度的革命党（PRI）体制と軍

　現代メキシコの政軍関係の形成は，1910年に始まるメキシコ革命に遡る。1913年に創設された，現在のメキシコ軍の原型にあたる護憲派軍の内部では，多数のカウディージョ（地域的な軍事頭領）が互いに権力争いを展開していた。当時，文民と軍人のあいだに明確な境界は存在せず，有力なカウディージョは有力な政治的指導者だった。軍人たちの忠誠は，信念や個人的利害に基づき特定のカウディージョに対して向けられており，一部のカウディージョは政府からの高い自律性を維持した。

　1920年代後半になると，組織法などの法的・制度的基盤整備や教育改革，軍事力の近代化など，軍の専門職業化が進められた。軍のイデオロギー形成に大きな役割を果たしたのが，革命教育である。当初，軍人の忠誠はカウディージョ個人に向けられたものだったが，士官学校を中心にメキシコ革命の理念に忠実な軍人の育成が目指され，新しい世代の軍人は自らを「メキシコ革命の守護者」とみなすようになっていった。

　同じ頃，制度的革命党（PRI）（正確にはその前身政党）による事実上の一党支配が確立する過程で，カウディージョ間の抗争が党内に吸収されて革命の混乱は収束していった。革命以来，歴代の大統領と PRI 党首がそれぞれ1946年と1964年まで実質軍人であったことは，政治的安定化に PRI が果たした役割を考えると象徴的である。当初カウディージョの地理的統合という性格が強かった PRI は，1930年代に軍を含む4つのセクターからなる構造へと改編され，軍は「革命の正統な継承者」たる PRI 体制に組み込まれることとなった。

2 ラテンアメリカの長期軍政とメキシコ

　1950年代末以降，アルゼンチンやブラジルなどの南米の一部の軍は，反共主義のもとで対内安全保障への専門職業主義的関心を深め，対内安全保障と開発を結びつける国家安全保障ドクトリンを背景に，政治介入のあり方を変化させていった。それまでのように，国の安定化のために軍事クーデタを行い，2～3年後に民政移管するのではなく，より長期の介入の必要性を認識するようになったのである。1960～70年代には，クーデタによって文民政権を崩壊させ，軍が比較的長期間にわたって広範な政治・経済・社会改革を目指す本格的軍政

▷1　ステパン（Alfred C. Stepan）は，対内安全保障と開発を自らの使命として定義する軍の専門職業主義を「新専門職業主義」と呼んだ。高等軍事教育によって自信を深めた軍は，文民政権に国内安全保障確保とそのための開発の能力や意欲がないと判断すると，自らの使命に基づき政治介入を行った。Stepan, Alfred (1973) "The New Professionalism of Internal Warfare and Military Role Expansion." A. Stepan (ed.), *Authoritarian Brazil: Origins, Policies, and Future.* Yale University Press.

が相次いで成立した。

　こうした南米の状況と対照的に，メキシコでは軍が非政治的な性格を維持し，文民政権が持続した。その理由は，文民統制のメカニズムにあったと考えられる。PRIによる事実上の一党支配下のメキシコの政軍関係は，民主的文民統制に基づくものではなかったが，革命イデオロギーを共有するPRI体制に対する軍の忠誠が文民統制を支えた。革命教育の下で専門職業化した軍部は，大統領をはじめとするPRI体制下の国家制度への忠誠を強めていった。また，軍セクターが党の構造に組み込まれることで，PRIという特定の政党およびその体制に対する軍の支持は制度化されたといえる。

　もっとも，PRIとの革命理念の共有だけが文民統制を可能としたわけではない。とりわけ革命を直接知らない世代が増えるにつれて，軍の自律性を尊重する文民政権との不文協定が重要になったことが指摘されている。メキシコでは国防省が陸軍と空軍を統括し，海軍には海軍省が独立に存在する。組織法の定めるところにより，大統領が指名する国防相と海軍相はそれぞれ陸軍将校と海軍将校から選出され，軍事行政，教育，司法などの面で，軍には高い自律性が付与されてきた。文民政権による軍の自律性の尊重は，2000年の政権交代でPRIが下野し，民主化した後も，軍が文民統制に従った一つの要因となった。

③　麻薬紛争と軍

　メキシコの民主化は，選挙制度の漸進的改革による緩やかな経過をたどった。この過程で，民主化はメキシコ革命の新たな段階として軍によって定義づけられ，軍の大統領に対する忠誠に支えられつつ，民主的な文民統制が受け入れられていった。ただし，軍にとって民主化後も文民政権が軍の自律性を尊重することは非常に重要であり，とくに移行期正義に関連して，PRI権威主義体制下の軍による人権侵害の「真実」解明や，軍人を刑事訴追するような動きには強く反発した。

　このように，民主化後の文民統制は決して盤石とはいえなかったが，とりわけ近年，麻薬密輸をはじめとする組織犯罪の取り締まりで軍の役割が強化されるなか，政府は軍への非介入を徹底することで微妙なバランスを保っている。年間3万人以上もの犠牲者を出している麻薬紛争では，軍による深刻な人権侵害や腐敗も指摘されているが，政府は軍への介入や処罰に消極的である。

　2020年に米国で，メキシコの元海軍相が麻薬密輸等の容疑で逮捕された際も，メキシコ政府は外交ルートを通じて米政府に強く反発し，元海軍相は保釈されてメキシコに帰国した。その後メキシコ検察は米当局からの証拠提供を受けて捜査を行ったとするが，元海軍相は証拠不十分で不起訴となっている。腐敗が軍の高官にも及んでいることが示唆される一方，麻薬紛争で重要性を増す軍への介入に慎重な政府の姿勢が窺える。　　　　　　　　　　（馬場香織）

▷2　移行期正義（transitional justice）とは，過去の独裁や国内武力紛争下の人権侵害をめぐる正義追求の一連のプロセスおよびメカニズムを指す。

（参考文献）

大串和雄（1991）「南米軍部の国家安全保障ドクトリンと『新専門職業主義』」『国際政治』98。

恒川惠市（1990）「メキシコPRI体制の危機と再編1971-90」『アジア経済』31(11)。

馬場香織（2008）「軍の政治非介入——メキシコ政軍関係史」『国家学会雑誌』121(3・4)。

連邦制とは何か

 連邦制の定義

　ひとくちで「連邦制」といっても，単純に「こうなっていれば，連邦制」と確定できるようなものはない。例えば国名に「連邦」がついていなくても連邦国家とされる場合（ベルギー王国）もある。

　連邦制の定義をめぐる議論は古く，フェア（Kenneth C. Wheare）は「連邦（federation）」，「国家連合（confederation）」，「主権国家」の区別について，アメリカを念頭に，「連邦原理とは，全体の政府と地域の政府が，一つの領域内で，それぞれが調整し独立するために，権力を分割する方法を意味している」（Wheare 1946：11）と広義に定義していた。ただし，現実的に「それぞれが独立」することはありえない。中央政府と地方政府は互いに無関係ではないからだ。

　またそれに関連して，地方政府の政策間，もしくは中央政府の政策との間で，利害が対立することがありうる。こうして，定義をめぐる議論がアメリカ政治学で1950年代，60年代に活発に行われた。

　例えば行動論の影響を受けたものとして，フリードリヒ（Carl Friedrich）は「過程としての連邦」を定義した。つまり連邦主義と連邦構成体の間の関係を動的なものとして把握した。連邦制とは「仔細にわたって固定された，政府間における権力分割の静的なパターンやデザインとしてのみ」定義されるべきではなく「おそらく第一に一つの政治共同体を連邦化するプロセス」（Friedrich 1968：7）として把握されるべきだとした。こうした定義は，同義反復ではあるが，連邦国家によって中央政府がどの分野についてどの程度権限を有しているかが異なることの曖昧さを考えれば，説得力のある定義である。

　例えば現在最も引用されることが多いであろうライカー（William H. Riker）の定義は，税収効率と軍事増強のための「連邦政府リーダーと連邦構成政府との交渉［過程］」とし，さらにこの交渉が以下の基準を満たすとき，この政体は「連邦」であるとした。すなわち第一に，同一の領土と国民を統治する2つの次元の政府が存在すること，第二に，それぞれの次元の政府が，少なくとも1つの排他的な政策領域を有していること，第三に，それぞれの領域でそれぞれの政府の自治が一定程度保障されていること，である（Riker 1964：11）。

　ただし，こうした抽象的な議論は1970年代以降，徐々に下火になる。先のラ

7

イカーにしても，後に「……成立したのち，連邦制は独自の途を歩む。……この多様性のために，連邦制の運用過程を一般化することは不可能であろう。連邦制の起源については，部分的に検証可能な理論を構築することができるが，形成されたのち，連邦制の将来に関する理論を構築できるとは思わない」（Riker 1975：131）と述べ，包括的な定義の難しさを指摘している。おそらく現時点で最も著名な定義が，ライカーによる「連邦制は，政府の活動が地域政府と中央政府の間で，それぞれの政府が最終決定となるよう活動する政治組織」である（Riker 1975：101）。

　結局連邦制は各国多様であり，共通した定義を議論するよりも事例研究を重視すべきだということであろう。ただし下火にはなるものの，連邦国家の事例研究において「連邦制とは何か」という問題を取り上げずに進むことも難しく，その後も，また今なお定義をめぐる研究は消えることがない。

２　類 型 論

　一定の定義を見出す研究は停滞したが，その後比較政治学の展開とともに連邦制の類型論的な研究が進展した。例えば岩崎美紀子は連邦制を図7-1のように分類する。

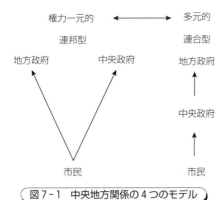

図7-1　中央地方関係の4つのモデル

出典：岩崎（2005：102）。

　連邦国家群のうち，「連合」形態では，まず地域政府があり，それらが特定の目的（税収の増加や安全保障の強化）を達成するために集まって「共通機関」を作り出す。歴史的にスイスの誓盟同盟，アメリカ独立時の大陸会議はこれにあたる。主体はあくまで地域政府である。それに対して，共通機関としての中央政府と市民との間に直接的な関係があるのが「連邦制」である。「直接的な関係」とは，キムリッカ（Will Kymlicka）によれば，地方政府が特定分野の政策について，国（中央）から自律した「主権」を有していることが重要である。

（松尾秀哉）

参考文献

Wheare, Kenneth C. (1946) *Federal Government*. Oxford University Press.

Friedrich, Carl (1968) *Trends of Federalism in Theory and Practice*. Pall Mall.

Riker, William H. (1964) *Federalism: Origin, Operation, Significance*. Little, Brown and Company.

Riker, William (1975) "Federalism." Fred Greenstein and Nelson Polsby (eds.), *Handbook of Political Science*. Addison-Wesley, Reading, vol. V.

岩崎美紀子（2005）『比較政治学』岩波書店。

「連邦制の逆説」論

① 多民族連邦国家の盛衰

　アメリカを模範と考えられてきた連邦制は，三権分立を徹底した民主的制度とみなされ，ライカーのように「ひとつの政府の下で広大な領域を統合する手法として……帝国のもうひとつの選択肢」である（Riker 1964：5）と評価されてきた。広大な領域には多様なエスニック集団が存在し，社会的同質性に欠け，政治的な不安定を招きやすいと考えられたからである。それを分権化し，各集団の自治を認めることで対立や政治的な停滞を回避できる。しかし，1980年代末以降の衝撃的な東欧革命やソ連の消滅，その後の民族浄化によって，多民族国家における統治制度としての連邦制の評価が疑問視されるようになった。

　例えば政治学者のローダー（Philip G. Roeder）によれば，過去存在したオーストリア＝ハンガリーを含む多民族連邦国家18国のうち，現存しているのは半数である（Roeder 2009：205）。また，1980年以降，ヨーロッパの7つの連邦制国家のうちチェコ，ユーゴ，ソ連は消滅したが，存続しているもののうちベルギーは言語の対立から政治危機にしばしば陥っている。

　さらにソ連崩壊後のロシアの連邦制は，長期にわたる強権的な政権が維持されて，「民主的連邦制とは言い難い」（Filippov et al. 2004：ix）。アメリカ大陸に目を移せば，カナダはケベック州の独立問題を抱え続けている。こうして2000年代以降，「連邦制の逆説」と呼ばれる，多民族国家に連邦制度を導入したことで生じるネガティヴな効果に注目する研究が急増し，比較政治学における「成長産業」と呼ばれるまでになった。

② 「逆説」論とその系譜

　以上のような多民族連邦国家の動揺を受けても，一定条件の下で多民族国家「連邦化の過程で民族の自己統治を認めていけばその程度に対応して，主権獲得の要求は減じられるはず」（Hechter 2000：142-143）という主張や，連邦制が多民族国家におけるエスニック＝文化集団間関係を調和することができ，分離に対する欲求を減じると主張する論者も多い。

　他方でキムリッカが「［民族にもとづく構成体（nationality-based unit）」を含む連邦国家の場合］エスニック集団ごとの分割を制度化することによって，［エスニック集団が］巨大な国家に含まれていることは暫定的であり……［自

分たちは〕固有の自己統治の権利をもつ別者であるという主張や信念を正統化する」(Kymlicka 1998：140) と述べて，連邦制（導入）が国家分裂を導く可能性を指摘していた。さらに近年においてキャメロン（David Cameron）も「少なくとも短期的には，連邦制の制度構造は，ある国家が分裂に直面するかどうかを読み解くためには二義的な意味しかもたない。……しかし長期的に見れば確かなことは言えない」(Cameron 2010：116) と，その効果の有無について疑問視している。つまり「連邦制だから」という理由だけでは何も説明できないというわけである。しかし「連邦制だから国が崩壊する」とも言えない。現状，連邦制（の逆説）論者は多いが，十分にその因果性を説明できているものは希少と言っていい。

そのなかでもわが国の近藤康史は，シャープ（Fritz W. Scharpf）の議論を用いて，政府に対する市民のインプット（支持，要求）と，政府のアウトプット（政策）に対する満足のズレに着目し，類型化を試みている。すなわち，ベルギーのように，政党システムが地域・言語別で分断され，国民政党がない政党システムを有しているが，重要な政策は各地域政党の連立から成る中央政府から中央集権的に行われる場合，近藤によれば「国家のアウトプットがそれぞれの地域のインプットすべてにはこたえられない状況」が増えていくことで，アウトプットに不満を覚える地域が，国家からの「離脱」という選択肢をとる誘因が高まると解説する（近藤 2016：13-31）。

近藤の研究は，類型論を脱した新制度論的な手法による，連邦制の比較研究の可能性を飛躍的に高めるものである。「逆説」の因果性を明らかにしていくことは，内戦や民族対立を平和裏に解決していくためにも不可欠の課題であり，今後の進展を期待したい。

❸ 分権的，しかし中央集権的？

多民族国家における連邦制と並んで，特に注目しておかねばならないのは，「非民主的」とも映る中央政府の強権化が進んでいることだ。すでにプーチン（Vladimir Putin）は20年以上も国政を担い，さらにこの先もその地位を維持しようとする。強権的なリーダーの場合，連邦制は政敵を地方へ飛ばすことで排除する装置としても機能しうるだろう。

第二次世界大戦後，西ドイツはヒトラー（Adolf Hitler）による独裁政治を生み出したことを反省し，分権的な連邦制を導入したとされるが，「連邦制」だけが「分離運動」や「独裁」の処方箋になるわけでもないようである。政治が状況依存的であることは避けられないにしても，ロシアのウクライナ侵攻が生じたことは，私たちに制度と政党，市民の支持行動と，外生的な要因を関連付けて分析していく比較研究を急がせることになる。　　　　　　　（松尾秀哉）

参考文献

Riker, William H. (1964) *Federalism: Origin, Operation, Significance.* Little, Brown and Company.

Roeder, Philip G. (2009) "Ethnofederalism and the Mismanagement of Conflicting Nationalisms." *Regional & Federal Studies* 19(2)：203-219.

Filippov, Mikhail, Peter C. Ordeshook and Olga Shvetsova (2004) *Designing Federalism: A Theory of Self-Sustainable Federal Institutions.* Cambridge U. P.

Hechter, Michael (2000) *Containing Nationalism.* Oxford University Press.

Kymlicka, Will (1998) "Is federalism a viable alternative to secession?" Percy B. Lehning (ed.), *Theories of Secession.* Routledge, pp. 111-150.

Cameron, David (2010) "The Paradox of Federalism: Some Practical Reflections." Jan Erk and Lawrence M. Anderson, *The Paradox of Federalism. Does Self-Rule Accommodate or Exacerbate Ethnic Divisions?.* Routledge, pp. 115-125.

近藤康史 (2016)「連邦制と民主主義『連邦制の効果』についての比較研究に向けて」松尾秀哉・近藤康史・溝口修平・柳原克行編『連邦制の逆説？——効果的な統治制度か』ナカニシヤ出版，13-31頁。

多民族連邦制の現実と課題

 ベルギーの連邦制が抱える問題

　西欧の小国ベルギーは1830年にオランダから独立したが，その時点で，主としてオランダ語を話すフランデレン民族と，フランス語を話すワロニー民族によって構成されていた。建国当初は独立革命を主導し経済的に豊かであったワロニーが国家形成の中心となり，フランス語による国民形成が進んだが，その後フランデレンの人びとによるオランダ語の公用化運動が激しくなった。この対立が言語問題である。

　第二次世界大戦後，ワロニー経済を支えていた石炭の需要が低下すると，人口で勝り，また経済的にも発展したフランデレンの改革要求と，既得権益を守ろうとするワロニーの対立は激しくなり，ベルギー政治は大きく左右された。その結果，1970年以降，漸進的な分権化改革が進み，ベルギーは1993年に連邦制を導入することになった。すなわち，フランデレン，ワロニーそれぞれに一定の政治的，経済的自治を認めることによって民族共存の途を探ったわけである。この連邦制度はフランデレンの要求とワロニーの要求の妥協の産物であり，複雑に構成されているが，成立当初は民族対立の処方箋として「多極共存型連邦制」と高く評価する向きもあった。

　しかし連邦化後およそ20年を経て2007年 6 月連邦選挙後，両地域間の経済格差などを理由にフランデレンで分離独立主義政党が支持されるようになり，選挙後のフランデレン諸政党とワロニー諸政党との連立合意形成は困難で，約半年の政治空白をベルギーは経験し「分裂危機」と騒がれるようになった。さらに2010年 6 月の総選挙ではフランデレン分離主義政党が第一党となり，連立形成は一層困難となった。連立合意のための交渉は平行線をたどり，結局新政権が成立したのは2011年12月である。計541日，約 1 年半もの政権不在は，政治空白の史上最長記録（過去はイラク戦争後のイラクにおける298日）をはるかに更新するものであった。

　その後も対立が解消する気配はなく，新政権の成立まで2014年選挙では135日，2019年選挙では，コロナ禍の影響もあり494日もの日数を要している。他方で，これだけの時間を要してもベルギーは分裂せず，成立した政権もその後は任期をまっとうした。果たしてベルギーの連邦制は，「逆説」だろうか，それとも粘り強い「強靱性」を有していると評価すべきだろうか。

▷1　ベルギーの連邦制度と分裂危機の関係については，松尾秀哉（2015）を参照のこと。

② ベルギーの非対称的な連邦制

○中央の政策決定機能

　ベルギーの政治学者，デスハウアー（Kris Deschouwer）らは，ベルギーの連邦制の課題を整理している。いくつか紹介しよう。[▷2]分権化を進めたベルギーではあるが，連邦レベルの政策決定にはフランス語とオランダ語双方の合意を必要とする。社会や政党システムはほぼ分断しているが，連邦全体の政策決定では協調が求められる。政党は，選挙期間中それぞれの言語の有権者に対抗的にアピールするがそれが終わると逆に互いに合意することが求められるので，合意形成は困難になる。連邦制導入以降も各地域への権限移譲は進んでいるが，連邦レベルの政策決定に目が向けられることはなく，ここにメスを入れるかを考える必要があるという。

○権力配分

　1993年に連邦制を導入した時点では，ベルギーには１）外交，軍，社会保障権限をもつベルギー連邦政府，２）経済政策を扱う３つの地域（フランデレン，ワロニー，ブリュッセル）政府，３）教育や言語政策を扱う３つの共同体（フランス語，オランダ語，ドイツ語）政府がある（図7-2）。

　その後フランデレン地域政府とオランダ語共同体政府は１つになり，「非対称的な連邦制」になった。税収権限なども徐々に地域政府に移譲されている。どの構成体がどの権限をどこまで持つのか。各構成体の要求が異なるだけに，議論が落ち着くことはない。

○政党政治の機能低下

　連立交渉が長くなると，たとえ新政権が成立してもその任期は短くなる。任期は次の選挙までだからだ。こうして中央の政権の政策決定機能は低下し，結果的にそれを構成する政党の政策決定機能の低下を促しかねない。

　デスハウアーらは2013年の時点でこれらの警鐘を鳴らしているが，大きな改善は見られない。いずれは連邦制度の再設計による統合か，フランデレンの分離独立か，その可能性を指摘する。以上は，多民族国家における連邦制の導入だけで民族対立が解消されないことを示唆している。　（松尾秀哉）

▷2　また，連邦構成体の議会・政府が別々の選挙で定められることにより，フランデレン（かつてはキリスト教政党，近年は分離独立を掲げる地域主義政党が強い）とワロニー（社会党が伝統的に強い）の間の関係が悪化し，ベルギー全体の政策決定に影響するなどの指摘がされている。具体的には，松尾秀哉（2020）を参照のこと。

（参考文献）

Deschouwer, Kris and Min Reuchamps (2013) "The Belgian Federation at a Crossroad." *Regional & Federal Studies* 23(3): 261-270.

松尾秀哉（2015）『連邦国家ベルギー——繰り返される分裂危機』吉田書店。

松尾秀哉（2020）「ネオリベラリズムとデモクラシーの相克——EU・カナダ包括的経済貿易協定（CETA）におけるワロンの反乱」臼井陽一郎編著『変わりゆくEU　永遠平和のプロジェクトの行方』明石書店，121-135頁。

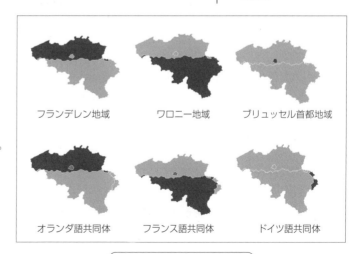

フランデレン地域　　ワロニー地域　　ブリュッセル首都地域

オランダ語共同体　　フランス語共同体　　ドイツ語共同体

図7-2　ベルギーの連邦制度

出典：ベルギー連邦政府HP（2007年3月17日）。

事例Ⅰ：カナダの連邦制
——多民族連邦制の可能性

1 カナダ連邦制の特徴

　カナダは現在，10州および3準州からなる連邦国家である。近代的連邦としてはスイス，アメリカに次いで3番目に古く，世界第2位の国土面積を有する。1867年の英領北アメリカ法（現在の1867年憲法）により，既存の英領植民地を統合する「自治領」として誕生した（当時は4州）。英国系指導者は母国と同種の中央集権的単一国家を望んだが，各植民地の地域的独自性および自治要求が強いことに加え，仏語系・カトリック系住民が多数派を占める地域（現在のケベック州）を抱えることから，新国家の建設と統合のためには連邦制の導入が不可避であった。このため英国のウェストミンスター型制度（立憲君主制・議院内閣制・単純小選挙区制）を継承し，そこにアメリカ発の連邦制を接合するユニークな政治制度になった。英国君主の名代である総督は，形式的には英国君主によって任命されるが，連邦首相の助言に基づいて行う。州レベルでもウェストミンスター型の政治制度が再現されている。州における君主の名代は，総督によって任命される副総督であるが，実質的には連邦首相の助言に基づく。一院制の州議会は，単純小選挙区制によって選ばれ，第一党のリーダーが州首相となり組閣する。

2 集権的連邦制から分権的連邦制へ

　英領北アメリカ法には連邦議会と州議会の排他的立法権が明記された。総じて，連邦には新国家の建設と対外的・経済的自立のための権限が，州にはローカルで社会政策に関する権限が配分された。仏語系指導者が連邦制に期待したのは，英語系が多数派を占めるカナダの中にあっても，ケベック州政府が仏語系コミュニティの維持にとって不可欠な分野の権限を獲得できるからである。ケベックは州権を通じてカトリック教育やフランス民法など，他の英語系州とは異なる独自の制度を維持することができた▷2。そして，残余権に関しては，米国とは正反対に，すべて連邦議会が保持するものと規定された。これは強い州権が南北戦争のような米国の分裂危機を招いたことに教訓を得たものと言われている。

　1867年の連邦制は連邦政府が優位となるようデザインされたが，20世紀以降の福祉国家的発展は医療や福祉，教育など州権領域の政策分野の重要性を高め，

▷1　連邦の排他的権限（第91条）には，防衛，通商貿易，刑法，銀行・通貨・公債，度量衡，先住民など29項目が含まれる。これに対し州権（第92条）には，財産権および私権，教育，病院，天然資源管理，地方公共団体および地方の事業など16項目が含まれ，農業と移民は両者が立法権を共有する競合的権限領域（同第95条）とされた。

▷2　ケベック州はカナダ政府とは別の，独自の年金制度や移民政策を展開することができる。これは，特定の州が他と異なる独自の権限を有する「非対称型連邦制」の特徴である。

州政府の規模と役割が大きくなった。この結果，現在では世界で最も分権的な連邦体制と考えられている。この点を象徴するのが教育政策である。教育政策の分野において連邦政府は全く関与せず，州政府（および準州政府）が独自の教育制度とカリキュラムを構築・運営している。

③ カナダ－ケベック関係

　カナダ連邦制における最大の論点はケベック問題である。全人口の3割を占める仏語系住民の8割以上を抱えるケベックは自らを「建国ネイション」の一つと位置づけ，仏語系共同体の維持と発展だけでなく，英語系カナダとの対等性を求めてきた。ケベックのナショナリズム戦略は1960年代以降，一方において連邦政府の介入から州権領域を防衛することで，連邦体制の分権化を推進するとともに，他方で1970年代以降，分離主義運動を生む。後者の潮流から1980年と1995年にケベック主権確立をテーマとする州民投票の実施に至ったが（いずれも否決），カナダ憲法体制の根幹を揺るがせ続けている。

　1982年憲法は，憲法改正権を英国議会からカナダ議会に移管し，「権利と自由の憲章」を導入するものであった。これは言語・文化・人種・民族などにかかわらず「カナダ国民」を平等な諸個人として，単一のナショナリティに形成するものであった。また，憲法改正の手続きは，ケベックが歴史的に求める拒否権を認めず，全10州が平等であるとするものであった。このため，ケベック州議会は現在に至るまで，1982年憲法を批准していない。

　ケベックが主張する英仏二元論は，他の英語系諸州には受け容れられていない。特に連邦結成後に創設された後発地域である西部カナダでは，アルバータ州を中心に反中央カナダのポピュリスト的風土が根強く，ケベックを「特別扱い」することへの反発も大きい。1980年代の憲法論争期には，ケベックに対抗する形で，全州平等の原則に基づく公選制上院を求める改革案が西部の諸州政府から提起されていた。[3]

　なお，ケベックを憲法体制に組み入れるために，1987年と1992年に憲法改正協定が議論されたが，いずれも失敗に終わっている。また，2000年の連邦離脱条件明確化法によって，ケベック主権の確立（政治的独立）は実現がきわめて困難になったと指摘されている。[4]

　ここにカナダ連邦制の解釈をめぐる対立を見ることができよう。英仏ネイション間の対等な関係を重視する「多民族型連邦制」か，平等な10州から構成される「領土型連邦制」か。両者の相克は，カナダの歴史的脈絡に底流しつつ，現代においても連邦制のあり方をめぐる政治的対立軸を規定し続けている。

（柳原克行）

▷3 平等（equal），公選制（elected），実効的（effective）の頭文字を取って「トリプルE型上院改革案」と呼ばれる。

▷4 連邦離脱条件明確化法の内容は以下の4点である。①州はカナダからの一方的離脱の権限を有しない，②離脱に関わる州民投票の質問内容は「明確」でなければならず，これはカナダ議会が判断する，③州民投票で離脱意思が明確に示された場合，連邦政府は州政府と交渉する義務がある，④離脱交渉には全ての州および先住民が参加しなければならない。

参考文献

柳原克行（2016）「カナダ連邦制と憲法秩序の再編」松尾秀哉・近藤康史・溝口修平・柳原克行編『連邦制の逆説——効果的な統治制度か』ナカニシヤ出版。
アラン・G・ガニョン＆ラファエル・イアコヴィーノ（2012）『マルチナショナリズム——ケベックとカナダ・連邦制・シティズンシップ』（丹羽卓監修，古地順一郎・柳原克行訳）彩流社。
松井茂樹（2012）『カナダの憲法』岩波書店。

事例Ⅱ：ロシア
——連邦制の下での中央集権化

ロシアの連邦制の特徴

　ロシア連邦は，1991年末のソ連解体により生まれた世界最大の面積を持つ国家である。約150の民族を擁する多民族国家であるが，そのうちロシア人が8割を占め，タタール人，ウクライナ人，バシキール人などが続く。ソ連時代と比べ，面積は約4分の3に縮小し，人口も約半分に減少したが，それでも国土が広大であることには変わりなく，この広大な国土を統治する上で中央・地方関係を安定化させることは，ロシアにとって常に重要な課題である。

　ロシアは，異なる種類の行政区画から構成される非対称な連邦制である。すなわち，民族名を冠する行政区画である共和国，自治州，自治管区と，領域的な行政区画である地方，州，連邦的意義をもつ市という6種類の連邦構成主体（地方）から構成される。この区画は基本的にソ連時代から継承されたものであり，1993年の憲法制定時にはその数は89であった。その後，2000年代の連邦構成主体の合併で83になり，さらに2014年のクリミア併合の結果，連邦構成主体の数は85となった[1]。

2 分権化と不安定化

　ソ連解体後の1990年代のロシアでは，主に経済面での分権化が進んだ。体制転換後の政治状況が不安定な中で，連邦政府は地方の統治を各地方の有力者に委ねざるを得なかった。多くの地方では，この時期に地方知事になった人物が絶大な権力を有するようになった。

　その傾向に拍車をかけたのが，1994年から1998年にかけて，連邦政府と地方政府が個別に締結した権限区分条約であった。各地方は，連邦政府との個別交渉によって条約を結ぶことができ，新たな権限を獲得する地方もあった（Ross 2002）。

　これは一方では，資源開発や予算編成などに対する管轄権を地方に認めることで，地方の不満を解消し，ソ連解体直後に不安視された分離主義を事前に抑止する効果を持った。実際，チェチェン共和国を除けば，ロシアからの分離を目指すような運動はほぼ起こらなかった[2]。

　他方で，一部の地方が過度に自立性を獲得したことで，連邦制の非対称性が拡大した。そのことは，国家全体の安定や統治の効率性を損なう結果を招いた。

エリツィン（Boris Yeltsin）大統領が，1995年に地方で制定された法律の約半数が憲法及び連邦法に違反していたと指摘したほどである（溝口 2016：181-182）。国際社会では，分権化は民主化やガバナンス改革を表す１つの指標とみなされたのとは対照的に，ロシアの文脈ではそれは連邦政府の統治能力の欠如と国家の不安定化の原因と捉えられた。

③ プーチン政権の誕生と中央集権化

そこで，2000年に誕生したプーチン政権は，中央集権化を進めた。具体的には，地方に対する監督の強化，地方知事の連邦レベルでの影響力低下などが目指された。さらに，1990年代から続く知事公選制が2004年に廃止され，知事の選出に連邦政府の意向が強く反映されるようになった。体制転換後の不況や社会不安に疲れた国民の間で「強い国家」に対する要請が高まっていたことや，資源価格の上昇に伴い連邦財政が回復したことも，この改革を後押しした。

ただし，第一次プーチン政権期（2000-08年）には，連邦政府はあまり積極的に知事選出に介入せず，むしろ大物知事を留任させる傾向が強かった。まだ与党統一ロシア[3]の影響力が全国的に定着していない状況で，選挙での動員力をもつ有力知事を簡単には更迭できなかったのである（Reuter and Robertson 2012）。

しかし，2008年に就任したメドヴェージェフ（Dmitrii Medvedev）大統領は，プーチン時代を生き延びた大物知事を次々と更迭し，その地方と関係の薄い「アウトサイダー」を知事に据えた。それは，汚職対策を公約に掲げていたメドヴェージェフが，長期政権を築く知事の存在を煙たがったことによるものであった。しかし，アウトサイダー知事の配置は，地方の動員力を掘り崩す結果になり，体制の不安定化をもたらした。2011年から12年にかけて大規模な反体制運動が大都市を中心に起こったのである。

このようなことを受けて，2012年より知事公選制が復活した。しかし，連邦政府は候補者の選出，選挙のタイミングなどを操作することによって，選挙の競争度を下げたため，アウトサイダー知事の増加という傾向には変化が見られていない。また，近年は汚職などの容疑で現職知事が逮捕される事例も増えており，連邦政府は抑圧的な方法を使いながら，その優位を維持するようになっている。

プーチン政権が長期化する中で，中央集権化の意味も変化してきた。当初は混乱した国内秩序の回復を目的とした中央集権化は，同じ時期に経済成長を経験したことも相まって，国民の一定の支持を得ていた。しかし，米欧諸国と対立し，経済不況も長期化する中で，プーチン政権は強権化の傾向を強めている。そうした動きに対しては市民も不満を募らせており，抑圧的な方法による中央集権化は，むしろ体制の不安定化をもたらす危険性をはらんでいる。

（溝口修平）

▷3 統一ロシアは，「統一」と「祖国・全ロシア」という２つの政党が合併する形で2001年に成立し，その後20年以上にわたり議会で過半数を維持し続けている。

参考文献

鳥飼将雅（2020）「アウトサイダーの増加とそのペナルティ——ロシアの知事人事の変化とその選挙動員への影響，1991-2019年」『ロシア・東欧研究』49：144-166。
溝口修平（2016）「ロシアにおける連邦制の変容とその効果」松尾秀哉，近藤康史，溝口修平，柳原克行編『連邦制の逆説？——効果的な統治制度か』ナカニシヤ出版，174-190頁。
Reuter, Ora John and Graeme B. Robertson (2012) "Subnational Appointments in Authoritarian Regimes: Evidence from Russian Gubernatorial Appointments," *The Journal of Politics* 74 (4)：1023-1037.
Ross, Cameron (2002) *Federalism and Democratisation in Russia*. Manchester University Press.

定義と古典的理論

1　政治文化とは何か

　「上意下達」「個人より集団で能力を発揮」「とにかく会って話してから」。これらは日本の企業文化，組織文化として指摘され，外国資本の企業や海外の組織とは異なる日本独自のものとして時に批判の対象となる。組織の中で下位者は常に上位者の意思に従い，しばしば上位者の意向を下位者が「忖度」つまり口にする前に汲み取って（空気を読んで）行動することすら求められる。また従来から日本企業，日本社会では個人が単独で能力を発揮したり活躍したりするよりは，集団の一員として行動しチームワークを大切にすることが求められてきた。そのため集団での活動では我が強くスタンドプレーに走るタイプの人物は疎まれやすい。企業の営業にせよ会議にせよ，対面によって活動することが日本では求められ，対面を避けて効率性を求める提案をしても却下されやすい。

　これらの例に挙げられるように，ある社会の中で意識するにしろ無意識にしろ，ルール化も明文化もされていないのに，人間の行動をある一定の方向に定めるものを文化と呼ぶ。そして文化の中で政治にまつわるものを政治文化と呼ぶ。ここで取り上げるタイプの研究は，人々の政治に対する主観的な態度のうち，何らかの方法で測定し，仮説を検証しようとする実証的なものである。

2　アーモンドとヴァーバの『現代市民の政治文化』

　政治に対する人々の主観的な態度を世論調査で測定し，量的に検証した『現代市民の政治文化』は，政治文化の先駆的研究として高く評価されている。著者のアーモンド（Gabriel A. Almond）とヴァーバ（Sidney Verba）が抱いた問題関心のひとつは「民主主義の安定に適した政治文化とは何か」というものだった。彼らによれば，安定に適した市民文化（civic culture）は能動的な参加型政治文化と受動的な臣民型政治文化が均衡を保っているとされる。

　参加型政治文化とは政治システムに関心があり，公共政策や政治的決定というアウトプットと選挙や誓願行為といったインプットの両面に関心があり，自らの政治的積極性を自認する類型である。参加型の人々は常に政治にかかわりあいをもつわけではないが，いったん緩急あれば能動的に政治参加を試みる。臣民型政治文化は政治システムの一部である政府の権威を意識し，権威に誇り

▷1　ガブリエル・アーモンド＆シドニー・ヴァーバ（1974）『現代市民の政治文化──五ヶ国における政治的態度と民主主義』（石川一雄ほか訳）勁草書房。

をもつとともに公共政策や政治的決定のアウトプット面のみに関心があり，政治的積極性を持たない類型である。また，市民文化には一切の政治的関心をもたない未分化型政治文化も混在している。

③ イングルハートと世界価値観調査

アーモンドとヴァーバの研究は後の政治文化研究に対して大きな影響を及ぼした。大きな影響の一つは，大規模な世論調査データの収集を研究インフラとして構築する必然性である。そして国家規模の世論調査を世界規模でかつ同時に行うプロジェクトが発足した。世界価値観調査，である。

世界価値観調査は1981年の第1波調査を皮切りに，直近では80か国をカバーする第7波の調査が行われた。この第1波調査のデータを使って政治文化の国際比較を行った研究がイングルハート（Ronald Inglehart）による『カルチャーシフトと政治変動』[2]である。『カルチャーシフトと政治変動』の議論において，興味深い言説は次の2点である。① 人間相互の信頼や生活への満足感といった主観的志向には民主的制度の持続と結びつきがある。この言説はほぼ同時期にパットナム（Robert Putnam）によっても研究され，ソーシャルキャピタル研究へと発展した。② 持続的な経済成長によって工業社会が脱工業化社会になるにつれ，人々の価値観も物質主義的なものから脱物質主義的なものへとシフトさせる。この言説はイングルハート自身の研究によって発展していくことになる。

④ イングルハート・ウェルゼル図

イングルハートは自らが開発した物質主義的価値観－脱物質主義的価値観の対立軸を『近代化，文化変容と民主主義』[3]では生存価値と自己表現価値という対立軸に拡張している。この対立軸に伝統的価値－世俗・合理的価値という価値対立軸を併せて，「イングルハート・ウェルゼル図」が開発された（図8-1）。

イングルハートの主張の根幹は社会経済の発展が経済成長とともに人々の価値観変容をもたらし，新たな価値観が民主政治を支える，という論理である。後年の著作である『文化的進化論』や『宗教の凋落？』では伝統的価値－非宗教的・理性的価値という対立軸に装いを変え，経済発展水準と種々の価値対立軸による各国の文化地図，つまり様々なイングルハート・ウェルゼル図が作られている。

（浜中新吾）

▷2 ロナルド・イングルハート（1993）『カルチャーシフトと政治変動』（村山皓ほか訳）東洋経済新報社。

▷3 Inglehart, Ronald and Christian Welzel (2005) *Modernization, Cultural Change, and Democracy: The Human Development Sequence.* Cambridge University Press.

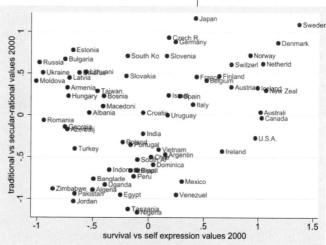

図8-1 イングルハート・ウェルゼル図

出典：Inglehart and Welzel（2005：63）より筆者作成。

2 世論調査インフラの整備とソーシャルキャピタル

 世界的な世論調査インフラの整備

　世界価値観調査は世界の各地域でブロック化した世論調査プロジェクトを生み出しており，各地域のプロジェクトはグローバル・バロメーター・サーベイ（Global Barometer Surveys）に加盟する形で連繋している。アフロ・バロメーター（Afrobarometer）は1999年にアフリカ大陸の12か国を対象として第1波調査が始まり，直近の第7波調査まで37か国をカバーしている。ラテノ・バロメトロ（Latenobarometro）は1995年から南米大陸の18か国を対象にほぼ毎年調査を実施している。アジアン・バロメーター（Asian Barometer）は2001年に東アジアおよび東南アジア諸国を対象に第1波調査が始まり，最新の第5波調査では14か国を対象にしている。アラブ・バロメーター（Arab Barometer）は最も新しいプロジェクトであり，第1波調査は2006年に中東4か国1地域で始まった。完了した最新の調査は第5波であり，11か国1地域をカバーしている。

　グローバル・バロメーター・サーベイとは別に世界各国で世論調査を実施している機関・プロジェクトとしては，ピュー・リサーチ・センター（Pew Research Center）による Pew Global Attitudes や国際社会調査プログラム（International Social Survey Program: ISSP）の国際横断調査がよく知られている。いずれの調査も公開されており，かんたんな手続きでデータにアクセスすることができる。そのためこれらのデータを用いた二次分析による研究成果が日本語でも発表されている。田辺俊介の『ナショナル・アイデンティティの国際比較』は「国への帰属意識に関する ISSP 調査」の1995年調査データおよび2003年調査データを用いて，日本・ドイツ・アメリカ・オーストリアの比較社会分析を行ったものである。田辺の研究は明示的に政治文化概念を扱ってはいないが，国民国家単位のナショナル・アイデンティティの特徴を描出しており，実証的な政治文化研究にとっても示唆に富む。

2 パットナムとソーシャルキャピタル

　イングルハートが『カルチャーシフトと政治変動』で言及した人間相互の信頼という概念にほぼ同時期に着目し，信頼をソーシャルキャピタルという概念に組み込み，発展させたのがパットナムである。パットナムの『哲学する民主主義』はイタリア一か国の地域研究であったにもかかわらず，実証分析の面で

も理論の面で従来の議論を革新するものだった。^{▷1}

『哲学する民主主義』の問いは「強力で，応答的で，実効ある代議制度を創出する条件とはいかなるものか」（7頁）である。イタリアでは1970年に地方制度改革が行われ，同一の憲法構造の下で新たに20の州政府が生み出されたのだが，それぞれの州政府が置かれた地域の社会的・経済的・政治的・文化的文脈は大きく異なっていた。この差異が各州政府のパフォーマンスの差として現れてきたのである。パットナムは地域の文脈と考えられるものを測定し，計量分析と歴史分析によってパフォーマンスの差の謎を解明したのである。

パットナムによって解明された条件とは，信頼，互酬性の規範，そして水平的ネットワークである。自己利益を最優先する機会主義は人々の協力を阻害し，社会に不信感を抱かせる。社会構成員相互の信頼をベースに互酬性，つまり協力には協力で応じるに基づく人間関係があり，各構成員が対等な水平的ネットワーク（文中では市民共同体と称される）によって，強力で，応答的で，実効ある代議制度が創出される（図8-2を参照）。この信頼，互酬性，水平的ネットワークをパットナムはソーシャルキャピタルと総称した。パットナムのソーシャルキャピタル論は，機能的で効率的な北部州政府と腐敗し非効率な南部州政府の違いを鮮やかに説明した。

『哲学する民主主義』はイングルハートのプロジェクトとは独立した形で政治文化論に新たな活力を与えた。代議制度を強力で応答的，実効的にするソーシャルキャピタルは政治を機能させる政治文化そのものである。また政治文化論の学問的潮流からは離れて，ソーシャルキャピタルそのものが学際的な立場から研究されるようになり，新たな学問としてのソーシャルキャピタル研究が立ち上がっている。　　（浜中新吾）

▷1　ロバート・D・パットナム（2001）『哲学する民主主義——伝統と変革の市民的構造』（河田潤一訳）NTT出版。

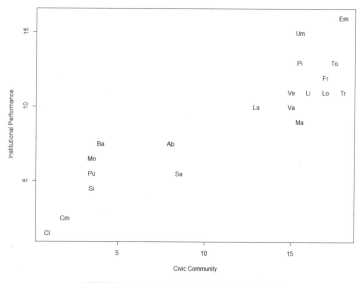

図8-2　市民共同体と制度パフォーマンス

出典：パットナム（2001：118）より筆者作成。

最後通牒ゲーム実験と腐敗文化の国際比較

1 互酬性を測る実験

　先に利己的な機会主義は協力を阻害し，互酬性は協力を通じて効率的な政府を創るというパットナムの発見について言及した。しかし互酬性はどのようにして測定すればよいのだろうか。実験経済学では古くから最後通牒ゲームというものが知られている。これは2人のペアで，ある金額の分配案をやりとりする。2人のうち一方だけが分配案を1回だけ提案し，もう一方は応諾あるいは拒否を回答する。応諾すれば提案どおりに金額が分配され，拒否すれば両方とも何も得られない。経済学理論が想定するホモ・エコノミックス（経済人）は機会主義者であるから，提案者は自分が金額のほとんど（例えば90％）を得て，ごくわずかな分け前（具体的には10％）を相手に分配するオファーを出すと理論は予測する。しかしゲームでそのような分配案の提示は珍しく，均等な提案や自らにいくぶん有利な提案がよく見られる。このように人間はホモ・エコノミックスではなく，互酬性が認められる。

　互酬性の規範は社会によってどれほど違いがあるのだろうか。ヘンリッヒ（Joseph Henrich）は経済学者と文化人類学者による研究グループを組織し，12か国15の社会で最後通牒ゲームの実験を行い，社会の互酬性を測定した。15のうち折半の提案が最頻値になる社会は4つであり，ほとんどの社会で最頻値は相手に25％以上をオファーすることが分かった。最も低い最頻値の社会での相手オファーは15％である。このことから多くの社会で，相手を搾取するようなオファーがあっても，ホモ・エコノミックスのような行動とはかけ離れている。また工業化の進んだ民主主義国だと，20％以下のオファーは4割から6割の確率で拒否されることも明らかになった。

　このように互酬性の規範は国や地域によって異なることを示唆する。ゆえに互酬性のある社会はそうでない社会よりも，民主政治に適性があると想定される。

2 腐敗文化の測定

　『哲学する民主主義』が成功した理由のひとつは，1970年に多くの州政府が導入されたイタリアを研究対象として選んだことに求められる。このように制度改革によってあたかも実験操作があったと見なせる観察研究を自然実験と呼ぶ。イタリア各地の政治文化の違いが，州政府の業績の差として現れるような

デザインを採用したことは，パットナムの慧眼であろう。このように優れた研究は優れた研究デザインを備えていることがある。次に紹介するミゲル（Edward Miguel）らの研究も，卓越した研究デザインの成せる技である。

　汚職や腐敗は単に法の執行が弱い，というだけの問題なのだろうか。汚職に手を染める人間は，彼らが生まれ育った社会的背景によって創られた「バレなければ何をしてもいい」という汚職文化によるものなのだろうか。汚職や腐敗の研究が難しいのは，国によって法執行の水準が異なることもその一因である。よって法執行の水準を一律にコントロールする，自然実験的発想が必要になる。ミゲルらは各国の腐敗水準を一律に相互比較するため，ニューヨーク市に在住する国連外交官たちの駐車違反に目をつけた。国連外交官たちが犯した駐車違反に対して反則金を支払うのか，また駐車違反の件数そのものが多いのか少ないのか，こういった軽犯罪とその処理は，私的利益のための公職利用という腐敗の定義に合致するだろう。

　ミゲルらの研究によると外交官一人当たりの違反件数が最も多いのはクウェートで，エジプト，チャド，スーダンがこれに続く。違反金未払い件数ワースト20か国のほとんどは中東とアフリカ，東欧の国々で占められていた。一方，未払い件数がゼロなのは北欧やカナダ，日本といった国々であった。この研究に挙げられたワースト20か国の多くが世界銀行の調査によっても腐敗蔓延国として知られており，腐敗に寛容な価値観や社会規範というものが行動を規定するものだと結論づけられた。◁1 汚職や腐敗の研究成果も民主政治に適した文化と適さない文化が存在することを示唆する。民主主義が機能している社会では汚職や腐敗が少なく，機能していない社会で汚職や腐敗が頻繁にみられる，という傾向があるためだ。

③ 政治文化論の展望

　実証的な政治文化研究は民主主義の安定条件を探る目的からスタートした。その目的は現時点で達成されているとは言いがたいが，世論調査による政治的態度の測定対象は世界の様々な地域と国々に及んでいる。そして民主政治に親和的な信頼や互酬性の規範といった文化的要素の探求へと細分化・精緻化の方向へと向かった。また政治を機能不全に陥れ，不信の原因となる腐敗に寛容な文化も存在するようであり，悪徳文化の測定と分析も進んでいる。比較政治学の他のトピックと同様に，政治文化の研究もまた研究方法の発展による恩恵を受けている。すなわちリサーチデザインのアイディアによって因果関係の特定がより厳密に，実験的手法の導入によって条件の統制がより厳格になっていった。こうした方法の発展により，再現性のある結果の確認と不確定要素が除去されていき，政治文化論の適用範囲とその妥当性は洗練されていくことになる。

（浜中新吾）

▷1　レイモンド・フィスマン＆エドワード・ミゲル（2014）『悪い奴ほど合理的——腐敗・暴力・貧困の経済学』（田村勝省訳）NTT出版。

事例Ⅰ：現代欧州諸国の政治文化
——市民と民主政治

▷1　Almond, Gabriel A. and Sidney Verba (eds.) (1963) *The Civic Culture: Political Attitudes and Democracy in Five Nations.* Princeton University Press.

▷2　Putnam, Robert D. et al. (1994) *Making Democracy Work: Civic Traditions in Modern Italy.* Princeton University Press. （河田潤一訳 (2001)『哲学する民主主義——伝統と改革の市民的構造』NTT 出版。）

▷3　Klingeman, Hans-Dieter, et al. (2006) *Democracy and Political Culture in Eastern Europe.* Routledge.

▷4　Inglehart, Ronald and Christian Welzel (2005) *Modernization, Cultural Change, and Democracy: The Human Development*

1　政治文化論の方法的基盤

　アーモンドとヴァーバの『現代市民の市民文化[1]』は民主主義を支える「市民的な」政治文化という観点を提出した。これは歴史的に培われた「信頼」が市民的文化を支え民主政のパフォーマンスを高めるというパットナムの研究に引き継がれるとともに[2]，そうした民主政の基盤が変容・衰微しつつあることに注目が集まった。一方で，冷戦の終焉以後には，旧東側諸国が民主化するなかで，政治文化的観点によって東西の民主政のありかたの違いを捉えようという研究が現れ，政治文化研究への注目を高めた[3]。

　アーモンドら以降の政治文化研究においては，国際比較調査データと理論的観点に基づいて，態度や価値の束のパタンとしての「文化」の類型化や，各国市民やサブグループの特徴づけがなされるようになった。その代表的成果が，イングルハートとウェルゼル（Christian Welzel）による世界価値観調査をベースにした，「文化マップ」である[4]。同様の試みがいくつも生み出されている。対象としては，民主主義に関する態度からナショナル・プライド，エスニック・アイデンティティ，左翼・右翼志向，グローバル化志向など，様々なものがある。

2　ヨーロッパ諸国における「市民」類型の分布

　本項では，アーモンドらに倣い，「政治文化」を特に市民と民主主義との関わり方，すなわち① 政治システムや制度への態度および② 民主政における市民の役割についての態度，2 つの側面から捉える。アーモンドらは，各ネイションの成員における，2 つの態度のパタン（「未分化型」「臣民型」「参加型」）が，混合されていくことで，一国の政治文化をなすものとみていた。その先に，どんなミックスが民主政を持続させるのかという関心があり，臣民型と参加型の混合こそが民主政を支える「市民文化」だとされたのである。

　デンク（Thomas Denk）らは，上記の 2 つの志向性を用いて，それぞれがポジティヴかネガティヴかで 2 × 2 のマトリックスを描いた（図 8-3）。彼らはそれぞれのセルに，アーモンドの市民文化に加え，その後注目されるようになった「批判的市民」「ステルス市民」「幻滅した市民[7]」を当てはめたうえで，欧州社会調

図 8-3　デモクラシーにおける市民の役割への指向性

査（European Social Survey, ESS）データを基に，ヨーロッパ各国における市民類型の構成割合を調べてみせた。[5]

　ノリス（Pippa Norris）が取り上げた「批判的市民」とは，ポスト物質主義の登場，「謙譲」の低下，「解放的価値観」の拡大といった変化を受けたもので，民主主義システムへの支持は保持しつつ，旧態依然たる政治的慣行やその政策に対しては明確に批判的で，積極的な政治参加を志向する市民である。ヒビング（John Hibbing）らが取り上げた「ステルス市民」とは，アメリカ市民の多数派の政治的志向として着目された類型で，特に関心を惹かれる問題が生じない限り，エリートによる政治運営を受容し，自らの参加については否定的な態度をとる。[7]最後にストーカー（Gerry Stoker）が指摘した「幻滅した市民」は，現行の民主政におけるエリートや彼らが動かす政治制度を最早信頼できず，とはいえ自ら民主的プロセスに影響を及ぼすことにも自信がもてない。[8]

　本節では，デンクらに従って4つの市民類型を想定し，対象とする国を増やした2022年現在最新のデータを用いて，現代ヨーロッパにおける市民類型の構成を析出する。主要な政治制度・アクター（議会，政党，政治家）への信頼や民主政への全般的評価といった変数群をもとに制度への信頼を，民主政における有効性感覚を測る変数群をもとに市民自らの役割への態度を測定した。

　上述の変数群を用いてクラスタ分析を実施したところ，デンクらの類型に相応する4つのクラスタが抽出された。[10]デンクらが摘出した各国の顕著な特徴は，10年後のデータでもある程度引き継がれている。先進民主主義国と旧東側の新興民主主義国を比べると，前者で市民文化が強いものの，その内部で振り幅が大きく，ステルス市民もかなり多くなっている。後者の市民文化は弱く，幻滅した市民が多いことがわかる。批判的市民の割合はいずれにおいても小さい。新興国の状況について，それがデモクラシーの未成熟の顕れなのか，移行後のデモクラシーのパフォーマンスへの幻滅の顕れなのかは即断できない（表8-1）　（成廣　孝）

表8-1

国	批判的	市民的	幻滅	ステルス
オーストリア	21.35	31.38	12.41	34.85
ベルギー	17.82	21.50	17.23	43.46
ブルガリア	16.68	4.59	62.27	16.46
スイス	9.73	50.04	4.60	35.63
キプロス	23.68	9.97	39.89	26.45
チェコ	14.08	10.80	35.45	39.66
ドイツ	31.01	33.97	11.34	23.69
デンマーク	13.04	57.88	5.05	24.03
エストニア	17.41	15.43	23.78	43.38
スペイン	28.16	11.28	37.87	22.69
フィンランド	13.08	37.34	9.70	39.88
フランス	26.48	14.55	28.52	30.44
イギリス	28.18	21.89	23.92	26.00
クロアチア	19.96	3.27	63.92	12.84
ハンガリー	12.73	16.40	34.67	36.20
アイルランド	25.81	27.55	19.84	26.80
アイスランド	24.88	41.25	9.38	24.50
イタリア	22.49	13.93	34.14	29.44
リトアニア	20.45	7.85	44.31	27.40
ラトヴィア	14.93	5.15	49.67	30.25
モンテネグロ	23.72	11.76	38.75	25.77
オランダ	7.13	37.60	7.51	47.76
ノルウェー	12.05	58.93	4.02	25.00
ポーランド	28.02	16.55	29.95	25.48
ポルトガル	21.93	11.58	39.96	26.54
セルビア	18.70	8.59	47.28	25.42
スウェーデン	16.44	49.46	7.61	26.49
スロヴェニア	25.96	8.01	40.98	25.04
スロヴァキア	16.54	8.41	40.01	34.64

Sequence. Cambridge University Press. や World Values Survey のウェブサイト（https://www.worldvaluessurvey.org/wvs.jsp）。

▷5 Denk, Thomas, Henrik S. Christensen and Daniel Bergh (2015) "The Composition of Political Culture—A Study of 25 European Democracies." *Journal of Comparative International Development* 50(3)：358-377.

▷6 Norris, Pippa (1999) *Critical Citizens: Global Support for Democratic Government.* Oxford University Press.

▷7 Hibbing, John and Elizabeth Theiss-Morse (2002) *Stealth Democracy.* Cambridge University Press.

▷8 Stoker, Gerry (2016) *Why Politics Matters: Making Democracy Work,* 2nd Edition. Palgrave. (2013)『政治をあきらめない理由』（山口二郎訳）岩波書店。

▷9　デンクらが使用した欧州社会調査第4波（2008年）の後続の調査から，2022年現在最新の第9波を選んだ。第4波から対象国が増え，使用する変数はなるべく似た項目を選んだものの，一部質問項目が変化していることから，代替変数を使用した。

▷10　同時に潜在クラスタ分析を実施したが，抽出されたクラスはクラスタ分析と大差なかった。

事例Ⅱ：発展途上諸国の政治文化

① アジアの権力観

　本節では開発途上地域の政治文化研究を取り扱うが，読者の関心を鑑みてアジア地域の政治文化論を中心に取り上げる。『現代市民の政治文化』以降，政治文化研究は開発途上地域の政治分析にも波及していった。しかしながら全国レベルの世論調査が実施できる環境が整うまでは，質的なアプローチによる研究が主体であった。具体的にはパイ（Lucian Pye）の『エイジアン・パワー』がそれである。パイは1960年代に興隆した政治発展論を土台とし，発展の過程を決定づける要素が各国・各地域の政治権力観，すなわち文化的要素であると見なした。そのため，東アジア・東南アジア・南アジアそして日本に特徴的な権力観——政治文化を描き出そうとしたのである。パイが見いだした共通点は「慈悲深く温情主義的な指導者が好まれ」ることであり，温情主義的権威に対する国民の依存が権力者の正当化原理になっている，というものであった。

② アジアの政治文化の実証研究

　アジアの政治文化の包括的な実証研究は猪口孝によって初めてなされた。猪口とブロンデル（Jean Blondel）の共著『アジアとヨーロッパの政治文化』は，アーモンドとヴァーバの『市民文化』，イングルハートの『カルチャーシフトと政治変動』，パイの『エイジアン・パワー』を重要な先行研究とした上で成し遂げられた量的実証研究である。猪口らは西ヨーロッパと東アジア・東南アジア18か国における市民の政治文化を測定し，東アジアと東南アジアの諸国に共通するアジア的価値観を描き出そうとした。アジア的価値観の基礎は儒教と共同体主義であり，この両者が国家権力に対する民衆の捉え方，すなわち権力観に反映されている。ただし猪口らが測定した価値観の指標を用いても，西ヨーロッパと東アジア・東南アジアとの間に明確な地域の違いは検出できなかった。すなわち東アジア・東南アジアの数か国がアジア的価値観を支持している一方で，西ヨーロッパの数カ国が西洋的価値を支持している，という結果に至った。

③ アジアン・バロメーター

　猪口とブロンデルの研究は欧州アジア18か国に対して共通の世論調査を実施

▷1　ルシアン・W・パイ（1995）『エイジアン・パワー（上・下）』（園田茂人訳）大修館書店。

▷2　ジャン・ブロンデル＆猪口孝（2008）『アジアとヨーロッパの政治文化』（猪口孝訳）岩波書店。

し，そのデータを分析するという大規模なものであった。しかしながら一時点のクロスセクション（国家横断型）調査であり，地域差を検出できるとしても，時間の経過による一国内の変化を捉えられるものではなかった。この弱点を克服し，時系列変化を捉えられるようにしたプロジェクトが，先に紹介したアジアン・バロメーターである。アジアン・バロメーターの中核的研究者である池田謙一は「いかなる価値や文化や制度的コンテクストの下でそれらと一貫する思考や行動を日本人が営んでいるのか」というリサーチクエスチョンを立てた。そしてこの問いを解明するためにアジアン・バロメーターの調査データを分析し「アジアの政治文化と民主主義のあり方」を探っている。その成果は『日本とアジアの民主主義を測る』という編著書となって結実した。[3]

▷3 池田謙一編著 (2021)『日本とアジアの民主主義を測る』勁草書房。

4 イスラームと政治文化

中東地域の政治文化研究における一大テーマは，イスラームと民主主義である。イスラーム政治思想における権力観は西欧型民主主義の基礎である人民主権を認めず，神の主権を奉じる。このことからイスラームと民主主義は相容れないという議論がなされた。ハンティントン（Samuel P. Huntington）は著書『文明の衝突』において，文化＝文明が国際政治を規定すると論じた。[4] そして，イスラーム文明は民主主義を含む西洋文明とは敵対関係に陥りやすいとされる。このハンティントン・テーゼは世界価値観調査のデータを用いたノリスとイングルハートの研究によって検証されている。ノリスらの研究によれば，中東諸国の人々は西洋諸国の人々と同程度に民主主義を高く評価している。しかしながら同性愛嫌悪や性別役割分担の容認という点で西洋諸国の人々とは大きく異なっている。[5]

▷4 サミュエル・ハンチントン (2017)『文明の衝突（上・下）』（鈴木主税訳）集英社文庫。

5 アジア政治文化研究の展望

アジアの開発途上国はかつて大国に支配され，第二次世界大戦後に独立するという共通の経験がある。独立後は民主化に成功した国と権威主義体制を長期にわたって維持した国に大別できる。開発途上国はそれぞれ独自の歴史的経験を持ち，そのことが固有の政治文化を生み出すことになった。これまでの研究において，アジア諸国の政治体制と政治文化の間には一貫した法則をもつ関係性を発見するには至っていない。これからの研究は政治文化の先行理論編で見た互酬性や腐敗文化のように，政治文化概念をより詳細に腑分けすることによって，現地の政治現象をより理解できる方向に発展することだろう。その際，アジア諸国に共通する固有の文化的要素が，政治現象の予測子として発見されるかもしれない。

（浜中新吾）

▷5 Norris, Pippa and Ronald Inglehart (2011) *Sacred and Secular: Religion and Politics Worldwide*. 2nd Edition. Cambridge University Press.

選挙で政権が決まる？

1　選挙と政権形成

▷1　民主主義体制については第3章を参照。

▷2　民主化については第2章を参照。

　「独裁と民主主義の違いは？」と聞かれたら，あなたはどう答えるだろうか。この問いには様々な答え方が可能であるが，「選挙で政権を選べる」という点を民主主義体制の重要な指標として思い浮かべる人は多いのではないだろうか。独裁体制が崩壊して民主化する際，自由で公正な選挙の実施に注目が集まるのも，そういったイメージと親和的であるように思われる。

　しかし，国民が複数の代表者を選んで国政に当たらせるという代議制民主主義の下では，国民と国政の間に代表者（政治家・政党）が存在しているために，「選挙で政権を選ぶ」というプロセスは，国民が代表者を選ぶ選挙という段階（「国民→代表者」）と，選ばれた（複数の）代表者の間で多数派を形成する政権形成という段階（「代表者→国政」）が組み合わさった複雑なものとなる（図9-1を参照）。国民や代表者の意見分布が同じであっても，それぞれの段階での制度の作られ方によって，出て来る結果は異なってしまうため，選挙と政権形成について理解するためには，各段階での制度のあり方と，その制度の下で展開される政治的行動の双方に目を配る必要がある。

【補論：政策の是非を決める選挙としての国民投票】

　代表者を介在させずに，国民が政策の是非についての意見表明を直接行うための選挙として，国民投票がある。代議制民主主義の問題点としてしばしば指摘される，国民と代表者の乖離を補正するための手段として評価される面をもつが，長期的展望や国政全体への影響などを軽視した近視眼的な判断に傾斜しがちであるとする批判もある。また，政権担当者が決定の責任を負いたくないような争点についての政策決定を迫られた際，国民投票に委ねることで決定の責任を国民に転嫁しようとすることがある。

2　「投影装置」としての選挙

　「選挙で政権を選ぶ」プロセスの前半部分に当たる選挙は，国民の選好分布をくみ取り，それを代表者の分布に投影するための装置とみることができる。先述した「選挙で政権を選ぶ」というプロセスと同じように，国民と代表者の間に選挙という装置が介在していることから，広い意味での選挙制度は，選挙

への参加方法と，投票結果の議席への変換方法（代表法）という２つの段階が組み合わさったものとなっている（図9-1を参照）。

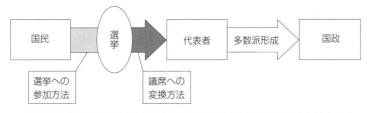

図9-1 「選挙で政権を選ぶ」プロセスと「投影装置」としての選挙

出典：筆者作成。

　前者の選挙への参加方法については，普通・平等・直接・秘密といった原則が前提とされている。これらの原則は，制限・等級・間接・公開といったあり方から改革されてきたもので，今日の先進民主主義国ではすでに達成されたものとみなされがちであるが，問題がまったくないわけではない。日本を例にとれば，在住外国人投票権や，いわゆる「一票の格差」をめぐる問題といった，選挙への参加方法をめぐる問題が争点として存在しており，米国でも，有権者登録制度が貧困層の投票を阻害しているとする議論がある。

　ただ，一般に選挙制度の問題が議論される際には，後者の代表法がもっぱら論じられる傾向にある。そこでの焦点は，国民の選好分布が代表者の分布に投影される際の歪み（修正・強調）の度合いである。この歪みは，議会選挙の場合であれば，各政党の得票率と議席率との差という形で現れるものであり，差が大きければ，それだけ歪められた（修正・強調された）ことになる。歪みの大きな代表法は，各選挙区での多数意見に議席を与える多数代表法であり，多数意見を代表する議席の議会での比率が実際の意見分布の比率よりも増幅される一方，少数意見を代表する議席の比率は縮小される傾向にある。他方，歪みが小さい代表法は，各党の得票率に応じて議席を配分する比例代表法である。

③ 代表者の多数派形成

　「選挙で政権を選ぶ」プロセスの後半部分は，選挙で選ばれた代表者の間で多数派を形成することによる政権の形成である。内閣の存立が議会の信任に依存する議院内閣制の下では，議会での多数派形成が政権形成を左右する。大統領制のように，政権担当者を選挙で選ぶ場合には，選挙結果が政権形成と直結することになるが，国政を円滑に運営するためには立法権をもつ議会との協力が重要であるため，やはり複数の代表者の間での多数派形成が求められることになる。こうしたプロセスは，選挙結果に影響されはするものの，単独過半数を得た代表者（政党）が現れない場合には，代表者の間での多数派形成をめぐる交渉（連立交渉）の結果として政権が形成されることから，選挙そのものとは独立して行われる別のゲームとなる。　　　　　　　　　　　　　　（安井宏樹）

▷3　議院内閣制・大統領制については第12章を参照。

参考文献

坂井豊貴（2016）『「決め方」の経済学――「みんなの意見のまとめ方」を科学する』ダイヤモンド社。

空井護（2020）『デモクラシーの整理法』岩波新書。

2 選挙制度の機能

1 多数代表法

　多数意見から代表を選ぶ多数代表法は，第一党に単独過半数を与えることが多いため，選挙後に政権を形成する段階での多数派形成の負担を軽減し，政権形成を容易にするという利点がある。他方，少数意見を議席に結びつかない「死票」として切り捨ててしまう傾向ももつ。そうした長短両面を勘案して，当選者の決定基準という観点から，多数代表法は相対多数決制と絶対多数決制の2つに分類される。

　相対多数決制は，最多得票者を勝者とするものである。その典型は，有権者が候補者1名に1票を投じて最多得票者が当選するという単純小選挙区制で，英国の下院や日本の衆議院小選挙区選挙で用いられている。この制度は当選者の決定方法が単純明快である点が長所だが，当選者に過半数の得票を求めないため，有力候補が3名以上立候補した場合などのように，過半数の票が死票となることも珍しくない。この死票の存在は，有権者の中で最も好まれていない候補が当選するという矛盾を生むことがある他，政党間での得票率と議席率の逆転という事態を生み出すことがある。

　絶対多数決制は，過半数の票を得た者を勝者とするもので，小選挙区二回投票制がその代表例である。この制度は，有権者が候補者1名に1票を投ずるという点では単純小選挙区制と同じだが，当選には過半数の得票が必要とされるという点で異なっている。過半数を得た候補が現れなかった場合には，上位2名などに候補者を絞って2回目の投票（決選投票）を行い，当選者を決定する。フランス第五共和制の下院選挙がこの制度を利用している他，大統領選挙で利用している国も多い。また，2回目の投票を行う代わりに，候補者に順位を付けて投票し，過半数得票者が現れるまで，最下位候補を落選として，その票に記された順位に従って票を他の候補に移していくという作業を繰り返すという小選挙区単記移譲投票制もこの類型で，オーストラリアで使われている。

2 比例代表法

　少数意見にもその割合に応じて代表者を配分しようとする比例代表法の典型は比例代表制であり，各政党への得票率に応じた議席配分が原則とされる。代表者と有権者の選好分布が似通ったものとなることから，議会を国民の縮図と

▷1　例えば，A・B・Cの3候補者への選好が，A＞B＞Cである有権者が6名，A＞C＞Bが30名，B＞A＞Cが10名，B＞C＞Aが24名，C＞A＞Bが10名，C＞B＞Aが20名となっている場合（有権者合計100名），B＞A，C＞Aという選考を持つ有権者はそれぞれ54名で，AはB・Cよりも好かれていないが，相対多数決制で選挙すると，Aが36票，Bが34票，Cが30票となって，Aが当選する。

▷2　英国の1951年選挙では，労働党が得票率48.8%で295議席にとどまった一方，保守党が得票率48.0%ながらも321議席を獲得した。また，1974年2月選挙では，保守党が得票率37.9%で297議席にとどまり，労働党が得票率37.2%で301議席を獲得した。

見做しやすくなるが，少数意見も幅広く代表されるため，小党乱立となりやすく，政権樹立のための多数派形成の負担が増すことになる。

　ただし，比例代表制の下でも，得票率と議席率が完全に一致するわけではない。とりわけ大きな影響を及ぼすのが，選挙区定数の大きさである。選挙区を全国単位として百名以上の議員を選出するような場合には，得票率１％でも議席獲得は可能だが，選挙区を地方・県単位などにして定数を小さくすると，議席配分の対象とされるのに必要な得票率は上昇し，小政党の議席獲得は困難になる。例えば，日本の衆議院比例代表選挙では全国を11のブロックに分け，各ブロックで議席を比例配分しているが，定数６の四国ブロックでは，得票率10％でも議席が配分されない。また，議席配分の計算方法の違い[3]によっても多少の差が生ずる他，小党乱立を防止するために一定以上の得票率獲得を議席配分の要件とする制度が導入されれば，小政党が排除され，得票率と議席率の乖離は拡大する。

3　選挙制度の影響と混合選挙制

　多数代表法と比例代表法の大きな違いは，少数意見の扱いである。前者の典型である単純小選挙区制では少数意見が死票となって議席に反映されない一方，比例代表制では，少数意見にもその勢力に応じて議席が配分される。こうした作用に着目したフランスの政治学者デュベルジェ（Maurice Duverger）は，単純小選挙区制は二党制[4]を，比例代表制は多党制を生み出しやすいと論じ，彼の議論はデュベルジェの法則と呼ばれるようになった[5]。

　また，単純小選挙区制では大政党が有利になる一方，小政党は存続すら危ぶまれることになることから，選挙制度の選択をめぐって激しい対立・衝突が政党間で生ずることもある。そのため，妥協策として，小選挙区制と比例代表制を組み合わせた混合選挙制が導入されることも少なくない。混合選挙制には，大きく分けて並立制と併用制がある。並立制は，小選挙区制で選出する議席と比例代表制で選出する議席に分けて選挙を行うもので，小選挙区部分で多数意見を過大代表させつつ，比例代表部分を設けることによって，少数意見が完全に排除されることを防ごうとするものであるが，小選挙区部分の比率が大きくなると，多数代表法の性格が強まる。併用制は，議席全体を各党に比例配分した後，各党内での当選者決定に際して小選挙区当選者を優先し，残りを政党の候補者名簿から当選させるというものであり，基本的に比例代表法の性格を持ったものとなっている。

（安井宏樹）

▷3　ドント式は大政党に有利，サンラグ式は中小政党に有利と言われている。

▷4　デュベルジェは，単純小選挙区制では小政党の候補者が当選できないという「機械的効果」に加えて，その「機械的効果」を認識した①有権者が当選可能性を持つ二大政党の候補者に投票先を変えたり，②小政党が候補擁立を断念したりする「心理的効果」を指摘している。

▷5　アメリカの政治学者コックス（Gary W. Cox）はデュベルジェの法則を再検討し，①有力候補（政党）は選挙区定数よりも１多い数（小選挙区制であれば２）に収斂するという「M＋1ルール」へと拡張した上で，②この定式は各選挙区で成り立つものであり，国全体での有力政党数は，選挙区単位での有力政党の分布が全国で均一か否かに左右されると論じた。

参考文献

岩崎美紀子（2016）『選挙と議会の比較政治学』岩波書店。

西平重喜（2003）『各国の選挙——変遷と実情』木鐸社。

3 連立形成の諸モデル

1 サイズの理論

　議会での多数派形成が政党単位で行われる場合，過半数確保に必要な政党の組み合わせを考える必要が出て来るが，どのような組み合わせが選ばれることになるのか（連立形成）という点については，様々なモデルが存在する。

　過半数確保という点からアプローチするモデルとしては，サイズの理論がある。これは，過半数を確保できる組み合わせ（勝利連合）を，できるだけ少ないアクターで作ろうとするものであり，そうした組み合わせを最小勝利連合と呼んでいる。このモデルの前提には，政権参加によって得られる利益を最大化するには関与者をできるだけ少なくするのが合理的であるとする考え方がある。この最小勝利連合の下位類型としては，最小勝利連合に参加する議員の数が最も少ない組み合わせが選択されると考える最低規模勝利連合モデルや，参加政党数が最も少ないものが選ばれるとする最小政党数勝利連合モデルなどがある。例えば，表9-1のような議席配分の場合，最低規模勝利連合となるのはA・E・F連立（51議席）で，最小政党数勝利連合はB・E連立（63議席）となる。

　しかし，実際に作られる連立政権の構成としては，過半数確保に必要な範囲を超えた政党を含む過大規模連合が少なからず存在しており，最小勝利連合モデルの予測能力は決して高いものではない。また，表9-1の例にあるような，最左翼のA党が最右翼のF党やE党と連立するというパターンは，参加議員数が少なく済むとはいえ，現実には考えにくい。そのため，サイズだけでなく，政党間の政策距離を考慮に入れた連立形成のモデルも模索されるようになった。

表9-1

←左	A	B	C	D	E	F	右→
	7	27	13	9	36	8	

2 政策距離の理論：最小距離連合・隣接最小距離連合，かなめ政党

　政策距離を重視するモデルでは，政策距離の近い勝利連合が選択されると考える。最小勝利連合の中で政策距離が近いものが選択されると考えるのが最小距離連合モデルであり，最小勝利連合であることを条件とはせずに，政策位置が隣接している勝利連合が選択されると考えるのが隣接最小距離連合モデルで

ある。表9-1の例では，D・E・F連立（53議席）の他，A・B・C・D連立（56議席），C・D・E連立（58議席）が最小距離連合であり，同時に隣接最小距離連合でもある。サイズの理論では「不合理」な存在とされる過大規模連合には，隣接最小距離連合となっているものが多くみられる。

　また，この例ではD党がどのパターンでも加わっており，D党抜きでは政策距離を重視した連立形成は不可能となることを示しているが，こうした存在をかなめ政党[1]という。D党は9議席の小党であるものの，これ抜きでは連立形成ができなくなるため，その交渉力は強いものとなる。

③ 連立参加のコストと便益：少数与党政権・閣外協力

　連立形成のモデルは，議会での多数派形成を念頭に置いて議論されてきたが，北欧諸国のように，少数与党政権が珍しくない国も存在する。こうした事例の背景には，少数与党政権の成立を許容する制度[2]の他，連立参加のコストと便益の問題がある。連立参加によって，選挙時の公約に背くことになったり，不人気な政策への荷担を余儀なくされたりすると，次の選挙で得票が減る恐れがある。また，政権に加わらなくても自党の求める政策を実現できそうな目算が立つ場合には，連立参加への誘因は低下する。北欧諸国の場合は，左右ブロック対立の意識があることに加え，ブロック内での多党化と政策的相違が存在したことから，政権参加を控えつつ個別の政策協議を通じて自党の政策実現を追求するという行動に一定の合理性が生じた。さらに，少数与党の側も，予算や不信任案といった重要案件については，自ブロック内の野党から「敵の敵は味方」という論理でのアドホックな閣外協力を期待することが可能であった。固定的・安定的な多数派形成とは言えないものの，一定の予見可能性をもった多数派形成の姿をそこに見ることができる。

【補論：連立形成の三つの次元：選挙・議会・政権】

　一般に連立形成は「連立政権」の問題として論じられることが多いが，政党間での提携は，政権レベルだけでなく，議会や選挙のレベルで独自に展開されることがある。1990年代以降のイタリアのように，長らく多党制が続いていた国で，多数代表法の性格が強い選挙制度が導入されると，選挙で淘汰されることを避けるための政党間提携（選挙連合の形成）が進み，その枠組みを土台として議会連合・政権連合へと進む動きが見られるものの，選挙対策としての呉越同舟的な提携であるため，議会・政権レベルでの協力関係は脆弱で，内紛により自壊するパターンが頻発した。

（安井宏樹）

▷1　かなめ政党（要政党）は様々に定義されており，サイズの理論では，最小勝利連合を構成する政党であれば「かなめ政党」であるとする議論もある。

▷2　北欧諸国の議会規則では，政権発足時の信任投票で反対が過半数とならなければ信任されると規定されているため，棄権票が事実上は信任としてカウントされることになり，閣外協力が行いやすくなっている。

参考文献

岡沢憲芙（1997）『連合政治とは何か──競合的協同の比較政治学』日本放送出版協会。

4 事例Ⅰ：完全比例代表制のオランダ

1 多極共存型民主主義と比例代表制

　オランダでは，1917年の憲法改正から現在に至るまで，各政党に1議席まで議席を配分する，いわば「完全比例代表制」が採られてきた。ここでは，比例代表制の徹底した事例としてオランダを取り上げ，選挙と政党政治の特徴，現状と課題について考えてみたい。

　そもそも階級や宗教をはじめ社会的亀裂が歴史的に存在する大陸ヨーロッパ諸国では，少数派でも一定の議席を確保できる，比例代表制が採用されることが多い。なかでもイデオロギーや宗教を軸に，社会的凝集力の高い「柱」の存在した国，すなわちオランダ，ベルギー，オーストリア，スイスでは，比較政治学者レイプハルト（Arend Lijphart）のいう「多極共存型民主主義」が成立したが，比例代表制はこれら多極共存型デモクラシーを支える重要な制度の一つでもあった。

2 選挙と連立交渉

　多極共存型民主主義の典型例とされるオランダでは，下院選挙において阻止条項を事実上設けない，徹底した比例代表制を採用している。

　選挙の仕組みは以下の通りである。投票の際，有権者は政党名ではなく，各政党の候補者リストから1名を選択し，票を投じる。そのうえで各党の得票が集計され，ドント式によって各党に議席が配分される。配分を受けた各党のなかで，原則的に名簿掲載1位の筆頭候補者から順に当選者が決まる。

　現在の議員定数は150であり，わずか0.67％程度の得票率で議席を獲得し，国政に進出できる。2021年下院選挙の有効投票総数は1040万票ほどだったことから，1議席を得るために必要な票数は7万票弱にすぎない。小党の国政進出の容易さという点で，オランダは国際的にも際立った存在である。実際2021年選挙では，17党がこの7万票のラインを超え，議席を得た。

　単独の政党が議席の過半数を制することは難しく，これまでの政権はすべて連立政権である。選挙後の連立交渉は，政策距離のある政党同士が，妥協を経て合意することが必要であり，明文による連立合意を経て政権が成立する。

▷1 「柱」とは，主に19世紀末から20世紀初頭，各国でイデオロギーや宗教をもとに形成された団体ネットワークをさす。典型的な「柱」の構成団体として，宗派系の労働組合，経営者団体，農民団体，女性団体などが挙げられる。

▷2 レイプハルトは，宗教や言語などで分断された社会にあっても，各集団の指導者らによる協調を通して安定的な民主体制を維持することができることを論じ，これを多極共存型民主主義と呼んだ。

3　比例代表制下の「安定」

このように1議席まで議席を配分する極端な比例代表制を採用しながらも，20世紀を通じ，オランダ政治が極端な多党化や政治的不安定に見舞われてきたとはいえない。その背景にあったのが，有力政党が，系列団体を通じて有権者の支持を継続的に確保する，「柱」構造の存在である。そもそも1990年代に至るまで，オランダ政治はキリスト教系の各種団体に支えられたキリスト教民主主義勢力（中道），労組に支えられた社会民主主義勢力（左派），企業家層に支持された自由主義勢力（右派）の三大勢力が圧倒的な存在感を示しており，それに伴って連立政権の構成は，「中道＋左派」ないし「中道＋右派」のいずれかに限定されていた。完全比例代表制のもとで小党が多少の議席を獲得したとしても，三大勢力の優位は揺らぎようもなく，連立構成をめぐるポリティクスに与える影響は微々たるものだったのである。

4　変化の構図

しかし近年，宗教やイデオロギーのもつ凝集力が低下し，「柱」がほぼ解体した結果，「柱」に依存してきたかつての有力政党は軒並み得票率を減少させている。特にキリスト教民主主義政党と社会民主主義政党は，もはや系列団体のネットワークに頼ることができず，いずれも支持を縮小させ，長期低落傾向にある。他方，特に21世紀に入り，政治的志向の多様化，組織や政党に縁の薄い無党派層の増加を背景として，左右のポピュリスト政党，エスニック政党，シングル・イシュー政党など多彩な政党が議会に進出した。オランダでは他のヨーロッパ諸国に先んじて右派ポピュリスト政党が議席を獲得し，移民・難民政策の転換に影響を及ぼしているが，その背景には，国政参入の容易な完全比例代表制があった。主要政党の不振，小党の増加，急進的な主張ゆえに政権参加の見通しの薄い左右のポピュリスト政党の進出により，連立交渉は困難さを増している。2017年下院選挙では，過半数の議席を擁する連立政権の成立には4党が必要だったが，多くの政党が参加した連立交渉は難航し，4党連立政権が正式に発足するまで6か月を要している。このように連立のパズルが難しくなっていることを受け，阻止条項の導入を訴える主張も出ている。完全比例代表制の負の面があらわになっているように見える。

とはいえ，この独特の比例代表制は，多様化した有権者のニーズに応える多彩な政党の国政進出を容易にし，政治を市民に身近にしている面もある。イスラム移民系の政党，スリナム移民系の政党，高齢者向け政党，動物の権利擁護を訴える動物党など，独自の主張を携えて国政進出した小政党は，大政党の対応しがたい課題を取り上げ，政治空間の多層化に貢献する面がある。多様性の中の統一をどう実現するのか，模索が続いている。　　　　　（水島治郎）

▷3　オランダのキリスト教民主主義勢力はプロテスタント（カルヴァン派）およびカトリックの両派から構成されている。もともと宗派別の政党に分かれていたが，後に合同した。1918年から1994年まで，ほぼすべての連立政権に参加している。

▷4　なお自由主義勢力の場合は，系列組織への依存度が低かったこともあり，21世紀においても支持率の顕著な低下は起きていない。2010年には，ほぼ1世紀ぶりに自由主義系の首相を出すことに成功した。

【参考文献】
岩崎正洋（2020）『政党システム』日本経済評論社。
水島治郎（2021）「オランダ──「完全比例代表制」の一世紀」『年報政治学』2021-Ⅰ：40-61。
Andeweg, Rudy B., Galen A. Irwin, Tom Louwerse (2020) *Governance and Politics of the Netherlands.* Red Globe Press.
Lijphart, Arend (1968) *The Politics of Accommodation: Pluralism and Democracy in the Netherlands.* University of California Press
Vossen, Koen (2003) *Vrij vissen in het Vondelpark. Kleine politieke partijen in Nederland 1918-1940.* Wereldbibliotheek.

事例Ⅱ：ドイツ
——多党制を許容する選挙制度のもとでの連立形成の変容

1 多党制の伝統と独裁への転落

　宗派・階級・地域主義といった複数の社会的亀裂を抱え，多党制を生み出す土壌を有していたドイツでは，1871年に成立した第二帝政で小選挙区二回投票制が導入された。各政治勢力の有力な地盤が地理的に分かれていたことに加え，決選投票での選挙協力が時期や地域によって様々な形で展開されたため，帝政期の帝国議会は諸政党が割拠する場となった。[1]

　ドイツ革命後の1919年に成立したヴァイマール共和国では比例代表制が導入され，帝政期以来の多党制が継承された。さらに，敗戦に伴う共和制という体制への賛否をめぐる対立も加わり，6以上の有意な政党がかなり激しく対立する状況が生じた。それでも，1920年代半ばには敗戦後の混乱がある程度収束し，「相対的安定期」とも呼ばれる一定の安定した状況を生み出した。しかし，1929年秋からの世界恐慌によってドイツ社会が大きく混乱すると，ナチ党と共産党という左右両極の反体制政党が急速に支持を伸ばし，1932年7月選挙で両党の議席が合計で過半数を占めた。[2]しかし，ナチ党と共産党には，議会制民主主義を敵視する以外に共通項はなく，議会政治は麻痺した。その混乱の中で，大統領の緊急命令権に依存して統治する内閣が作られるようになり，その延長上に，ヒトラー（Adolf Hitler）の首相任命が行われて，ヒトラー独裁への道が開かれた。

2 西ドイツ時代の安定

　戦後，ヒトラー独裁の崩壊と東西冷戦によって，左右両極の反体制政党が排除され，体制を是認する穏健な勢力による求心的な競争が行える環境が用意された。また，ヴァイマール期の小党乱立が政治の混乱と独裁の元凶になったとする「反省」が意識され，中道右派の諸勢力が大同団結してキリスト教民主同盟・社会同盟（CDU/CSU）が結成されて，有意な政党の数も減少した。同党は小党乱立の阻止を掲げて単純小選挙区制の導入を主張したが，淘汰されることを恐れた他の諸政党が強く反対し，妥協策として，比例代表法の性格をもつ併用制が小党排除条項と共に導入された。

　その結果，併用制の下で単独政権が出現しにくくなるのと共に，小党排除条項によって小党の議会進出が困難となって，西ドイツの政権は，CDU/CSUと社会民主党（SPD）の二大政党と，得票率1割前後の自由民主党（FDP）の

▷1　小選挙区制の下で多党制となるメカニズムについては，第9章第2節注5を参照。

▷2　こうした政党配置と競合関係のあり方は，分極的多党制の典型とされる。第11章第3節を参照。

間で展開される連立交渉の結果と
して組織されるようになった。こ
れら3党の間にはそれぞれ連立可
能な争点が存在しており（図9-2
を参照），情勢の変化に応じた柔軟
な政権交代を可能にしていた。[3]

図9-2　3党制期の連立構図

出典：Pappi（1984：12）.

▷3　こうした政党配置と
競合関係のあり方は，穏健
な多党制の典型とされる。
第11章第3節を参照。

　この状態は，1980年代に環境政
党の「緑の党」が参入したことで，
CDU/CSU・FDPの中道右派とSPD・緑の党の中道左派が対峙する二大ブ
ロック制へと変化したが，勝者となる連立枠組みが選挙によって定まる状態で
あったことから，有権者に政権選択の感覚を提供すると共に，多数派形成の混
乱も回避されて，政治の安定は維持された。

③ 統一後の多党化と遠心化

　1990年の東西ドイツ統一によって新たに参入した旧東ドイツの共産党勢力は，
当初，小党排除条項によって抑え込まれていたものの，21世紀に入ると，新自
由主義化に反発する有権者の支持を集めるようになり，左翼党として刷新・復
活を遂げた。また，2010年代の難民危機を契機として，反欧州統合を掲げる右
派新党「ドイツのための選択肢」（AfD）が出現し，2017年選挙で議会進出を
果たして，ドイツは6党制となった。しかも，左翼党とAfDは共産党とナチ
党の記憶を想起させたことから，既成政党側から連立不可能な存在として扱わ
れ，実現可能な勝利連合の組み合わせは大きく減少した。窮余の策として二大
政党による大連立が半ば常態化したが，そのために二大政党間の競争が弱まり，
有権者に政権交代による政策革新への期待を失わせてしまったことで，批判票
が左右両極の政党に流出し，大連立以外の選択肢をさらに困難なものにすると
いう悪循環が生じた（図9-3を参照）。この困難からの脱却を目指すべく，
2021年選挙後には中道の緑の党とFDPがかなめ政党的な存在となって，二大
政党のいずれかと連立を形成するという道が模索され，SPD・緑の党・FDP
による連立政権が組織された。　　　　　　　　　　　　　　　（安井宏樹）

参考文献

西田慎・近藤正基編著
（2014）『現代ドイツ政治
——統一後の20年』ミネ
ルヴァ書房。
安井宏樹（2018）「ドイツ
における連立政治の変化
——安定から遠心的競合
へ」『生活経済政策』
259：6-10。
Pappi, Franz Urban (1984)
"The West German
Party System." *West
European Politics* 74：
7-26.

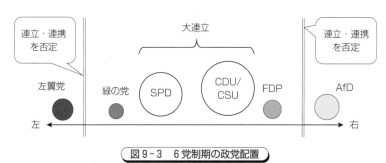

図9-3　6党制期の政党配置

出典：筆者作成。

政党とは何か

1　現代政治の生命線

　政党は，かつて「現代政治の生命線」[1]と表現された。政党は，単に現代政治におけるアクターの一つとして存在するのではなく，政治の核心に位置し，決定的で創造的な役割を果たす存在である。現代政治という広い意味で捉えると，民主主義体制だけでなく，様々な権威主義体制や全体主義体制においても，政党は中心的なアクターとして存在し，長きにわたって政治の表舞台で活動してきた。今も政党は存在するが，20世紀の後半から現在に至るまで，政党の衰退が指摘されたり，政党政治の再生の可能性について論じられたりした。今や政党が唯一無二の政治的アクターではないとしても，すぐに政党にとって代わることができる政治的アクターは他に見当たらないし，政党が直ちに消滅しそうな気配も感じられない。

　近代において政党が登場したのは，17世紀の後半に議会制度が誕生した時期にまでさかのぼる[2]。当時のイギリス議会には，国王を支持する勢力（国王派）とそうではない勢力（反国王派）との間の対立がみられた。それぞれの勢力は，一種の派閥であり，政治的な勢力としての「徒党」であった。政党の起源は一部の政治勢力であり，政治のある部分を意味する存在であった。政党は，政治において一方の立場を代表するに過ぎない存在であり，今日のように，議会制度における主要な政治的アクターとはみなされず，一つの勢力を代表する存在として否定的に捉えられた。国王派は宮廷党に，反国王派は議会党になり，二大勢力の対立は後の保守党と自由党という二大政党の登場に結びつくものであった。単なる徒党は，やがて政党の誕生につながり，議会制度を支える構成要素となった。政党は登場以来，常に好意的にみられてきたのでもなく，順境な道のりを歩んできたのでもない。この点は歴史をみれば明らかである。

　民主主義か否かを問わず政党が存在するとはいえ，政党の研究は，ほとんどの場合に民主主義とのかかわりにおいてなされ，現実の民主主義体制において政党は重要な役割を果たしてきた。とりわけ，民主主義と政党とのかかわり，より具体的にいえば，選挙と政党とのかかわりに注目が集められてきた。

2　政党の定義

　政党とは何か。政党には，様々な定義がみられる。古いものでは，1770年に

▷1　シグマンド・ノイマン（1958）『政党——比較政治学的研究（I）』みすず書房。

▷2　待鳥聡史（2015）『シリーズ日本の政治6　政党システムと政党組織』東京大学出版会。

バーク（Edmund Burke）によって示された政党の定義が挙げられる。バークによれば、「政党とは、全員が同意しているある特定の原理に基づき、共同の努力によって国家的利益を推進するために集まった人びとの集合体である[3]」。彼の定義には、政党が一部の人びとに偏った利益を追求する派閥や徒党のような存在であるという見方はみられず、むしろ国家的利益を追求する集団として肯定的に政党が捉えられているところに、時間の流れにともなう、政党に対する見方の変化が示されている。

バークによって政党が公的な役割を果たすものとして扱われるようになったとしても、政党は選挙での勝利を手に入れなければ、政治権力を獲得することができず、どれほど「全員が同意」し「共同の努力」をしたとしても、「国家的利益を推進する」ことはできない。この点にシュンペーター（Joseph A. Schumpeter）は注目し、現在の政党の定義につながる視点を提供した[4]。すなわち、シュンペーターによれば、政党とは、「全員が同意しているある原理に基づき」公共の福祉を促進しようとする人びとの集合体というのではなく、メンバーが結束して政治権力をめぐる競合的闘争を展開しようとする集団であるとされる。シュンペーターは、現代の民主主義を「競合的指導者選出の過程」として捉えて、選挙での競合を通して政治権力を追求する集団として政党を位置づけたのであった。

同様に、ダウンズ（Anthony Downs）が「政党とは、正規に定められた選挙で、政権を得ることにより、政府機構を支配しようと努める人びとのチームである[5]」と定義した。サルトーリ（Giovanni Sartori）もまた、「政党とは、選挙に際して提出される公式のラベルによって身元が確認され、選挙（自由選挙であれ、制限選挙であれ）を通じて候補者を公職に就けさせることができるすべての政治集団である[6]」という定義を示した。

したがって、政党は一つの政治集団であること、そのような集団には何らかの目的があること、目的があるからこそ一つの集団としてまとまることを特徴としている。集団としてのまとまりには、イデオロギーや政党綱領、政策などについて、メンバー間の合意が必要であり、政治権力を獲得することが集団の目的となる。そのために政党は、選挙において、一人でも多くの候補者を当選させようとすることが至上命題であり、選挙競合は欠かせない。

政党は、選挙で勝利することにより政権を獲得できるし、自党のイデオロギーや綱領に沿って政策を実施できる。政党が権力を求めるのは、政策実現のための手段を手にするためであるが、それだけでなく、権力獲得により自らの正統性を確実なものとするためである。政党にとって権力獲得は、（政策実現のための）手段を手に入れることであると同時に、目的を達成することでもある。その意味で、政党は他の政治集団とは異なり、数世紀にわたり、政治の中心では欠かせない存在として生き続けているのである。 （岩崎正洋）

▷3 ジョヴァンニ・サルトーリ（2009）『現代政党学——政党システム論の分析枠組み〔普及版〕』（岡沢憲芙・川野秀之訳）早稲田大学出版部。

▷4 ジョセフ・A・シュンペーター（1962）『資本主義・社会主義・民主主義』（中山伊知郎・東畑精一訳）東洋経済新報社。

▷5 アンソニー・ダウンズ（1980）『民主主義の経済理論』（古田精司監訳）成文堂。

▷6 ジョヴァンニ・サルトーリ（2009）『現代政党学——政党システム論の分析枠組み〔普及版〕』（岡沢憲芙・川野秀之訳）早稲田大学出版部。

参考文献

日本比較政治学会編（2015）『日本比較政治学会年報第17号：政党政治とデモクラシーの現在』ミネルヴァ書房。

岩崎正洋（2020）『政党システム』日本経済評論社。

2 政党はどのような機能を
果たしているのか

 1 政党の機能

　これまで政党が果たしてきた機能には，大衆の教育，投票への動員と構造化，利益の集約と利益の表出，政策形成，政府の組織化，リーダーシップの補充と候補者に対する選挙運動での支持などがある[1]。すべての機能を今も政党が果たしているとはいえないが，そのうちのいくつかは政党が果たしている。

　第一に，大衆の教育とは，政治的社会化の機能のことである。政治的社会化は，かつて政党が独占的に果たしていた機能であり，大衆の政治的態度の形成を促す役割を果たしていた。マスメディアの発達により，大衆の教育は政党ではなく，主にマスメディアの役割となった。

　第二に，投票への動員と構造化とは，選挙における政党の機能を示している。選挙に際して政党は得票最大化を目指して他の政党と競合する。政党は，幅広く支持を集めなければならないし，安定した支持を獲得する必要がある。支持者を投票に動員することは，一過性で終わることなく，構造化することにより安定した支持基盤をつくる。しかし，無党派層の増加により，多くの人びとは特定の政党を一貫して支持し続けるのではなく，選挙ごとに政党支持を変えるようになっている。最近の世論調査の結果をみると，最も多いのが特定の政党を支持していないと回答する人びとの割合であり，その次に，既存の政党が順位づけられる。その点において，政党の地位の低下が顕著にみられる。

　第三に挙げることができるのは，利益集約と利益表出の機能である。政党が利益集約を行い，利益集団が利益表出を行うというように，二種類の政治集団が異なる機能を果たしているという説明も可能であるが，政党が2つの機能を同時に果たしていることもある。政党と利益集団のいずれか一方が利益集約機能のみを果たしているとか，利益表出機能のみを果たしているというわけではない。簡潔にいえば，政党が主に果たしているのは利益集約機能であり，利益集団が主に果たしているのは利益表出機能だとされる。

　第四に，政策形成は，政党が独占的に担っている機能ではないが，政党とのかかわりという点では欠かせない。政党は，それぞれの立場に基づいて政策を立案し，選挙において，自党の政策案を提示し，政権を獲得したら自党の政策を実施しようとする。現実的に政策は，様々な政治的アクターが関与しながら，一連の政策過程を通じて形成され，決定され，実施される。その意味では，他

▷1　岩崎正洋 (2020)『政党システム』日本経済評論社。

のアクターも果たしているとはいえ、政党も政策形成の機能を果たしている。

第五に、政府の組織化は、選挙で勝利を収めて政権を獲得した政党だけが果たす機能である。選挙結果を受け、政権を手に入れた政党は、政府を形成する。単独政権が成立する場合もあれば、いくつかの政党が連立を組むことで連立政権が成立する場合もある。連立交渉において、政党が果たす役割は、政府の組織化でもある。

第六に、リーダーシップの補充と候補者に対する選挙運動での支持という機能が挙げられる。政党は、選挙で候補者を擁立し、候補者の当選に向けて支援活動を行う。同様に、利益集団が自分たちの利益を代表するような候補者を立てたり、自分たちの代表が当選できるように支援したりして、票の動員を行うこともある。しかし、政党は政治権力を獲得するために、一定数の候補者を自前で擁立し、当選のために支援する。政党が選挙活動を行うのと、利益集団が特定の候補者に対して局所的に影響力を行使するのとは大きく異なる。政党が選挙運動を行うことは、政党の存立基盤にかかわることであり、政党が存続するためには欠かせない機能の一つである。

② 政党の機能低下と地位低下

これらの6つの機能のうち、今日においても政党が主に果たしているのは、政府の組織化と、リーダーシップの補充と候補者に対する選挙運動での支持の機能である。これらの機能は、選挙を中心に政党が果たす機能であり、それ以外の機能は、政党以外のアクターも果たしていたり、他のアクターが主に担うようになっていたりする。政党は従来の機能を独占的に果たせなくなったのであり、政党の機能が低下したことを示している。現在の政党は、選挙においてのみ機能を果たしているという見方もできなくはない。そうだとすれば、政党は、選挙に際して、有権者の最終的な選択を数名の候補者に絞り込むという「ゲートキーパー」の機能を果たしているだけなのかもしれない。

従来、政党は、政府と有権者との間を結びつける「連結構造」の役割を果たしてきた。しかし、有権者の党派心が衰退してきたことにより、政党の連結構造としての役割も弱まり、これまで政党が独占的に占めてきた地位の低下を示すことになった。政党の機能低下は、地位の低下にもつながり、政党が衰退しているのではないかという指摘がなされるようになった。1970年代以降、政党の衰退について語られるようになった。一方で、政党衰退論が論じられたとしても、他方においては、今もなお政党は健在であるとか、政党が不可欠であるとかというような、政党繁栄論ともいえる主張もみられる。比較政治学のテーマとして政党が存在するだけでなく、現実の政治において政党は存在しており、無視することができない。

(岩崎正洋)

▷2　岡沢憲芙 (1988)『現代政治学叢書13　政党』東京大学出版会。

3　政党組織

1　政党組織の２つの原型

　政党の組織形態は，政党の歴史や役割について考えるのに基本的な視点を提供する。政党研究の柱の一つには，政党組織論があり，古くから研究が蓄積されてきた。古くはオストロゴルスキー（Moisei Ostrogorski）やミヘルス（Robert Michels）などの研究が挙げられる。1951年にはデュベルジェ（Maurice Duverger）が「ある特殊な構造をもった一つの団体」として政党を捉え，政党の綱領や党員の階級に基づくのではなく，組織の性質に基づくタイプ分けを提示した。[1]

　デュベルジェは，ヨーロッパにおける議会制民主主義の登場と関連づけながら，政党組織の異なるタイプを示した。政党組織をつくり上げている基本的な要素，つまり，政党の基底要素は，歴史的な登場順に，地方幹部会（caucus），支部組織（branch），細胞組織（cell），民兵組織（militia）という４つに分類される。これら４つの基底要素は，政党の４つのタイプ（中産階級型，社会主義政党型，共産党型，ファシスト政党型）に対応している。

　第一に，中産階級型の政党は，地方幹部会という基底要素に基づく組織であり，19世紀型のタイプである。このようなタイプの政党は，幹部政党とも呼ばれるが，選挙のときだけ活動し，地方幹部会を構成する名望家の影響力によって権力の獲得に集中する。

　第二に，社会主義政党型は，20世紀に登場したタイプであり，大衆政党と呼ばれる。幹部政党が議員のクラブのような色彩が強かったのに対して，大衆政党は，多くの大衆を組織して支持を獲得しようとする。基底要素には，支部の形態を採用し，選挙のときだけでなく，常に政党活動を通して大衆の組織化を図っている。大衆政党が登場した背景には普通選挙制の導入があるが，選挙権の拡大にともない，大衆政党は独自のイデオロギーや綱領を示して有権者から支持を獲得し，選挙での勝利を目的として活動するようになった。

　第三のタイプの共産党は細胞組織に対応し，第四のファシスト政党は民兵組織に対応している。共産党もファシスト政党も，より強固で集権的な機構であり，組織内では，水平的な結びつきよりも垂直的な命令系統を強調する。共産党は1920年代に，ファシスト政党は1930年代に台頭した。これら２つのタイプの政党は必ずしも議会での活動に比重を置かず，議席獲得よりも直接的な行動により政治を動かすことに重点を置いた。

▷1　モーリス・デュベルジェ（1970）『政党社会学——現代政党の組織と活動』（岡野加穂留訳）潮出版社。

2 国家と社会と政党

　幹部政党は，社会の中から発生し，社会側に位置していた。幹部政党から大衆政党へと時代が移っていく際には，社会と国家との間には重複部分がみられた。政党は，社会側に位置しながらも重複部分と接しており，社会と国家との両側に接点をもつ存在であった。そもそも政党の起源は私的な結社であった。大衆政党の台頭期には，社会と国家とは接点をもたず，政党が両側を橋渡しするものとして位置づけられた。大衆政党が競合を繰り広げている時期に，新たに選挙市場に参入したのは，包括政党（catch-all party）であった。従来，政党は左右のイデオロギー軸上に位置して競合していたが，大衆政党は，得票最大化のためにイデオロギー志向ではなくなり，特定の立場の代表ではなく，広範囲にわたる支持層に訴えかけるために包括化した。包括政党は，不特定多数の有権者を相手にしなければならず，マスメディアを積極的に活用した。

　その結果として，政党は仲介役（ブローカー）の役割を果たすようになった。政党は，国家に働きかけたり，国家に浸透したりする社会側の機関ではなく，社会と国家との間に位置する仲介役になった。かつての政党は，社会側から国家側への要求を集約したり代表したりしたが，徐々に政党は，国家の一機関として，政策を形成し実施する一翼を担うようになった。

3 カルテル政党（cartel party）論

　カッツ（Richard S. Katz）とメア（Peter Mair）は，政党を取り巻く状況が衰退や終焉ではなく，政党の変化（change）と適応（adaptation）として理解できるのであり，リソース，スタッフ，財政収支の点からみて政党が以前にもまして充実してきたと指摘した。彼らは新しい政党組織のモデルとして，カルテル政党モデルを提起した。カルテル政党論では，政党は国家の一部になったと考えられており，政党間の共謀という点から特徴づけられる。表面上，政党同士は競争相手であるが，共謀と協力を行うことにより，新しいタイプの政党モデルが発達した。カルテル政党の出現は，国家が政党に対する助成を行ったり，政党を支持したりする場合であり，国家と政党との関係が恩顧関係となり，政党への利益供与の機会が設けられ，政党に対する統制の程度も高まる。

　カッツとメアは，政党が国家機関であると主張する理由の一つとして，政党に対する公的助成の存在を挙げている。カルテル政党以前の政党組織は，いずれも社会側との接点を有し，リソースの調達を社会から行ってきた。それに対して，カルテル政党は国家側に位置し，国家からリソースを調達している。カルテル政党モデルでは，政党がもはや私的な存在ではなく，公的な存在であると考えている。賛否両論が提起されているが，カルテル政党論は20世紀後半からの政党衰退論とは一線を画す議論を提供することになった。　　（岩崎正洋）

▷2 Kirchheimer, Otto (1966) 'The Transformation of the Western European Party Systems." Joseph LaPalombara and Myron Weiner (eds.), *Political Parties and Political Development.* Princeton University Press.

▷3 Katz, Richard S. and Peter Mair (1995) "Changing Models of Party Organization and Party Democracy: The Emergence of the Cartel Party." *Party Politics* 1 (1)：5-28.

（参考文献）

Katz, Richard S. and Peter Mair (2018) *Democracy and the Cartelization of Political Parties.* Oxford University Press.
ハーバート・E・アレキサンダー＆白鳥令編（1995）『民主主義のコスト──政治資金の国際比較』（岩崎正洋他訳）新評論。

事例Ⅰ：日本の自民党

① 自民党の誕生

　自由民主党（自民党）は，1955年の「保守合同」により誕生した。日本民主党の鳩山一郎総裁と自由党の緒方竹虎総裁との党首会談において，保守勢力を結集し，政局を安定させる必要性が確認され，1955年11月15日に自由民主党の結成大会が開かれた。結成時には，鳩山一郎，緒方竹虎，大野伴睦，三木武吉の四人が総裁代行委員に就任し，衆議院議員298名，参議院議員115名の勢力を有していた。翌1956年4月5日の臨時党大会において，初代の総裁として，当時は首相であった鳩山一郎が選出された。

　自民党は結成にあたり，「立党宣言」，「綱領」，「党の性格」，「党の使命」，「党の政綱」を発表した。立党宣言では，「政治は国民のもの，即ちその使命と任務は，内に民生を安定せしめ，公共の福祉を増進し，外に自主独立の権威を回復し，平和の諸条件を調整確立するにある」こと，「この使命と任務に鑑み，ここに民主政治の本義に立脚して，自由民主党を結成し，広く国民大衆とともにその責務を全うせんことを誓う」と述べられた。立党の政治理念は，「第一に，ひたすら議会民主政治の大道を歩むにある」ことであり，「暴力と破壊，革命と独裁を政治手段とするすべての勢力又は思想をあくまで攻撃する」こと，「第二に，個人の自由と人格の尊厳を社会秩序の基本的条件となす」こととされた。

　自民党は自らの「党の性格」として，国民政党であること，平和主義政党であること，真の民主主義政党であること，議会主義政党であること，進歩的政党であること，福祉国家の実現をはかる政党であることを明らかにした。そのうえで，「党の使命」では「現行憲法の自主的改正を始めとする独立体制の整備を強力に実行」することを挙げ，「党の政綱」でも「平和主義，民主主義及び基本的人権尊重の原則を堅持しつつ，現行憲法の自主的改正をはかり，また占領諸法制を再検討し，国情に即してこれが改廃を行う」ことや「世界平和と国家の独立及び国民の自由を保護するため，集団安全保障体制の下，国力と国情に相応した自衛軍備を整え，駐留外国軍隊の撤退に備える」ことが明記された。自民党は，1955年の結成時から憲法改正を訴えており，日本の安全保障政策についても明確な立場を示してきた。しばしば自民党政権における首相や自民党所属の国会議員が改憲に言及し，その必要性を唱える場面をみかける。自民党が当初より改憲に取り組むことを党の使命とし，党の政綱に盛り込んでい

▷1　自民党HP「立党宣言・綱領」〈https://www.jimin.jp/aboutus/declaration/〉

▷2　安倍晋三（2013）『新しい国へ──美しい国へ（完全版）』文春新書。

たことからすれば驚くことではない。政治家が自分の所属する政党の政策や方針にしたがって発言するのは当然のことであり，所属政党と異なる主張をするのであれば矛盾した行動になってしまう。

② 自民党の長期政権

結党以来，自民党は長きにわたり政権を担当してきた。結党時にすでに政権党であったが，1993年の衆議院議員総選挙の結果により政権交代が起こるまで38年間にわたり，ほとんどの期間に単独政権を担ってきた。したがって，自民党総裁は首相でもあり，自民党の総裁選びは同時に，首相選びでもあった。1983年10月に東京地方裁判所がロッキード事件をめぐり，田中角栄元首相に対して有罪判決を出した直後の総選挙で自民党は公認候補者のうちの当選者の過半数を割り（その後，保守系無所属を追加公認したことにより過半数を確保したが），中曽根康弘首相は新自由クラブとの連立政権を形成した。

自民党は，1955年から1960年代前半まで「一か二分の一政党制」と表現されたように，野党第一党の日本社会党と対抗関係にあったが，比較的に安定した勢力を維持していた。1960年代半ば以降1970年代には，社会党に加え，民社党，公明党，日本共産党などが台頭し，保革伯仲の時代を迎えた。自民党は，党外的には保革伯仲に直面し，野党勢力との拮抗した関係にあったが，党内的には派閥間の対立が激化し，党内抗争に明け暮れた。1972年のポスト佐藤栄作をめぐる総裁選挙では，田中角栄と福田赳夫の一騎打ちとなり，「三角大福中」と呼ばれる五つの派閥の合従連衡がみられた。自民党を特徴づけるものとして，その後も派閥の存在は重きをなし，現在に至っている。派閥間の対立に起因する党内の主流派と非主流派との関係は，1979年には「四十日抗争」と呼ばれるほどに激化したが，1980年の大平内閣不信任決議案の可決と，それにともなう衆議院の解散と衆参同日選挙の実施，大平首相の急逝は，党内対立を鎮静化し，自民党に対する支持の拡大につながった。

1980年代は保守回帰の時代として説明され，自民党の安定期を迎えた。その一方で，1970年代以来の田中派および竹下派による自民党の支配は，特定の派閥の意向によって政権が左右されるという二重の権力構造を生み出した。また，1988年に発覚したリクルート事件により，政治改革の必要性が叫ばれるようになり，1993年に宮澤喜一内閣に対する不信任決議案が可決された際には，多数の自民党議員が離党し，総選挙の結果，自民党は政権を手放し，細川護熙を首相とする非自民連立政権が誕生した。1994年に自民党は，五五年体制の一翼を担ってきた日本社会党と連立を組み，政権に返り咲いた。

また，2009年の総選挙でも民主党に政権を明け渡したが，2012年には安倍晋三総裁のもとで政権を獲得するのに成功した。その後，安倍首相が誕生し，憲政史上では最も長い7年8か月にわたる長期政権が存続した。　　　　　（岩崎正洋）

▷3　石川真澄・山口二郎（2021）『戦後政治史（第4版）』岩波新書。

▷4　ロバート・A・スカラピノ＆升味準之輔（1962）『現代日本の政党と政治』岩波新書。

▷5　佐々木毅編（1999）『政治改革1800日の真実』講談社。

（参考文献）

石川真澄・山口二郎（2021）『戦後政治史（第4版）』岩波新書。
北岡伸一（2008）『自民党——政権党の38年』中公文庫。
佐藤誠三郎・松崎哲久（1986）『自民党政権』中央公論社。

5　事例Ⅱ：トルコの公正発展党

1　公正発展党の誕生と政権の獲得

　2002年総選挙での勝利以降トルコで政権を担当している公正発展党（AKP）は，その前年の2001年に設立された比較的若い政党である。しかしその直接のルーツは，1983年に結成された福祉党（RP）にある。

　RPはエルバカン（Necmettin Erbakan）が過去にも率いてきた親イスラーム政党の一つであるが，1995年総選挙で議会第一党となり，1996年にはエルバカンを首班とする連立政権が発足した。しかし翌1997年には，RPは世俗主義（lâiklik）に反するとして軍の圧力によって総辞職に追い込まれ（「2月28日キャンペーン」），憲法裁判所によって閉鎖されるにいたった。

　RPのあとを受けて設立された美徳党（FP）も2001年に閉鎖されたが，その所属議員らが分裂し，至福党（SP）と並ぶかたちで設立されたのがAKPである。AKPは，FPで改革派と目された若手政治家を中心に結成され，軍に代表される世俗主義勢力との摩擦を避け現実的にわたりあっていく路線を採用した。ここで中心的な役割を果たしたのが，のちに首相・大統領を務めトルコ政治を牽引していくことになる党首エルドアン（Recep Tayyip Erdoğan）であった。

　AKPはエルドアンらのリーダーシップのもと，2002年総選挙では得票率34.3%となり550議席中363議席を獲得し単独政権を樹立，つづく2007年・2011年総選挙でも45%以上という得票率で単独過半数の維持に成功した。しかし，2015年6月総選挙では得票率は40.9%まで後退し過半数に届かず，同年11月総選挙で単独過半数（得票率49.5%）を再度達成したものの，2018年総選挙では600議席中295議席（得票率42.6%）にとどまり，ふたたび過半数割れとなるなど，支持率は低下傾向にあるといえる。とはいえ，依然トルコで最も支持を集める政党であることに変わりはない状況にある。

2　公正発展党の位置づけ

　AKPは自由主義経済やEU加盟推進の支持など，当時のトルコ政治の流れをおおむね継承していた。しかしAKPの初期において注目すべきなのは，イスラームと西洋という従来の二項対立的な構図から距離を置き，親イスラームと世俗主義という2つの勢力の了解の範囲内で党を維持しつつ，両者に満足しない有権者から支持を獲得る方法を模索していた点である。とくに，「保守民

▷1　ここでは，厳格な世俗主義を建国理念の一つとするトルコにおいて，しばしばそれを超える範囲でイスラーム的な主張を行う傾向を指すものとする。

▷2　ラーイクリキとも。イスラームをはじめ宗教を政治の領域から排除し，国家がこれを管理・統制する方針を指す。トルコでは1923年に共和国が成立して以降，「国是」の一つとしてあつかわれてきた。

▷3　エルドアンについては，第20章第3節を参照のこと。

主（muhafazakâr demokrat)」を掲げて伝統的・文化的・宗教的価値観の尊重という「保守」と世俗主義をふくむ共和国の枠組みの遵守という「保守」を両立させ，親イスラームというより中道右派の系譜に身を置こうと試みたことは，幅広い支持者の獲得にも貢献した。

このような AKP の方針の成功は，経済成長や民主化の進展とともに，2011年総選挙までの圧倒的な強さにあらわれている。2002年総選挙では中道右派系の政治家らが合流したこともあって広範な支持を得て勝利し，2007年総選挙では個人の自由を尊重するリベラルな人々からの支持も獲得して党勢を拡大した。こうした旧来の親イスラーム政党とは異なる戦略が，AKP の政権樹立と実績の蓄積を可能にしたのである。

しかし2011年総選挙に向けた選挙戦以降，AKP はこれまでから一歩踏み込んだ主張，例えば従来禁止されてきた大学での女子学生のスカーフ着用の解禁▷4などに向けた動きを活発化させた。これは，教育を受ける権利という西洋的価値観の枠内で議論されたが，世俗主義の堅持を求める人々には AKP の親イスラーム的な側面を再認識させるものとなり，リベラルな人々の離反と同時に浮動層の取り込みにつながった。また，トルコ民族主義政党である民族主義者行動党（MHP）と協力関係を築き始めた2015年頃からは，より右派的な傾向を強めるなど，既存の支持層に訴えかけ固定化する方向へと変化した。このように，AKP は政権維持を最大の目標として，部分的な包括政党化を経て一党優位制の定着へとみずからを導いていったのである。

3 執政制度の変更と党の役割

トルコでは2017年の改憲国民投票での承認を受けて，議院内閣制から大統領制への移行が実現した。またこの承認にあわせて大統領に党籍離脱が課されなくなったことで，大統領が国家元首・執政府の長にくわえて議会第一党の党首でもあるという状況が可能となった▷5。そして実際，現在の AKP はエルドアン大統領が党首を務めている。かねてより，トルコは政党法の規定によって党首や執行部の権限が強い構造となっているが，執政制度の変更と大統領の党首就任は，与党である AKP 内での党首への一層の権力集中をもたらしたと考えられる。

今後こうした制度がどのくらい維持されていくのか，見通しは不透明ではあるが，現在 AKP は政党としてあらたな転換点にあるといえるのかもしれない。

（岩坂将充）

▷4 世俗主義原則に基づき，大学や政府機関においては，スカーフの着用は，本人の意思にかかわらず禁じられてきた。

▷5 党籍離脱については改憲国民投票が承認された直後に撤廃されたが，大統領は2018年6月の大統領選挙・議会選挙をもって導入された。エルドアンは2014年から大統領職にあるが，大統領就任時から当該規定の撤廃までは，党首の座を退いていた。

参考文献

岩坂将充（2019）「世俗主義体制における新たな対立軸の表出――トルコ・公正発展党と『国民』の世俗主義」髙岡豊・溝渕正季編著『「アラブの春」以後のイスラーム主義運動』ミネルヴァ書房。

澤江史子（2005）『現代トルコの民主政治とイスラーム』ナカニシヤ出版。

間寧（2018）「外圧の消滅と内圧への反発――トルコにおける民主主義の後退」川中豪編『後退する民主主義，強化される権威主義――最良の政治制度とは何か』ミネルヴァ書房。

政党システムとは何か

1　政党システムの定義

　議会制民主政治における最重要アクターの一つが政党であることは前章でも説明されたが，政党は独裁国家を除き，一つの国の中に複数存在する。複数存在するといっても，存在の仕方や，互いの関わり方などは実に様々だ。

　例えば，今日の日本を例にとれば，2012年から4回連続で自民党が衆院選で過半数を大きく超える議席を確保しており，「（自民）一強」ともいえる状態にある。対する野党は複数の政党が分立し，「多弱」状態などともいわれる。一つの政党が長期間にわたって政権の座を維持し，他が弱い状態が続いているとすれば，一党独裁体制と実質的に変わらないようにも見えるが，自民党が勝利を続ける選挙が，自由で公正な形で行われていることを我々は知っている。この区別を，どのように考えればよいのだろうか。

　また，21世紀のアメリカの大統領は，ブッシュ・子（George Bush，共和党），オバマ（Barack Obama，民主党），トランプ（Donald Trump，共和党），バイデン（Joe Biden，民主党）と，2つの政党の人物が交互にその座についている。他の政党の大統領はおらず，議会に議席を持っている政党も2つだけである。

　他方，オランダに目を転じれば，13もの政党が下院に議席をもち，4党の連立政権となっている（水島 2021）。他にも，国によって議会に議席をもつ政党の数は様々で，そのうち政権を担うのも一つであったり複数であったりする。

　政党システムとは，それぞれの国を単位としてみたとき，その中で活動する政党が選挙で競争し，政権の座をめぐってどのように相互作用しているかを捉えるための概念である。政党システムは，英語で言うと party system であるが，「システム」の日本語訳は「制度」だ。例えば，electoral system は「選挙制度」と訳すが，「選挙システム」とは通常述べない。この違いは単に慣習の違いであり，「政党システム」ではなく，「政党制度（あるいは政党制）」と訳すことも可能だ。実際にそのような用語が用いられることもあるが，一般にparty system の場合は「政党システム」という訳語があてられることが多いので，本書でも「政党システム」と表現している。要は，一国における政党間の競争や協力の構図全般を一つの制度と捉えて，政党システムと呼ぶのである。

2 政党「システム」は制度か

実は，政党システムを一つの「制度」として捉えるという考え方自体に，暗黙の前提が存在していることに注意しなければならない。それは，政党間競争の構図がある程度安定的だという前提である。ある国で，選挙のたびに政党の顔ぶれが入れ替わり，その結果出来上がる政権に参画する政党も異なるというような状況になれば，その不安定性ゆえに「制度＝システム」と呼ぶことは難しくなる。実際，1993年以降の日本では，「政界再編」といわれる現象が起きて，政党の離合集散が活発になり，選挙のたびに参画する政党が異なる状況が生じた（山本 2021）。日本と同時期には，イタリアにおいても同様の現象が観察された（伊藤 2016）。

また，民主化された直後の国などでは，雨後の筍のように政党が結成され，それらが合従連衡を繰り返しながら競争していくことも珍しくない。このような場合，民主主義の定着と政党システムの収斂が並行して観察されるということにもなる。こうした事例を，政党システムの「制度化」（institutionalization）と捉え，それが成功するか否かの条件などに関する研究も行われてきた（Mainwaring and Trocal 2006）。

システム＝制度の「制度化」が議論されるということは，政党システムにはシステムとみなせない状態がありうることを意味する。にもかかわらず，政党「システム」が比較政治学の中で関心を集めてきたのはなぜなのだろうか。

3 政党システム研究の対象

その理由は，いささかトートロジカルな表現になるが，現に制度化している政党システムこそが主たる研究対象となってきたからである。研究対象となる国の政党システムがおしなべて安定しており，システムとしてみなすに十分であれば，それを政党「システム」と呼ぶことに躊躇は不要になる。

事実，第2節で詳しく述べるように，第一次世界大戦後の1920年代以降，1960年代頃までは西欧の議会制民主主義国における政党システムは総じて安定的に推移したという議論がある。この頃，議会制民主主義国の多くは西欧諸国が占め，そこで長期にわたって安定的に政党間の競争構図が維持されたことは，まさしく政党「システム」と捉えることに直結したと考えられる。

つまり，政党システムが「システム」として機能しているように見えた西欧諸国を主たる対象としたがゆえに，政党システム研究は発展を遂げた。同時にこのことは，地理的に近接しつつも異なる政党システムを有するように見えた西欧諸国について，まさしく比較政治学的な視点で政党システムが研究されることにもつながった。第2節では，政党システム研究の歴史を振り返ってみよう。

（山本健太郎）

▷1 関連して，1920年代に発生した社会的亀裂が西欧諸国における政党システムを形成し，その時点で「凍結」した政党システムが1960年代まで持続したとする研究も出された（Lipset and Rokkan 1967）。この議論は「凍結仮説」として知られる。

参考文献

伊藤武（2016）『イタリア現代史——第二次世界大戦からベルルスコーニ後まで』中公新書。

水島治郎（2021）「オランダ——『完全比例代表制』の1世紀」『年報政治学』2021-I：40-61。

山本健太郎（2021）『政界再編——離合集散の30年とは何であったか』中公新書。

Lipset, Seymour M. and Stein Rokkan (1967) "Cleavage Structures, Party Systems and Voter Alignments: An Introduction." S. M. Lipset and S. Rokkan (eds.), *Party Systems and Voter Alignments*. Free Press, 1-64.

Mainwaring, Scott, and Mariano Trocal (2006) "Party System Institutionalization and Party System Theory after the Third Wave of Democratization." Richard Katz and William Crotty (eds.), *Handbook of Party Politics*. Sage, 204-227.

2 政党システム分類の基準

1 数への注目

　政党システム研究が，本質的に比較政治学的な視点を有するとすれば，異なる特徴を有するシステムをどのように比較できるかが問題となる。そこで，最も直観的にわかりやすい基準として，政党の「数」が注目された。数を基準とした古典が，デュベルジェ（Maurice Duverger）によるものだ（デュベルジェ 1970）。

　デュベルジェは，主たる政党の数が1つなのか，2つなのか，3つ以上の多数なのかで政党システムを区別できると考えた。政党が1つしかない場合，それは独裁的な政治を意味するのに対し，2つ以上が競争的に存在しているのが民主主義である。民主主義国のなかでも，イギリスやアメリカなどのアングロサクソン諸国は，伝統的に二党制の国として知られてきたのに対し，大陸ヨーロッパ諸国は多党制となってきた。そこでデュベルジェは，政党システムを一党制，二党制，多党制の3種類に区別した。

2 デュベルジェの分類の問題点

　しかし，この区別は2つの意味で問題を抱えている。第一に，3種類それぞれの中身を詳しく見れば，おおよそ仲間とは言い難いほど異なるものが含まれてしまうということだ。例えば，多党制といっても，政策がかなり異なる政党が共存している国もあれば，ある程度似通った政党のみが存在している多党制もある。こうした点に配慮して，より細かく政党システムを分類したのがサルトーリ（Giovanni Sartori）で，これについては第3節でより詳しく説明する。

　デュベルジェの分類の第二の問題点は，あらゆる政党を「1」としてカウントするのか，それとも重要な政党と泡沫政党を分けて考えるのかという点が曖昧なところである。先に，イギリスは伝統的に二党制だと述べた。しかし，表11-1を見てほしい。2005年の総選挙を例にとれば，無所属を含めて実に12の政党が下院に議席を保有した。単純に数の上では，イギリスは多党制ということになるが，イギリスを多党制と捉えることはまずない（Wolinetz 2006：53）。

　議席の数に着目すれば，労働党が過半数の324を上回る議席を確保しており，次いで保守党，自民党の3党の合計議席は615議席に上り，定数全体の95.3%を占める。他方，選挙での得票率を見れば，自民党の22.0%は労働党（35.2%）

や保守党（32.3%）にこそ届かないものの，高い水準にあり，この点からは二党制には見えないかもしれない。しかし，2010年に保守党と自民党が連立政権を発足させるまで，イギリスでは保守党か労働党の単独政権が長く続き，重要な政党は事実上この二党に限られると考えられてきた。

表11-1 2005年イギリス総選挙結果

政党名	得票率(%)	議席数
労働党	35.2	356
保守党	32.3	197
自民党	22.0	62
イギリス独立党（UKIP）	2.3	0
スコットランド民族党（SNP）	1.5	6
緑の党	1.0	0
民主統一党	0.9	9
イギリス国民党	0.7	0
ウェールズ党	0.6	3
シン・フェイン党	0.6	5
アルスター統一党	0.5	1
社会民主労働党	0.5	3
リスペクト	0.2	1
スコットランド社会党	0.2	0
キッダーミンスター病院および健康関心	0.1	1
無所属	0.1	1
欠員		1
計		646

出典：Wolinetz（2006：54）より。政党名の邦訳は筆者による。

このように見ていくと，「政権担当の可能性がある政党の数」に着目すれば，イギリスは長きにわたって二党制だったといえるが，「選挙の得票率で見た（主要）政党の数」や，「議会に議席を持っている政党の数」ではそうはいえないということになり，「数」で政党システムを分類するといっても，どのような質の「数」なのかを厳密に捉える必要が生じる。

③ 有効政党数

そこで，単に外見上の政党数だけではなく，実質的な影響力も含めた形で「数」を捉えなおそうとする研究が行われるようになった。そのうちの一つが，ラクソー（Markku Laakso）とタガペラ（Rein Taaggepera）による有効政党数である（Laakso and Taggepera 1979）。

有効政党数は，選挙における各政党の得票率や，選挙結果の現れとしての議席率を基に，ある国や地方において「有効」とみなせる政党の数を表す指標だ。

有効政党数は，政党ごとの議席率（あるいは得票率）の2乗値を，すべての政党について足し合わせた数字の逆数で表される。[1] 仮に，定数100の議会に2つの政党のみが議席を持っているケースを想定して，政党Aと政党Bの議席が50議席ずつで並んでいれば，有効政党数は2となる。どちらかの政党に議席が偏ると，有効政党数は小さくなる。ひとくちに二党制といっても，二党の議席数がかけ離れていれば一党優位に近づくので，有効政党数はそのことを数字上も示せることになる。

このように有効政党数は直観にも合致する便利な指標であり，政党システム研究以外でも広く用いられている。　　　　　　　　　　　　（山本健太郎）

▷1　議席率で計算した数字を有効議会政党数，得票率で計算した数字を有効選挙政党数と区別して呼ぶこともある。

（参考文献）

Laakso, Markku and Taaggepera, Rein (1979) "Effective Number of Parties: A Measure with Application to West Europe." *Comparative Political Studies* 12：3-27.

Wolinetz, Steven B. (2006) "Party Systems and Party System Types," R. S. Katz, and W. Crotty (eds.), *Handbook of Party Politics*, Sage: 51-62.

モーリス・デュベルジェ（1970）『政党社会学——現代政党の組織と活動』（岡野加穂留訳）潮出版社。

3 政党システムのタイポロジー

1 イデオロギー距離

　政党システムのタイポロジー（分類）として，最も有名なものの一つがサルトーリによるものだ（Sartori 1976）。第 2 節で述べたように，政党システムを分類するうえで最も直観的にわかりやすいのは政党の数に着目することだが，数だけでは十分に特徴を捉えることができない。そこでサルトーリが着目したのが，政党間のイデオロギー距離である。

　ここでいうイデオロギーとは，政党の，主として政策に関わる理念を意味する（蒲島・竹中 2012）。例えば，政治を語るうえでしばしば用いられる「右翼」「左翼」という言葉があるが，政治に関する理念を一次元で表した「右」「左」という捉え方も，イデオロギーに含まれる[1]。サルトーリも，左右の一次元上に位置した政党間のイデオロギー距離を念頭に政党システムを分類した。

2 サルトーリのタイポロジー

　サルトーリのタイポロジーは，デュベルジェの分類では一種類にまとめられていた一党制と多党制を，それぞれ細かく分けたことに特徴がある（表11 - 2）。なかでも，多党制の中での区別にイデオロギー距離が用いられる。

表11 - 2　サルトーリの政党システムのタイポロジー

一党制	二党制	多党制
①一党制 ②ヘゲモニー政党制 ③一党優位政党制	④二党制	⑤穏健な多党制 ⑥分極的多党制 ⑦原子化政党制

出典：岩崎（2020）を参考に，筆者作成。

　まず一党制では，非競合的なシステムとして，① 一党制と② ヘゲモニー政党制がある。①は文字通り 1 つしか政党が存在しないシステムであり，②はヘゲモニー（覇権）を握る 1 つの政党以外に複数の政党が存在するが，権力にアクセスできるのはヘゲモニー政党のみのシステムを意味する。これらは，非民主的な政治制度の下にあると理解できる。

　他方，一党優位政党制は，競合的なシステムにもかかわらずもたらされることがある。1 つの政党が，自由で公正な選挙の結果，投票者の多数派に支持され続けることによって優位政党となるのだ。この典型例が，1955年から1993年

▷1　日本では伝統的に，政治的な左右といえば外交・安保政策のイデオロギーが想起されることが多く，左は憲法 9 条を守り日米同盟を相対化しようとし，右は 9 条改憲と日米同盟の強化を訴える勢力と捉えられる。だが欧州などでは，左右といえば経済政策のイデオロギーと結びつけられることが多く，左は市場に対する政府の関わりを大きくする「大きな政府」を理想とし，右は市場の自由な活動に政府が口出しすることを嫌う「小さな政府」を目指す考えをいう。

まで，短期間の例外を除いて単独政権を維持し続けた日本の自民党である。他にも，第二次世界大戦後のイタリアのキリスト教民主党や，1930年代から60年代にかけてのスウェーデンの社会民主党などの例がある。

二党制は，二党のいずれかが議会の過半数を獲得して単独政権を形成し，もう片方の政党にも政権を獲得する可能性があるシステムである。伝統的にイギリスやアメリカが典型例であったが，イギリスは近年二党制が揺らいでおり，この点は4節で詳しく述べる。

多党制は，3つに分けられる。なかでも，穏健な多党制と分極的多党制の区別が重要である。ここで，イデオロギー距離の大小が重要な意味を持つ。穏健な多党制では，3から5の政党が競争するが，多党制ゆえに複数の政党からなる連立政権が組まれることが多い。連立を組む場合でも，互いのイデオロギー距離は小さく，中道に集まっているため，いずれの政党も政権に参画する可能性があり，選挙結果に応じて連立を組み換えながら政権を担当する。どの政党も似たような政策志向をもつため，重要な政策は一貫性が保たれやすく，政治が安定する。

これに対して分極的多党制では，政党間のイデオロギー距離が大きく，穏健な多党制には存在しなかった極右や極左の政党が存在する。極端な主張をする極右・極左政党は政権に参画することなく，中道付近にいる政党が連立もしくは単独で政権を組むことになる。穏健な多党制との比較でいうと，極端な主張をする極右や極左の反体制的政党から中道政党が攻撃を受ける分，政治の安定性が損なわれる。

原子化政党制は，すべての政党が小勢力で，支配的な地位を占める政党が存在しない状態をいう。政党システムとしては多数派工作が困難となり，不安定であるが，現実にはほとんど存在しないとされる。

3 サルトーリの意義

サルトーリの分類は，単に数にだけ着目したのでは捉えきれない政党システムの多様性を，多くの専門家の直観にも沿いつつ，端的に表現したところに大きな意義がある。その後，シアロフ（Alan Siaroff）が，政党の数に議会での勢力割合を加えた形で多党制をさらに細分化させるタイポロジーを発表するなどしている（Siaroff 2000）が，サルトーリの提示した基準は今日においても広く紹介され，政党システムのタイポロジーを考えるうえでの「基準」であり続けている。

(山本健太郎)

▷2 1983年から約2年半の間，自民党は新自由クラブと連立政権を組んだ時期がある。ただ，新自由クラブは元々自民党から分裂してできた政党であるうえ，86年には解党して自民党に復党しており，大筋において自民党の一党優位は維持されていたといえる。

参考文献

Sartori, Giovanni (1976) *Parties and Party Systems: A Framework for Analysis*, Vol. 1. Cambridge University Press. ジョヴァンニ・サルトーリ (2001)『現代政党学——政党システム論の分析枠組み』(岡沢憲芙・川野秀之訳) 早稲田大学出版部.
Siaroff, Alan (2000) *Comparative European Party Systems: An Analysis of Parliamentary Elections since 1945*. Routledge.
岩崎正洋 (2020)『政党システム』日本経済評論社。
蒲島郁夫・竹中佳彦 (2012)『イデオロギー』東京大学出版会。

**4 事例Ⅰ：二党制の代表例
──イギリスにおける揺らぎ**

 政党システムは安定的か？

　前節で紹介したサルトーリの分類には，実は隠された前提がある。それこそが，第1節で指摘した政党「システム＝制度」という概念そのものにも通じるものだ。ある国が二党制や穏健な多党制に該当する，という議論が説得力を持つためには，現在はもとより，過去の一定期間も同じ政党システムのまま維持されている必要がある。

　しかし，ひとたび現実の政党システムが動揺し始めると，政党システムの分類より変化こそが重要な問題と受け止められるようになる。[1] 実際，1970年代以降は，サルトーリの分類した政党システムが変化し，別のシステムへと移行していく国も見られるようになっていった。本節と次節では，サルトーリの分類で二党制と穏健な多党制の代表例とされた国々で，近年起こっている変化について具体的に見ていくことにしたい。本節では，二党制の代表例でもあるイギリスにおける変化を取り上げる。

2 イギリスにおける二党制の揺らぎ

　表11-1では，2005年のイギリス総選挙の結果を示した。では，その後にイギリスで行われた総選挙の結果はどうなったのか。それを示したのが，表11-3である。

▷1　政党システム変化を捉えるために，選挙の前後で政党の得票率の変化を二乗して足し合わせた「ボラティリティ」なる数値も用いられるようになった（Pedersen 1983）。ボラティリティについて詳しく知りたい人は，岩崎（2020,第4章）を参照のこと。

表 11-3　2005年以降イギリス総選挙結果の推移

	2005	2010	2015	2017	2019
保守党	197	307	331	318	365
労働党	356	258	232	262	203
自民党	62	57	8	12	11
スコットランド民族党	6	6	56	35	48
その他	25	22	23	23	23
計	646	650	650	650	650
二大政党の議席率	85.6%	86.9%	86.6%	89.2%	87.4%
二大政党の得票率	67.5%	65.1%	67.3%	82.4%	75.8%

注：各回のデータは以下のBBC ウェブサイトを参考にした。
2005年は表11-1と同じ，
2010年（http://news.bbc.co.uk/2/shared/election2010/results/）,
2015年（https://www.bbc.co.uk/news/election/2015/results）,
2017年（https://www.bbc.co.uk/news/election/2017/results）,
2019年（https://www.bbc.co.uk/news/election/2019/results）

2010年総選挙で第一党となった保守党の獲得議席は307で，過半数（326）に届かなかった。そこで保守党は第三党の自民党と連立政権を組んでこの窮状を凌いだ。二党制で連立が組まれることは基本的に想定外だから，この時点でイギリスは二党制の基本的な特徴から逸脱したことになる。

2015年総選挙では，保守党が辛うじて過半数（331）となり，単独政権を発足させた。しかし，この総選挙でキャメロン（David Cameron）首相が公約したEU離脱の是非を問う国民投票の実施が大きな波乱を巻き起こす。国民投票は2016年6月23日に行われ，首相が望まない離脱が多数となったのだ。

これによってイギリス政治の主要なアジェンダは離脱に向けてのEUとの交渉に絞られ，国民投票の結果を受けて辞任したキャメロンの後任となったメイ（Theresa May）政権の中心的課題となった。2017年総選挙では，メイ首相率いる保守党は第一党こそ維持したものの，過半数には届かなかった。2010年に続く「ハング・パーラメント」となったのである。選挙後，少数与党となったメイ政権は，EUとの離脱協定案が3度にわたって否決されるなど安定せず，2019年6月に総辞職を余儀なくされた。

後を受け継いだジョンソン（Boris Johnson）首相の下で実施された2019年総選挙では，保守党が過半数を上回る365議席を確保し，再度単独政権となった。このように近年のイギリスでは，二大政党が過半数を下回る状態が二度にわたって起こり，二党制の特徴が充足されなくなっているように見える。

❸ イギリスの二党制は終わったのか？

では，イギリスの二党制は変質し，新たな政党システムへと移行したのであろうか。確かに，連立政権や少数政権の時期が生じてはいるが，表11-3には，二大政党（保守党・労働党）の議席率と得票率の合計をそれぞれ示した。これらの数字は，依然として二大政党が有力であり続けていることを示している。

イギリスは小選挙区制の国であり，大政党の候補が有利になりやすい。したがって，すでに大政党として有権者に認知されている二大政党の優位は，容易には崩れにくい。しかし，過去3回の選挙でスコットランド民族党が一定の議席を得ているように，小選挙区制でも有力な地域政党は議席を確保できるため，二大政党が過半数を割り込むことは，これからも起こる可能性がある。

イギリスの事例は，政党システムの変容を捉えるには，選挙結果や選挙制度までを細かく観察する必要があることを示している。　　　　　　（山本健太郎）

▷2　事実，イギリスで連立政権が組まれたのは，第二次世界大戦後このときが初めてだった（今井 2013：151）。

▷3　ハング・パーラメントとは，直訳すれば「宙ぶらりんの議会」となるが，イギリス議会において過半数を得た政党がない状態をいう。

参考文献

Pedersen, Mogens N. (1983) "Changing Patterns of Electoral Volatility in European Party Systems, 1948-1977: Explorations in Explanation." Daalder, H. and P. Mair (eds.), *Western European Party Systems: Continuity and Change.* Sage.

今井貴子（2013）「金融危機後のイギリス政治」『年報政治学』64（2）：135-161。

岩崎正洋（2020）『政党システム』日本経済評論社。

事例Ⅱ：多党制
——穏健から分極へ

 ## 欧州諸国の異変

　第3節では，サルトーリが多党制をイデオロギー距離に基づいて細かく分類し，穏健な多党制と分極的多党制に分けたと説明した。このうち穏健な多党制は，中道付近に位置する比較的均質な政党のみからなる政党システムのため，政治が安定化しやすい特徴があるとも述べた。イギリスを除く大陸の欧州諸国は，伝統的に多党制の国が多く，穏健な多党制と分極的多党制に分類された。

　サルトーリの著作が出版された後，欧州では次第にEUの存在感が高まっていった。主権国家の上位に位置するEUは，様々な共通のルールを設定して個々の主権国家を制約することになった。それとともに，EU内外から安価な労働力としての移民が増加し，社会・経済的摩擦が拡大する国が増加した。

　こうした中，移民排斥や反EUなどの極端な主張を掲げる極右政党が，欧州各国で次第に支持を広げていった。本節では，サルトーリが穏健な多党制に分類した国のうち，ドイツを取り上げ，政党システムの変容についてみていく。

 ## ドイツの例

　まずドイツでは長らく，キリスト教民主党（CDU）とキリスト教社会党（CSU）によるキリスト教民主・社会同盟（中道右派）と，中道左派の社会民主党（SPD）の両者が政権をめぐって争い，これに自由民主党（FDP）が第三勢力としてときにキャスティングボートを握って絡む政党システムが続いた。三者はいずれも中道政党であり，サルトーリのいう穏健な多党制の典型例の一つだった。

　しかし，1980年代からは左派の緑の党が台頭した。緑の党は，環境問題などに加えて社会的マイノリティの保護などを訴え，当初は反体制的な色彩が色濃かった（井関 2002）。反体制政党の出現は，ドイツにおける穏健な多党制を動揺させるものでもあったが，しかし緑の党は1990年には一度議席を失って連邦議会から退場し，その後1998年には社会民主党と連立政権を組んで政権に参画するなど，浮沈を繰り返した（松尾 2019）。同党は，2021年にも社会民主党などと組んで連立政権に参画している。当初は極左的な主張をしていた緑の党だが，後に連立政権を担って政策が穏健化したとみるなら，ドイツは依然として穏健な多党制の範疇にあるともいいうるかもしれない。

　しかし，2013年に反EU政党として極右政党の「ドイツのための選択肢

▷1　第4節で述べたイギリスのEU離脱をめぐる国民投票でも，反移民の訴えを支持する人々が賛成票を投じ，結果が賛成多数となる要因の一つとなったことが示唆されている（今井 2019など）。

（AfD）」が設立されると，同年の連邦議会選では得票率4.5％で阻止条項に阻まれ，議席獲得はならなかったものの，2017年には得票率12.6％を得て，94議席を獲得した（河崎 2018）。2021年選挙でも得票率10.1％で，引き続き82議席を確保した。AfDはこれまで連立政権には加わっておらず，反EUのようなポピュリスト的政策を掲げる極右政党がこの後も継続して議席を確保し続けることになれば，ドイツは穏健な多党制から逸脱するとも捉えられよう。

▷2　比例代表制を基本とする小選挙区比例代表併用制を用いているドイツでは，比例代表で得票率5％に満たない政党は議席を獲得できないというルールを設けており，これを阻止条項という。

3　変化の要因

　前節まででみたように，二党制や穏健な多党制の代表例とされた国でも，政党システムが変容することは起こりうる。では，政党システムが変化する場合，その要因はどこにあるのだろうか。そのことを考えるには，そもそも政党システムはどのようにして形成されるかという要因を考察しなければならない。

　一つには，EUの影響力増大によって移民が増え，そこから生じた不安が極右政党の台頭を招く，という図式にみられるように，社会・経済的構造が政党システムに影響するという要因が考えられる。例えば社会的構造としては，言語や宗教の違いに応じて政党が形成され，それらが互いに競い合うといったことがある。経済的構造としては，古くは産業革命によって階級間対立がクローズアップされるようになったことや，近年の移民増加の影響などもこちらに含まれよう。言い換えれば，社会・経済的な条件が変化すれば，それに合わせて利益を代弁する政党の姿も変わり，ひいては政党システムが変容していくということにもなる。

　もう一つは，選挙制度の影響も見過ごせない。例えばイギリスが二党制を長らく維持してきたのは，かの国が小選挙区制だったからだ。一見すると二党制が崩れつつあるように見えても，二大政党の議席率や得票率は依然として高止まりしていることを第4節で確認したが，そこにも選挙制度の影響が見え隠れする。

　また，本節で見たドイツの例でも，選挙制度が重要な役割を果たしていることがわかる。ドイツのように比例代表が中心の選挙制度は，小選挙区制に比べて小政党でも議席を確保しやすいが，阻止条項というルールによってAfDは一度は議席の獲得を阻まれた。阻止条項があれば，一定以上の支持がなければ比例代表制でも小政党が議席を確保できないが，ひとたびそれを越えれば，有力な政党として議会に登場してくることになる。

　実際には，社会・経済要因と選挙制度はそれぞれ別個に政党システムを規定するというより，双方が相互作用しながら規定すると考えるのが自然である。社会・経済要因が変化すれば政党システムは変容する可能性があるが，その姿は選挙制度によって制約される。政党システムの理解には，比較政治学はもとより，広範な目配りが必要となるゆえんである。　　　　　（山本健太郎）

参考文献

井関正久（2002）「ドイツ緑の党の苦悩——「反政党的政党」から連立与党への変遷とその諸問題」『ヨーロッパ研究』（1）：49-63。

今井貴子（2019）「成熟社会への掣肘——イギリスのEU離脱をめぐる政治社会」『年報政治学』70(2)：58-83。

河崎健（2018）「2017年ドイツ連邦議会選挙の結果と評価についての一考察」『選挙研究』34(1)：54-65。

松尾秀哉（2019）『ヨーロッパ現代史』ちくま新書。

執政制度とは何か

１ 議院内閣制と大統領制

　執政制度は，議院内閣制と大統領制と大別できるが，さらに，半大統領制も[1]
挙げることができる。これらの制度は，リーダーたる執政長官の選出方法，議
会や国民との関係という点が異なっている。議院内閣制における執政は首相で
あり，大統領制における執政は大統領である。議院内閣制において，首相は議
会の多数派によって選出されるのに対して，大統領制において，大統領は直接
的に国民によって選挙を通じて選ばれ，議会の議員も同様に，選挙を通じて国
民によって選ばれる。したがって，大統領制では，大統領も議会も直接的に選
挙で国民の投票によって選出されるため，大統領と議会のそれぞれが選挙を経
験することにより，それぞれが国民から委任を受ける。[2]

　リンス（Juan J. Linz）は，大統領と議会がそれぞれ正統性を有しているため，
「二重の民主的正統性」と表現した。また，議院内閣制と異なり，両者それぞ[3]
れに任期があり，大統領の任期は議会から独立しているし，議会も大統領から
独立して在任期間を有している。リンスは，その結果として，大統領制には
「硬直性」という特徴があると指摘している。

　議院内閣制では，国民は議会選挙で議員を選出し，その結果を受けて，議会
の勢力分布が確定した後，議会の多数派が首相を選出する。国民は議会に対し
て（いいかえると，議員に対して）委任を行っているのであり，国民が首相に委
任しているわけではない。議会は国民から委任され，国民に対して責任を負う。
首相は議会から委任を受け，議会に対して責任を負う。したがって，議院内閣
制においては，国民と議会との関係と，議会と首相との関係という二つの関係
が存在するが，それぞれに委任と責任という相互作用がみられる。

　執政の選出だけでなく，解任についても違いがある。大統領制では，ひとた
び選出された大統領が任期期間の途中に大統領職から離れることはなく，任期
いっぱい大統領を務めることが前提となる。例外的に，大統領自身の死去や辞
任という事態が生じない限り，大統領は任期満了まで職務を遂行する。しかし，
議院内閣制では，議会が首相を解任できる。議会の多数派が内閣不信任決議を
行い，それが可決された場合には，自分たちがつくり出した首相や内閣をその
地位から引きずり下ろし，解任できる可能性がある。

▷1　半大統領制では，国
家元首たる大統領が国民に
よって選挙で選ばれ，首相
と執政権を共有する。デュ
ベ ル ジ ェ（Maurice
Duverger）やサルトーリ
（Giovanni Sartori）によっ
て説明されている。

▷2　白鳥令編（1999）『政
治制度論——議院内閣制と
大統領制』芦書房。

▷3　ファン・J・リンス
（2003）「大統領制民主主義
か議院内閣制民主主義か
——その差異について」
J・リンス＆A・バレンズ
エラ編『大統領制民主主義
の失敗——その比較研究』
（中道寿一訳）南窓社。

❷ 執政のリーダーシップ

　大統領制では，大統領一人の手に権力が集中しており，彼ないし彼女は自らの意思にしたがって強いリーダーシップを発揮し，効率的に統治を行うことができる。大統領は，自分が解任される可能性を考える必要はなく，自らの意思にしたがって行動できる。この点は，裏を返せば，国民や議会が大統領の責任を追及することが容易ではないことを意味している。大統領が民意から離れ，極端に民意に反する決定を行った場合にどのように反対することができるのかという問題は，民主主義体制においても生じるし，権威主義体制においても生じる可能性がある。大統領が国民の望まない戦争を行った際に，どのようにそれを止めることができるのか，どのように反対するのかという問題は，強いリーダーシップがはらむ危険性ともいえる。

　それに対して，議院内閣制における首相は，議会の意向を無視して，自らの思うようにリーダーシップを発揮しようとすることは困難である。議院内閣制では，議員の任期があり，定期的な選挙の実施は欠かせないし，議会運営における与野党の対立や，場合によっては議会の解散と総選挙などの可能性があるため，常に議会との関係を視野に入れて統治を行う必要がある。大統領制と比べると，議院内閣制においては，議会での審議はもちろん，首相や政府の説明責任を果たしつつ，決定までの手続きを経る。そのため，議院内閣制は時間がかかったとしても責任の所在を明確にし，正統性を確保しながら政治の質を保証することになる。

　議会は，首相に問題があると判断したら内閣不信任決議案を提出する。国民は，首相に問題があると判断したら首相に対する不支持を表明するだけでなく，首相を選んだ議会に問題があるとして次の選挙では政権党を支持せず，他の政党を支持することがある。首相もまた，議会を解散する権限をもっているため，議会に問題があると判断したり，選挙を行う好機であると判断したりしたら議会の解散に踏み切る。

　大統領制は，大統領の責任という点では責任の所在は明らかである[4]。しかし，大統領が国民によって直接的に選ばれるために，大統領を選んだ任命責任が国民にあるとしても，国民に責任を問うことは容易なことではない。大統領の失政があったとしても，大統領を選んだのは国民なのだから国民に責任があり，国民は我慢しなければならないというわけではない。その意味で，大統領制における責任の問題は明確であるが，そこには解決しにくい問題も含まれている。議院内閣制では，執政たる首相は議会に対して責任を負うが，議会は国民に対して責任を負う。議会は首相の責任を追及し，国民は議会の責任を追及する。大統領制が大統領個人による非集合的決定作成であり，議院内閣制は集合的決定であるという特徴は責任の所在を示すことになる。

　　　　　　　　　　　　　　　　　　　　　　　　（岩崎正洋）

▷4　岩崎正洋（2015）『比較政治学入門』勁草書房，第10章。

参考文献

建林正彦・曽我謙悟・待鳥聡史（2008）『比較政治制度論』有斐閣。
高安健将（2018）『議院内閣制——変貌する英国モデル』中公新書。

執政制度の安定性

1 民主主義と執政制度

　民主主義体制であれ権威主義体制であれ，そこでは何らかの執政制度がみられる。とりわけ，議院内閣制と大統領制は民主主義か否かを問わず，世界中で採用されている。例えば，メインウォリング（Scott Mainwaring）とシュガート（Matthew Soberg Shugart）は，1959年から1989年まで30年間にわたり連続して民主主義を維持してきた24か国に注目したところ，そのうち18か国が議院内閣制を採用しており，3か国（米国，コスタリカ，ベネズエラ）が大統領制を採用し，2か国（フィンランド，フランス）が半大統領制，1か国（スイス）が独自の形態であったことを指摘している[1]。

　ステパン（Alfred Stepan）とスカッチ（Sindy Scatch）は，1945年から1979年までに独立した86か国に注目し，そのうち15か国が連続して10年間にわたり民主主義であったことを示している。独立した最初の年に議院内閣制であったのは32か国であり，そのうちの15か国が1980年から1989年まで連続して民主主義であったとされる。彼らによれば，当初から議院内閣制であった22か国のうち10か国が1980年から1989年まで連続して民主主義であった。さらに，シュガートとカレイ（John M. Carey）が1990年までに二回の民主的選挙を行った48か国を対象としたところ，純粋な議院内閣制が27か国，純粋な大統領制が12か国，他のタイプが9か国であった。リンスは，彼らの結果を再検討し，議院内閣制を29か国とし，その他を7か国とした。リンスはまた，48か国のうちで途上国とされる23か国に限定すると，議院内閣制が9か国，大統領制が11か国，その他のタイプが3か国になるという区分を行った。

　ステパンとスカッチによれば，第二次世界大戦後の民主主義諸国では，純粋な議院内閣制が採用されていたが，1980年代から1990年代にかけてのラテンアメリカやアジアの新興民主主義諸国は純粋な大統領制を採用したし，旧ソ連邦を構成していた国々も純粋な議院内閣制を採用することはしなかった[2]。ステパンとスカッチは，ほとんどの新興民主主義国が純粋な議院内閣制を採用しなかったことを受け，数多くの異なる情報源から収集したデータを分析することにより，「民主主義の定着と純粋な大統領制との間でよりも，民主主義の定着と純粋な議院内閣制との間で強い相関関係を示している」ことを明らかにした。

▷1　ファン・J・リンス（2003）「大統領制民主主義か議院内閣制民主主義か――その差異について」J・リンス＆A・バレンズエラ編『大統領制民主主義の失敗――その比較研究』（中道寿一訳）南窓社。

▷2　アルフレッド・ステパン＆シンディ・スカッチ（2003）「大統領制と議院内閣制に関する比較研究」J・リンス＆A・バレンズエラ編『大統領制民主主義の失敗――その比較研究』（中道寿一訳）南窓社。

2 議院内閣制と大統領制の安定性

　ステパンとスカッチは，民主主義が存続している国々では，どのような執政制度が採用されているのかについて明らかにするために，1973年から1989年までの間に民主主義を経験した53か国に注目した。これらの国々は非 OECD（経済協力開発機構）であり，期間中に少なくとも一年間は民主主義であったとされる。全53か国のうち28か国が純粋な議院内閣制であり，25か国が純粋な大統領制であった。半大統領制などの他のタイプはみられなかった。期間中に連続して10年間にわたり民主主義であったのは，議院内閣制では17か国，大統領制は5か国であった。これらのデータをもとに，ステパンとスカッチは，民主主義の存続率を示した。存続率は単に，期間中に少なくとも一年間は民主主義であった国のうち，何か国が連続して10年間にわたり民主主義であったのかという割合によって示され，純粋な議院内閣制が61％であったのに対して，純粋な大統領制は20％であった。

　さらに，彼らは民主主義と軍事クーデタとの関係に注目した。同期間中，民主主義でありながら軍事クーデタを経験したのは，いずれの執政制度を採用する国が多かったのかという問いが軍事クーデタ発生率として示された。結論からいえば，純粋な大統領制の国では，軍事クーデタ発生率が純粋な議院内閣制の国よりも多かった。一年間は民主主義であった国において，議院内閣制が採用されていたのは28か国であったのに対し，大統領制は25か国であった。軍事クーデタを経験したのは，議院内閣制では5か国で全体の18％，大統領制では10か国で全体の40％となった。民主主義の存続率では議院内閣制が大統領制を上回り，軍事クーデタ発生率では大統領制が議院内閣制を上回っていた。この点をふまえ，ステパンとスカッチは，「民主主義の定着と純粋な議院内閣制との間で強い相関関係を示している」ことを指摘した。

3 執政制度と民主主義の定着

　議院内閣制が大統領制よりも民主主義の定着に役立つとすれば，次のような傾向がみられるからである。議院内閣制では，政府が議会の多数派を確保して政党綱領にもとづき政策を実施しようとすること，政党システムにおける統治能力が高いこと，政府が憲法違反すれすれで統治を行う傾向は低いこと，そのような統治を行う執政長官を更迭しやすいこと，軍事クーデタの可能性が低いこと，政党や政府の長期の実績を国民に提示して支持を高めようとする傾向があることなどから説明できる。議院内閣制において，これらの傾向は相互に作用し，相互に支え合うようなシステムを形づくるが，大統領制においては，「二重の民主的正統性」と表現されたように，大統領も議会も，さらに政党も含め，相互に自律的なシステムを形成するのである。　　　　　　（岩崎正洋）

▷3　ファン・J・リンス（2003）「大統領制民主主義か議院内閣制民主主義か──その差異について」J・リンス＆A・バレンズエラ編『大統領制民主主義の失敗──その比較研究』（中道寿一訳）南窓社。

参考文献

白鳥令編（1999）『政治制度論──議院内閣制と大統領制』芦書房。

川人貞史（2015）『シリーズ日本の政治1　議院内閣制』東京大学出版会。

政治の大統領制化

① 大統領制化とは何か

　先進工業民主主義諸国において，ブレア（Tony Blair）英首相やシュレーダー（Gerhard Schröder）独首相のように，傑出した執政長官がしばしば目撃されるようになった。彼らは，議院内閣制における首相であるにもかかわらず，大統領制における大統領のように，強力な政治的リーダーシップを発揮した。民主的な政治システムにおける政治的リーダーへの権力集中は，政治の大統領制化（presidentialization）という現象として捉えられる。ポグントケ（Thomas Poguntke）とウェブ（Paul Webb）は，大統領制化を「ほとんどの場合に形式的構造である体制タイプを変えることなく，体制の実際的運用がより大統領制的なものになってゆく過程である」と説明している。▷1 したがって，これまで大統領制ではなかったものが大統領制になるということではなく，例えば，議院内閣制の実際の運用が大統領制のようになることを意味する。

　議院内閣制においては，政党主導型の統治がみられるのに対して，大統領制においては，執政たる大統領といった政治的リーダー主導型の統治がみられるというのが従来からの発想であった。しかし，大統領制化は，議院内閣制において，政党主導型の統治ではなく，政治的リーダー主導型の統治がみられるようになったことを意味する。議院内閣制が大統領制になったのではないし，議院内閣制における執政が首相ではなく大統領になったというのでもない。議院内閣制はそのままであり，執政たる首相という政治的リーダー主導型の統治になってきたことを大統領制化として捉えることができる。

　ポグントケとウェブによれば，大統領制化は，(a)党内および執政府内におけるリーダーシップの権力資源と自律性の増大と，(b)リーダーシップを重視するようになった選挙過程という２つの発展として理解できる。これらの変化は，執政府，政党，選挙という３つの領域に影響を及ぼすため，大統領制化は，これら３つの側面においてみられるようになる。▷2

② 大統領制化の２つの要因

　大統領制化がもたらされる要因としては（憲法構造に直接的に由来するのではなく），偶発的要因と構造的要因の２つが挙げられる。偶発的要因は，そのときの政治的状況や政治的リーダーの人格に由来する。構造的要因には，政治の国

▷1　トーマス・ポグントケ＆ポール・ウェブ「民主主義社会における政治の大統領制化——分析枠組み」トーマス・ポグントケ＆ポール・ウェブ編（2014）『民主政治はなぜ「大統領制化」するのか——現代民主主義国家の比較研究』（岩崎正洋監訳）ミネルヴァ書房。

▷2　岩崎正洋編著（2019）『大統領制化の比較政治学』ミネルヴァ書房。

際化，国家の肥大化，マスコミュニケーション構造の変化，伝統的な社会的亀裂による政治の衰退という4つが挙げられる。大統領制化は，これらの要因によってもたらされるのであり，執政，政党，選挙という3つの領域において目撃できる。

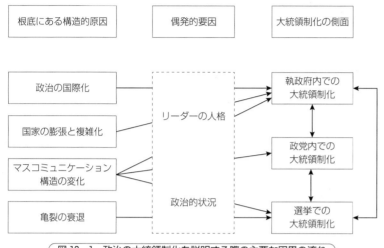

図12-1 政治の大統領制化を説明する際の主要な因果の流れ

出典：ポグントケ&ウェブ（2014：22）。

　図の左側には大統領制化をもたらす4つの構造的要因が示され，真ん中には偶発的要因が置かれ，右側には大統領制化の3つの側面が示されている。図12-1は，諸々の要因と大統領制化との因果関係を簡潔に整理している。大統領制化は，3つの側面で同時に進行するのではなく，それぞれ異なる速度や時間で進行する。ある1つの過程が進むと，それが他の過程に影響する。執政府での大統領制化には，政治の国際化と国家の肥大化とが直接的に影響を及ぼし，選挙での大統領制化には，亀裂の衰退が影響を及ぼす。マスコミュニケーション構造の変化は，3つの側面すべてに影響を及ぼす。大統領制化の3つの側面は，相互に影響を及ぼし合っている。

　選挙過程の大統領制化は，政党リーダーに自党からの大きな自律性をもたらす。選挙で勝利したリーダーは政党への委任を自分個人への委任と考え，執政府内での優越的な役割が当然だと考えるようになる。また，政治の国際化のような構造的変化は，リーダーに多くの執政権力をもたらし，それによってリーダーの選挙での魅力が高まり，自党を支配する力も強化される。執政府の大統領制化により，メディアがよりいっそうリーダーに焦点を向け，有権者はさらにリーダーシップの影響を受けやすくなる。したがって，大統領制化の3つの側面は相互に影響を及ぼしており，図で示されるように，構造的要因と偶発的要因が3つの側面に矢印を向けているとともに，3つの側面は相互に矢印を向け合っているのである。[3]　　　　　　　　　　（岩崎正洋）

▷3　トーマス・ポグントケ（2021）「リーダーによる政治か，それとも政党政治か」岩崎正洋編『議会制民主主義の揺らぎ』勁草書房。

参考文献

トーマス・ポグントケ&ポール・ウェブ編（2014）『民主政治はなぜ「大統領化」するのか──現代民主主義国家の比較研究』（岩崎正洋監訳）ミネルヴァ書房。
日本比較政治学会編（2016）『日本比較政治学会年報第18号：執政制度の比較政治学』ミネルヴァ書房。
岩崎正洋編著（2019）『大統領制化の比較政治学』ミネルヴァ書房。

事例Ⅰ：アメリカ合衆国
——弱い権力基盤と大きな期待の狭間の大統領

1 実は「弱い」アメリカの大統領

　アメリカでは，イギリスから独立後の1788年に批准成立した合衆国憲法で，世界で初めて大統領制が制度化された。その特徴は，連邦政府の権限の大半が大統領でなく連邦議会に与えられていることにある。大統領が専制君主になってしまうことが警戒され，軍事や外交はほぼ大統領の専管事項とされたものの，内政上は行政官・裁判官の人事権や立法への拒否権といった，重要ながら限られた権限しか与えられていない。これは，後にアメリカに倣って大統領制を採用した国々で大統領に多くの権限が付与されたのと対照的である。

　アメリカの大統領は，憲法上の権限が限られるだけでなく，政治的な権力基盤も脆弱である。現代の政治は多かれ少なかれ政党によって動かされ，大統領が議会多数党の党首であるなど政党に影響力を持つ場合，政党を経由して権力を行使できる。ところが，アメリカの大統領は所属政党に役職を持たないうえに，議会内で議員が自律的に投票するなど，そもそも政府内の政党規律が弱い。そのため，大統領は所属政党に指示を出せるような立場にない。

　権限も権力基盤も限られたアメリカの大統領は，19世紀末まで政治の主導権を握ることが少なかった。それでも，20世紀に入って対外関係が活発化し，行政機構が統治に大きな役割を担うようになると存在感を増した。さらに，1930年代のニューディール期にローズヴェルト大統領（Franklin D. Roosevelt）が大胆な恐慌対策を主導して以降，大統領が政策過程の主導権を握ることが常態化する。政治学では，以後の大統領を「現代型大統領」と呼んで，それまでの大統領と区別して分析することが多い。

2 大統領と連邦議会の関係

　大統領は今日，不景気からテロや自然災害まで，国内外のあらゆる課題への対応を期待される。これを受けて，1939年に大統領の意思決定を補佐する大統領府が設置されるなどしているが，大統領の権限自体は18世紀の憲法制定時からほとんど変わらない。そのため，大統領は寄せられる期待の大きさと権限・権力の小ささのギャップに苦しんできた。またアメリカの大統領制は，議院内閣制に比べて三権の独立性が高いものの，実際は三権が統治のための権力を共有しており，大統領は他の機関も意識して行動する必要がある。

▷1　アメリカの主要政党は，執行部が選挙で候補者の公認権を持たないなど，党所属の政治家を統制しにくい構造をとる。

▷2　今日，大統領の役割は大統領個人でなく，大統領府を含む組織が果たしているとして，「機関としての大統領」といわれる。

大統領は，時の政策課題とそれへの対応策を提示する役回りにあるが，その提案が政策となるには対外政策も含め多くの場合，連邦議会による立法が必要となる。ところが，議会では大統領の所属政党が多数派とは限らず，また多数派であっても議員達が大統領に従うわけではない。そのため，大統領は実現したい政策を打ち出しさえすればよいのではない。議会や世論の動向を見極め，提案すればその多数派に受け入れられるような政策を提示し，その実現に向けて働きかける「世話役」を効果的に演じられるかが政権の成否を分ける。

とはいえ，大統領は決して無力ではない。連邦議会を通過した法案に拒否権を行使すると，議会がそれを乗り越えて法律にするには上下両院で3分の2の特別多数で再可決する必要があり，これは極めて高いハードルである。そのため，大統領は関心のある法案について，ときに拒否権もちらつかせて自らの意向の反映を促す。議会側も，多くの場合，拒否権を行使されないよう法案を修正するというように「拒否権交渉」が展開する。大統領にとって，拒否権は使わずにすむのが望ましい「伝家の宝刀」といえる。

③ 法執行機関との関係

日本では，アメリカ大統領を「行政府の長」と表現することが多いが，実は正確でない。憲法上，執行権の担い手は大統領だけで，国務省や財務省といった行政機関の位置づけは明確でない。にもかかわらず今日大きな裁量をもつ行政機関が大統領にだけ従うのは権力分立上問題があり，三権すべてで統制すべきだという考え方も強い。証券取引委員会を始めとする独立規制委員会等，大統領から高い独立性を与えられた機関が多いのもそのためである。

もっとも，閣僚を始め行政機関の高官は，大統領に指名・任命され，その際，実務能力だけでなく政策方針の共通性が重視されるため，大統領に従うことが多い。また大統領は行政機関に大統領令や大統領覚書といった形で命令を発して，行政機関に法執行の指針を与える。2017年にトランプ大統領（Donald Trump）が発したムスリム多数派諸国からの入国禁止の命令にみられるように，実質的に新たな政策といえるものも少なくない。

近年は二大政党のイデオロギー的分極化により立法が滞りがちで，大統領が命令を通じて一方的な政策変更を行う動機付けが強まっている。しかし，大統領の命令であっても法律違反は認められない。トランプによる上の命令も，裁判所の判決によって大部分が無効とされている。こうした事態を防ぐためにも，大統領は自分と政策的考え方を共有する人物を裁判官に任命しようとする。高位の行政官や裁判官の人事は，大統領の指名後，連邦議会上院で審査・承認されるが，二大政党間のイデオロギー対立の激化に伴って揉めることが増えている。

（岡山　裕）

▷3　長年の間，大統領が他の主体を説得して立場を変えさせられるかが目指す政策を実現できるかを左右すると考えられていたが，近年はそれが多くの場合難しいことが明らかになっている。

▷4　これは，実際の交渉でなく拒否権を媒介にした大統領と議会の戦略的な相互作用全般を指すことに注意してほしい。

▷5　その特徴として，委員の任期が大統領より長く，理由なしに罷免されないといったことがある。

参考文献
梅川健（2015）『大統領が変えるアメリカの三権分立制——署名時声明をめぐる議会との攻防』東京大学出版会。

岡山裕（2021）「権力分立——なぜ大統領は『行政権』を持たないか」久保文明他編『アメリカ政治の地殻変動——分極化の行方』東京大学出版会，16-29頁。

久保文明・阿川尚之・梅川健編（2018）『アメリカ大統領の権限とその限界』日本評論社。

待鳥聡史（2016）『アメリカ大統領制の現在——権限の弱さをどう乗り越えるか』NHKブックス。

事例Ⅱ：英国の議院内閣制

1 基本構造

　議院内閣制は，首相や大臣たちの地位が議会の信任に依存する制度である。英国における議院内閣制の成立は，初代ウォルポール（Robert Walpole）首相の辞任に見出される。ウォルポール首相の辞任が，議会の信任を失ったことを理由としたためである。

　議会，正確には選挙によって選出された議員によって構成される庶民院が政府（の重要法案）を信任しなければ，あるいは不信任を決議すれば，首相は，庶民院を解散するか，大臣たちとともに総辞職しなければならない。首相率いる内閣は，庶民院の支持を常に意識することを強いられている。議会は歴史的に，そして理念的に権力の制御を担う砦であった。

　英国の議会には日本のような首班指名選挙はない。女王（国王）が，庶民院多数派の支持を確保できそうな人物を招き，政府を率いるように要請することで，首相はその職に就く。「女王（国王）陛下の政府」と言われる所以である。その首相も内閣の長ではあるが，閣僚たちは首相の部下ではない。首相は「同輩中の第一人者（primus inter pares）」なのであり，内閣は合議制であって集団指導体制をとっている。首相を含む大臣は全員が庶民院議員か貴族院議員でなければならず，政治家が議会から行政機構に乗り込んでこれを掌握するかたちをとっている。

2 権力とその制御

　現代英国の議院内閣制は，政党政治を抜きに理解することはできない。19世紀後半に政党の組織化が進むと，庶民院による不信任で退陣する首相はほぼいなくなった。19世紀半ばまでは，政党は庶民院のなかで首相と大臣たちを支持する上で緩やかにしかまとまっていなかったのに対し，19世紀後半になると，庶民院多数派である政権党が常にまとまって政府を支持するようになったからである。今日，庶民院のなかで多数派の支持を得られる限りにおいて，首相率いる内閣は，政府内では強い指導力の発揮を許され，議会では政権党の支持を得ることで法案を通すことができる。

　こうして，英国の議院内閣制は，首相主導，政府主導のシステムとも称される。首相を支える首相府と内閣府の規模拡大は近年著しい。さらに，首脳会談

や各種の首脳会議の増加，選挙やマスメディアにおける首相や党首の重要性の高まりにより，首相への注目が突出することで，アメリカ政治との類似性が高まったとの意味合いから「大統領（制）化」が進んだとの観察もある。

野党はいかに理があっても，庶民院の多数決では勝てない。政府・政権党に対する決定的チェックは総選挙となり，選挙と選挙の間は「選挙独裁」になるとの批判が根強く存在する。「選挙独裁」の永続を防ぐのは野党の役割であり，それゆえ野党は「女王（国王）陛下の公式野党」と呼ばれる。英国の議院内閣制にあって政権と野党は表裏一体で，互いに欠けることがあってはならない。

もちろん，首相は，政権党内部の手続きによって，党首の座から追い落とされることもありうる。総選挙で無敗のサッチャー（Margaret Thatcher）首相でさえ，保守党内の手続きで引き摺り下ろされた。総選挙で三連勝した労働党のブレア（Tony Blair）首相も党内からの批判にさらされて退陣しており，近年は保守党政権のもとでメイ（Theresa May）首相とジョンソン（Boris Johnson）首相が事実上政権党である保守党の不信任によって総辞職を余儀なくされている。野党やマスメディアからの批判が有権者に響き，選挙結果に影響しそうになれば，政権党内から首相や内閣に対して圧力が加えられる。英国の議院内閣制では，総選挙と議会を除けば，民意の制約は非公式に作用する。

❸ 新しい動向

また近年，英国の議院内閣制の特徴とされる集権性にも変化の兆しがみえる。

第一に，庶民院議員たちは政策的主張を強め，自党が政権担当時でも政府に造反することを厭わなくなっている。第二に，法案審議には関わらないが，政府を監視する特別委員会も活発化しており，政府は説明責任をより強く求められるようになっている。議会の復権とも言える。第三に，世襲議員の数を大幅に削減した1999年の改革により，貴族院は任命制の院となって民主的正当性を高めて，立法過程に対し，より積極的に関与するようになった。政権は貴族院を軽視できなくなっている。

第四に，権限移譲改革により，中央のウェストミンスター議会は，スコットランド，ウェールズ，北アイルランドの各議会に対し，教育・訓練，住宅，医療，環境など多くの国内政策領域に関する権限を移譲し，その決定を尊重しなければならなくなった。第五に，政治過程における司法の積極化がみられ，司法の判断が政府と議会を制約する場面が増えている。

政府と庶民院は，こうした改革や変化により以前よりも大きな制約を受けるようになっている。ただし，こうした改革や変化には政治の側からの反発も生じている。英国の議院内閣制は，集権的な基本構造を維持しつつも，変容し続けている。

（高安健将）

参考文献

梅川正美・阪野智一・力久昌幸編著（2014年）『現代イギリス政治［第2版］』成文堂。

今井貴子（2018）『政権交代の政治力学——イギリス労働党の軌跡 1994-2010』東京大学出版会。

高安健将（2018）『議院内閣制』中公新書。

Bagehot, Walter (1963/ 1867 [originally]) *The English Constitution.* Cornell University Press. （辻清明責任編集『バジョット・ラスキ・マッキーバー』中央公論社。）

Poguntke, Thomas and Paul Webb (2005) *The Presidentialization of Politics: A Comparative Study of Modern Democracies.* Oxford University Press. （岩崎正洋監訳（2014）『民主政治はなぜ「大統領制化」するのか——現代民主主義国家の比較研究』ミネルヴァ書房。）

利益団体とは何か

1　利益団体の定義

　利益団体（interest group）とは，共通の利益をもつ人々の集団のうち，組織化されたものを指す（砂原ほか 2020：81）。世の中には，潜在的にしろ，顕在的にしろ，利益を共有している人々というものが存在している。例えば，日本国内で牛肉を生産している畜産農家は，外国産の牛肉の関税を高くしたり，輸入数量に上限を定めたりすることで，外国産牛肉が売れにくくなると得になるという利益を共有している。一方，焼肉食べ放題の飲食店を経営している経営者や，食べ放題に足繁く通う消費者は，関税や輸入数量規制を撤廃して，外国産牛肉が安く手に入るようになると得になるという利益を共有している。このとき，生産者や消費者がそれぞれ団体に組織されれば利益団体となるし，組織されなければ利益団体とはならない。

　加えて，利益団体はときに「圧力団体（pressure group）」と呼ばれることもある。圧力団体を定義するならば，政府の行う政策決定・執行に関心をもち，公共政策を自分たちの利益に適うようにすることを望む人々の組織ということになろう。ここでいう「利益」とは，さきほどの牛肉の例のような経済的利益に限定されない。公益財団法人「日本野鳥の会」は，野鳥を愛でる愛好の士の集まりであり，それは会員一人ひとりの経済的利益とは必ずしも関係しないかもしれないが，野鳥の良好な生息環境の維持に共通の利益を見いだす限りにおいて，それは利益団体である。そして，日本野鳥の会が野鳥の保護をもとめて中央政府や地方自治体の行う公共政策に働きかけを行うにいたると，それは圧力団体となる。現実には，すべての利益団体はなんらかの意味で公共政策に影響を与えようとする集団であるので，利益団体と圧力団体とはほぼ同意語となる（辻中 1988：15-16）。

2　集団理論

　このように定義される利益団体 = 圧力団体を政治過程の中心に据えたのが，アメリカの「集団理論（group theory）」であった。まず，20世紀初頭にベントレー（Arthur Bentley）が，それまで理念化された国家の公法体系としてイメージされていた政治を，経済的利益を追求する利益団体間の綱引きのイメージへと転換する主張を行った。

▷1　集合行為問題とは，各アクターが相手の負担にただ乗りしようとすることで，他者との協力による望ましい状態を作ることができないような状況を指す概念である（砂原ほか 2020：11-12）。集合行為問題を利益団体に適用すると，牛肉の消費者は，自分たちの利害を政策過程で代弁する利益団体を組織して牛肉の値段を下げることが利益となるが，個々の消費者は，自分は組織化の負担を負わず，牛肉値下がりの便益だけを受け取るほうが得となるので，結果として誰も利益団体の形成に乗り出さないということである。一方，生産者である畜産農家は数が少ないので，農協などの組織が協力行動を怠る農家を監視し，牛肉生産者の組織化に協力する農家だけに利益を供与する（選択的便益）ということが容易であるので，集合行為問題を回避しやすい。そのため，生産者側と消費者側との両方の利害が社会には存在するにもかかわらず，公共政策に働き掛ける利益団体は生産者側に偏るという傾向が生ずるのである。

このようなベントレーの現実的な政治観を20世紀中葉に「再発見」したのがトルーマン（David Truman）であった。トルーマンは，ベントレーの議論を発展させながらも「利益」を経済的利益に限定しなかったが，政治過程を利益団体が代表する集団間の力の均衡として理解し，そうした利益団体間の綱引きのほうが法制度よりも重要であると考えた。そして，工業化や都市化といった社会変動により社会が複雑化すると，新たに形成された集団の利益を表出する利益団体が生み出されるとし，社会変動の結果として利益団体間のバランスが崩れると，不利になる社会集団の側から新たな活動や団体形成が促進され，新しい均衡へ至ると主張した（伊藤ほか 2000：171）。

③ 多元主義論

利益団体を政治過程の中心に据えた集団理論を発展させ，アメリカの政治過程の特質を捉えたのが，ダール（Robert Dahl）の「多元主義論（pluralism）」であった（Dahl 1961=1988）。ダールが多元主義論を唱えるに至る背景として，1950年代のアメリカでは「エリート理論（elite theory）」が幅を利かせていたということがある。ミルズ（Wright Mills）やハンター（Floyd Hunter）といったエリート理論の論者は，アメリカには政治過程を支配する「パワーエリート」というものが存在し，政府高官，大企業経営者，軍から構成される軍産複合体といった一枚岩のエリートが，重要な決定を全て背後で行っているのだと主張した。

これに対してダールは，イェール大学の所在するニューヘブン市政を対象に，都市開発，公教育政策，候補者指名といった政治過程を綿密に実証分析し，それぞれの領域で強い影響力をもつアクターが異なっていることを明らかにした。エリート理論が正しいのであれば，政策領域をまたがって単一の「支配層」がいるはずであるが，そうではなかったのである。さらに，利益団体とのかかわりでいえば，市民は公共政策を自分たちの望む形にするために，お金や労力を出し合って団体を組織し，政策過程に働きかけを行っていた。また，政党や政治家も，得票拡大や当選を目指して，そのような働きかけに応答していた。

もちろん，集合行為問題が存在するので，冒頭の牛肉の例でいえば，生産者側である畜産農家のほうが，焼き肉店に通う消費者よりも利益団体として組織化されやすいであるとか（Olson 1965=1996），その結果，一枚岩の「支配層」は存在しないが，政策領域ごとに利益団体・官僚・政治家の強固な結びつきが確立して政策形成過程が牛耳られるという「利益集団自由主義」といった重要な修正がなされたが（Lowi 1969=1981），アメリカの政治過程を利益団体が水平的に競争する分権的なプロセスとみる多元主義論は広く受け入れられていったのである。

（稗田健志）

参考文献

Bentley, Arthur F. (1908) *The Process of Government: A Study of Social Pressures*. University of Chicago Press（喜多靖郎・上林良一訳（1994）『統治過程論——社会圧力の研究』法律文化社。）

Dahl, Robert A. (1961) *Who Governs?: Democracy and Power in an American City*. Yale University Press（河村望・高橋和宏訳（1988）『統治するのはだれか』行人社。）

Lowi, Theodore J. (1969) *The End of Liberalism: Ideology, Policy, and the Crisis of Public Authority*. Norton（村松岐夫監訳（1981）『自由主義の終焉——現代政府の問題性』木鐸社。）

Olson, Mancur (1965) *The Logic of Collective Action: Public Goods and the Theory of Groups*. Harvard University Press.（依田博・森脇俊雅訳（1996）『集合行為論——公共財と集団理論』ミネルヴァ書房。）

Truman, David B. (1951) *The Governmental Process: Political Interests and Public Opinion*. Alfred A. Knopf.

伊藤光利・田中愛治・真渕勝（2000）『政治過程論』有斐閣アルマ。

砂原庸介・稗田健志・多湖淳（2020）『政治学の第一歩〔新版〕』有斐閣。

辻中豊（1988）『利益集団』東京大学出版会。

ネオ・コーポラティズム

① 多元主義論批判と国家論

　多元主義論では，社会に遍在する利害が利益団体に組織され，それが政治過程で影響力を行使しようと水平的に競争することで政策が決まると考えられていた。多元主義的な政治過程では，経営者団体も，労働組合も，そうした利益団体の一つに過ぎず，他の多種多様な利益団体と同列で影響力を行使し合っていると捉えられた。利益団体が対立する多様な利害を政府にインプットし，そのインプットに応じて政府が政策というアウトプットを産出するイメージである。

　しかし，1970年代に入ると，こうした多元主義論の政治過程の捉え方に対する反省が政治学で生じた。ここで多元主義論に欠けていると指摘されたのが，「階級」[1]と「国家」であった。マルクス主義の見方に典型的にみられるように，使用者側と労働者側との階級対立こそが資本主義社会に存在する根本的対立であり，それ以外の利害と同列に考えることはできない。

　また，多元主義論は，国家の機能に正面から向き合わなかった点も批判を受けた。多元主義論では，国家は利益団体等の社会的インプットを政策というアウトプットに変換する受け身の存在にしかすぎなかった。しかし，その役割が肥大化した第二次世界大戦後の先進工業諸国では，国家は国有企業やケインズ主義的総需要管理政策を通じて，各国の資本主義経済システムの持続に重要かつ自律的な役割を果たしてきたのである。多元主義論が見落とした「階級」と「国家」に注目して，特に西ヨーロッパの政治経済システムを理解しようとしたのがネオ・コーポラティズム論であった（加藤 1986：94-126）。

② ネオ・コーポラティズムとは何か

　ネオ・コーポラティズムとは，経営者団体や労働組合のナショナルセンターといった労使の頂上団体が，産業別および事業所別のそれぞれの職能団体をピラミッド型に組織し，しかもそうした頂上団体が国家の承認の下で，法令上あるいは事実上，それぞれの階級を独占的かつ包括的に組織したうえで，政労使の三者による協議・合意によって政策形成を行う利益代表システムを指す（Schmitter 1974：93-94）。順に説明していこう。

　まず，資本家階級を代表する経営者団体と，労働者階級を代表する労働組合とが，全国的にどのように組織されているのかという面が重要となる。例えば，

▷1　階級とは，工場やオフィスといった生産手段を所有し，労働力を雇い入れて利潤を得る「資本家階級」と，生産手段を所有しないので自らの労働力を使用者に売って生計を立てざるを得ない「労働者階級」とに二分される，社会的分断線を指す。

労働組合は企業や事業所ごとに組織されるが，全国的な頂上団体（ナショナルセンター）が存在しないか，存在しても所属する下位団体に対して強制力を持たない場合，ネオ・コーポラティズムとはならない。ネオ・コーポラティズムが存在するには，経営者団体も労働組合も，産業別組織，そしてそれを束ねる全国組織としてピラミッド型に組織されていなければならない。

次に，労使の頂上団体がそれぞれの階級を独占的かつ包括的に組織している必要がある。たとえ統制力のある頂上団体が産業別や企業別の労働組合を組織していても，フランスやイタリアのように社会民主主義系や共産主義系などイデオロギー対立から複数の頂上団体が分立していれば，ネオ・コーポラティズムとはいえない。逆に，経営者や労働組合に「商工会議所」や「労働会議所」という組織への加入を法的に義務づけているオーストリアのような場合，典型的なネオ・コーポラティズムということになる。

では，独占的かつ包括的にそれぞれの階級を組織する経営者団体と労働組合のナショナルセンターは何をするのか。それは，国家レベルで賃金水準を決定する「所得政策（income policy）」である。ネオ・コーポラティズムとは，国家が労使の代表との話し合いを通じて全体としての賃上げ水準を決定する仕組みである。そして，それに付随して，ネオ・コーポラティズムを取る国では，労働組合が賃上げを抑制する代わりに，輸出主導の経済成長で得た果実を労働条件の改善や社会保障政策の拡充に用いることを経営者側が認めるという，利益の交換が成立したという。

③ ネオ・コーポラティズムと経済パフォーマンス

1970年代から1980年代にかけてネオ・コーポラティズムに注目が集まった理由は，1970年代の二度の石油危機にあって，スイス・オーストリア・スウェーデンといった西欧の小国が低インフレ率と低失業率という比較的良好な経済パフォーマンスを達成した点にあった（Calmfors and Driffill 1988）。そして，こうした西欧の小国の経済的成功は，頂上レベルで政労使の代表によって行われる所得政策を通じて，賃上げ水準を抑制し，物価上昇と賃金上昇の悪循環を克服したからであるとされた（Goldthorpe 1984）。

比較政治学の理論としてネオ・コーポラティズム論が重要であったのは，国家の役割に再び脚光を当てた点にある。多元主義論では利益団体のインプットを受ける受動的な存在に過ぎなかった国家は，ネオ・コーポラティズム論ではむしろ経営者団体や労働組合といった利益団体に，法令上あるいは事実上の権限を付与することを通じて，利益団体の組織化のあり方を決定づける存在と理解される。そのうえ，そうした利益団体の組織化のあり方が物価・失業率・経済成長といった経済パフォーマンスに影響すると主張されるに至り，比較政治学は再び国家に焦点を当てるようになったのである。　　　　　　（稗田健志）

参考文献

加藤哲郎（1986）『国家論のルネサンス』青木書店。

Calmfors, Lars and John Driffill (1988) "Bargaining Structure, Corporatism, and Macroeconomic Performance." *Economic Policy* 3(6)：13-61.

Goldthorpe, John H. (ed.) (1984) *Order and Conflict in Contemporary Capitalism*. Clarendon Press. （稲上毅他訳（1987）『収斂の終焉——現代西欧社会のコーポラティズムとデュアリズム』有信堂高文社。）

Lehmbruch, Gerhard and Philippe C. Schmitter (eds.) (1982) *Patterns of Corporatist Policy-Making*. Sage Publications. （山口定監訳（1986）『現代コーポラティズムII——先進諸国の比較分析』木鐸社。）

Schmitter, Philippe C. (1974) "Still the Century of Corporatism?" *Review of Politics* 36 (1)：93-94.

Schmitter, Philippe C. and Gerhard Lehmbruch (eds.) (1979) *Trends toward Corporatist Intermediation*. Sage Publications. （山口定監訳（1984）『現代コーポラティズムI——団体統合主義の政治とその理論』木鐸社。）

政治制度と利益団体

❶　制度への注目

　前節でみてきたように，各種利益団体の主体的力量だけではなく，経営者団体や労働組合といった利益団体の組織化のあり方と，政労使三者の結びつきのあり方とが，政策的帰結に影響することが明らかとなった。この国家と利益団体との結びつきのあり方も，「制度」と呼ばれるものの一種である。

　では，そもそも制度とは何であろうか。アメリカの制度派経済史家，ノース（Douglass North）の定義を引けば，「制度とは社会におけるゲームのルール」である（North 1990：1）。例えば，大学の部活で秋の大会に参加するかどうか意思決定をするとしよう。もし，あなたが「参加したくない！」と考えていて，部活の決定を自分の望みに近づけたいと思っていたとしても，意思決定のルールによってその行動は変わるはずである。もし，多数決で過半数の同意がなければ参加できないのであれば，あなたは多数派形成に乗り出すだろう。もし，全会一致の原則をとっている部活であれば，自分一人が反対意見を表明するだけで話は済む。このように，ルールのあり方に応じて，社会に参加するアクターの行動が変わるというのが，制度論の中心的な主張である。

　こうした社会における「ゲームのルール」，特に公式の政治制度に注目して，制度が政治的帰結に与える影響を理論化してきたのが「歴史的制度論」と呼ばれる学派であった（Steinmo et al. 1992）。

❷　利益団体と拒否点

　歴史的制度論者の一人で，政治制度は「拒否点」を定めることを通じて利益団体の行動に影響すると論じたのがインマーガット（Ellen Immergut）である（Immergut 1992a, 1992b）。ここでいう拒否点とは，政策決定過程において特定のアクターが拒否権を行使できる段階と定義される。例えば，アメリカ合衆国の大統領制では，法案が法律になるためには，連邦議会下院で可決され，上院のフィリバスター[1]をかいくぐって可決され，さらに議会両院を通過した法案に大統領が署名して初めて法律となる。この下院，上院，大統領のいずれかで法案を否決させれば，法律案は通らず，現状維持となる。歴史的制度論は，この憲法構造が規定する拒否点のあり方が国ごとに異なるので，公共政策も異なるものとなると主張した。

▷1　フィリバスターとは，「議事妨害」と日本語で訳される議会用語であり，延々と議場で演説を続けることで採決を妨げるアメリカ連邦議会上院の慣行を指す。上院の議事ルールでは，5分の3の賛成を集めれば，フィリバスターを止めて，採決に進めることができる。従って，上院では法案の可決には単純過半数では足りず，5分の3という特別過半数を確保しなければならないことになる。

▷2　スウェーデンは1970年まで二院制を取っていた。第二院（下院）では，第二次世界大戦後の社会民主党の一党優位政党制の時期，少数政権の期間が多かったが，左翼共産党が議決を棄権して，出席議員の過半数を得る見通しが高かった。加えて，第一院（上院）は郡や市議会による間接投票により毎年議席の8分の1を入れ替える仕組みだったので，直近の選挙の民意のスイングの影響を避けることができた。その結果，1941～1970年まで社会民主党が過半数を占めていた。さらに，第二院と第一院の議決が異なるとき，予算関連議案は第一院と第二院の

インマーガットの議論をより詳細に見ていこう。インマーガットは，「医師の専門職団体はどこの国でも強力であったのに，健康保険制度はなぜ多様なのか」と問うた。医師のような専門職は自分たちの裁量が制限されることを嫌うので，どこでも国民皆保険や医療の無料化・医師の公務員化には反対であった。では，なぜ健康保険制度は各国間で多様なのか。

インマーガットは，各国の憲法が規定する拒否点の違いが，医師の専門職団体が自らの不利益となる社会保険制度や国民保健サービスといった政策案を葬り去ることのできる機会の違いを生み，その結果，スウェーデン，フランス，スイスでは異なる医療制度となったと主張した。

まず，スウェーデンでは，特異な二院制と議院内閣制の下で，政治権力が執政府に集中しており，基本的に多数派である与党が推進する政策を少数派の利益団体が食い止める手段は存在しない。実際，スウェーデンでは，社会民主党政権が1946年に国民健康保険を導入したうえで，1969年には国民保健サービス化して医師の公務員化を実現した。

一方，フランスでは，第二次世界大戦後の第四共和制期（1946～1958年），不安定な連立政権と，弱い政党規律が特徴であったので，連立与党議員の一部を切り崩せば，執政府の提案を議会でひっくり返すことができた。つまり，第四共和制期のフランスでは，執政府だけでなく，議会もまた拒否点となっていたのである。

では，なぜそのようなフランスでも社会保険制度が成立したのか。それは，第二次世界大戦直後の解放内閣期には議会がいまだ招集されておらず，政令のみで雇用者向け社会保険制度を確立できたからであった。加えて，第五共和制憲法（1958年～）により大統領の下に権限を集中させたドゴール政権期に，政府は医師の施術料の直接統制を行ったのである。

最後に，スイスではなぜいまだ国民皆保険制度が成立していないのか。インマーガットは，その要因をスイスの国民投票制度（レファレンダム）に求める。スイスでは，議会で成立した法案でも，一定数の署名が集まれば国民投票に掛ける仕組みとなっている。しかも，年に何度もある国民投票の投票率は一般に低く，医師会は有権者の20％ほどを投票所に動員できれば，自らの不利益となる健康保険法案を否決できる。つまり，国民投票という政治制度が拒否点を提供するので，スイスでは少数派の利益団体の意向が反映されやすいのである。

インマーガットの議論にみられるように，歴史的制度論は，利益団体そのものの主体的力量ではなく，そうした利益団体が置かれている制度的文脈が，利益団体が影響力を行使できるのかどうかを決定づけると主張した。この点が，制度を等閑視した多元主義論との違いである。　　　　（稗田健志）

議員全体での議決で再決議をする決まりとなっており，1941～1970年の間は，社会民主党単独あるいは社会民主党＋左翼共産党で過半数を占めていた。いずれにせよ，社会民主党内閣が自らの提出する法案を通しやすい状況であったことがわかる（Särlvik 2002）。

参考文献

Immergut, Ellen M. (1992a) *Health Politics: Interests and Institutions in Western Europe.* Cambridge University Press.
Immergut, Ellen M. (1992b) "The Rules of the Game: The Logic of Health Policy-Making in France, Switzerland, and Sweden." S. Steinmo, K. Thelen and F. Longstreth (eds.), *Structuring Politics: Historical Institutionalism in Comparative Analysis.* Cambridge University Press, 57-89.
North, Douglass C. (1990) *Institutions, Institutional Change and Economic Performance.* Cambridge University Press.
Steinmo, Sven, Kathleen Thelen and Frank Longstreth (1992) *Structuring Politics: Historical Institutionalism in Comparative Analysis.* Cambridge University Press.
Särlvik, Bo (2002) "Party and Electoral System in Sweden." B. Grofman and A. Lijphart (eds.), *The Evolution of Electoral and Party Systems in the Nordic Countries.* Agathon Press, 225-269.

4 事例Ⅰ：多元主義の政策過程
——アメリカを事例として

1 背　景

　第1節で，多元主義的な政策過程を，利益団体や有権者の支持を求める政党政治家が水平的に競争することで政策が決まる仕組みであると説明した。本節では，多元主義的政策過程の一事例として，クリントン政権期（Bill Clinton）のアメリカの「医療保険改革」を取り上げる。

　周知の通り，アメリカ合衆国にはいまに至るまで，医療に関しては日本のような強制加入の社会保険制度は存在しない。もちろん，オバマ政権期（Barack Obama）の2010年に成立した「患者保護並びに医療費負担適正化法」（通称「オバマケア」）により，民間医療保険の購入が義務づけられ，医療保険購入の補助金と，低所得者向け医療扶助である「メディケイド」の拡充が実現し，医療保険にカバーされない無保険者問題の深刻さは和らいだといえる。しかし，オバマケア実現に至るアメリカ医療保険政策史は皆保険の試みの挫折の連続であり，クリントンの「医療保険改革」もその一つに数えられる。

　共和党のブッシュ大統領（George H. W. Bush）と選挙戦を戦っていたクリントンは，選挙期間中の公約として，全てのアメリカ市民に医療保障を約束する包括的な医療保険制度改革を掲げていた。そして，1993年に政権に就くと，医療保険改革タスクフォースを設置し，ファースト・レディーのヒラリー・クリントン（Hillary Clinton）をそのトップに据えた。包括的な医療保険制度改革は，当初，広範な世論の支持を得て上手く進むかにみえた。しかし，現行制度に既得権を持つ利益団体の反発を呼び起こし，クリントン政権の用意した「健康保障法（Health Security Act）」が議会を通過することはなかったのである。以下，利益団体の動きに焦点を当て，政策過程を見ていこう（Steinmo and Watts 1995; Skocpol 1996; Rushefsky and Patel 1998）。

2 政策過程

　タスクフォースの議論が結実した「健康保障法」の主要点は，全ての市民に医療保険への加入を義務づけるということにあった。使用者は従業員の加入する医療保険料の80％までを負担することが求められ，政府は失業者，非正規雇用者，自営業といった人々の保険料を補助する。このようにして，アメリカ市民の「皆保険」を実現しようというのが，この法案の骨子であった。

クリントン政権としては，民主党の支持基盤である，いわゆるリベラル系の利益団体からの法案への支持を期待していた。労働組合や全米退職者協会（AARP），そして米国州・郡・市職員同盟（AFSCME）などである。実際，全米退職者協会の支持を取り付けようと，処方箋薬費をカバーする補助をメディケアへ付け加える条項もあった。とはいえ，賛成派の利益団体が積極的に世論形成へと動いた形跡はない。

問題は反対派の利益団体の動きであった。全米独立企業連盟（NFIB）や全米レストラン業協会といった自営業・中小企業の利益団体は，従業員の医療保険料の使用者負担義務づけに強く反対していた。一方，民間医療保険会社の対応は割れていた。大手五社は，法案の「管理された競争」という部分に賛成していたが，大手に太刀打ちできないその他の保険会社は反対であった。その結果，大手五社は業界団体であるアメリカ健康保険協会（HIAA）を脱退し，残った医療保険業者から構成されることになったHIAAは，クリントン政権の包括的健康保険制度改革に対する激烈な反対者となっていくのである。

利益団体の取った戦術として有効であったと評価されるのが，テレビ広告である。◁1 加えて，HIAAやNFIBといった反対派利益団体は，会員に働きかけて，連邦議会議員事務所を健康保険制度改革に反対する手紙・ファックス・電子メールで一杯にする戦術も取った。HIAAは弁護士，会計士，保険代理店といった専門職も動員して，議員への働きかけを行った。さらに，反対派利益団体は，包括的健康保険制度改革に必ずしも反対ではなかった全米医師会や経営者団体にも働きかけを行った。その結果，ビジネスラウンドテーブルや全米製造業者協会といった経営者団体はクリントン政権案への支持を撤回する結果となった。

こうした反対派利益団体の活動の結果，「健康保障法（Health Security Act）」は議会の多数派の支持を集めることができず，1994年の中間選挙では共和党が大勝したこともあり，挫折を余儀なくされたのである。

③ 考 察

アメリカ合衆国の政策過程の特徴は，各種利益団体が比較的容易に政策決定者にアクセスできる点にある。それは，法案や予算といった政策決定の権限の多くが連邦議会に委ねられており，しかも政党規律が弱いので，個々の下院議員や上院議員への働きかけの集積によって，議会全体の意思決定に影響を与えることができる。多元主義論はこのようなアメリカの政策過程を一般化したが，予備選のある小選挙区制度や分権的な政党組織といったアメリカ特有の制度的特徴がこのような政策過程を生み出している側面がある。 （稗田健志）

に上限を設けて，医療費が保険の上限に達してしまったらどうなるの？」と語り，選挙区の議会議員にコンタクトを取り，法案を変更する働きかけを呼びかけた。政権の報道官らがこのCMを「誤解を招く」，「不正確だ」とこき下ろした結果，テレビのニュースが取り上げ，「ハリーとルイーズ」は広く全米に知られるようになっていったのである（Rushefsky and Patel 1998：157-158）。

▷2 政党規律とは，「政党執行部が所属議員を党の方針に沿って行動させる政党の機能」を指す（砂原ほか 2020：91）。政治資金の提供や党の役職の昇進といった「アメ」や，除名，公認拒否といった「ムチ」を用いて，政党所属議員を一枚岩として行動させる役割を果たす。

参考文献

Rushefsky, Mark E. and Kant Patel (1998) *Politics, Power & Policy Making: The Case of Health Care Reform in the 1990s.* M. E. Sharpe.

Skocpol, Theda (1996) *Boomerang: Clinton's Health Security Effort and the Turn against Government in U. S. Politics.* W. W. Norton & Co.

Steinmo, Sven and Jon Watts (1995) "It's the Institutions, Stupid!: Why the United States Can't Pass Comprehensive National Health Insurance." *Journal of Health Politics, Policy and Law* 20(2)：329-372.

事例Ⅱ：ネオ・コーポラティズムの政策過程
——フィンランドを事例として

1　背　景

　第2節で，ネオ・コーポラティズムの政策過程を，経営者側と労働者側の利益団体がピラミッド型に組織され，政労使三者の協議を通じて政策が形成・執行される仕組みであると説明した。本節では，ネオ・コーポラティズム的政策過程の一事例として，フィンランドのイノベーション政策を取り上げる。

　実は，西ヨーロッパの小国におけるネオ・コーポラティズム型の政労使三者の協議を通じた所得政策の重要性は，1980年代半ば以降，低下してきたといわれる。新自由主義的潮流の下で，むしろ，ネオ・コーポラティズムによる政労使三者協議制度の下で強化されてきた労働規制などをいかに緩和していくかが課題とされていた。

　しかし，長くネオ・コーポラティズム型の政策過程を特徴としてきたフィンランドでは，ハイテク産業を育成し，産業構造を高度していくという課題に向き合うに際しても，政労使三者の協議を通じて行っていたことを，Ornston（2012, 2013）に基づき以下述べていく。

2　政策過程

　そもそもフィンランドの近代化は，製紙や鉱業といった資本集約的な素材産業を中心としたものであった。ネオ・コーポラティズムによる賃上げ抑制と経済的苦境期の通貨切り下げによる輸出競争力の確保，そしてソビエト連邦との二国間取り引きを中心として，1980年代までのフィンランドは資本集約型素材産業に依存した経済構造を維持してきたのである。

　しかし，1991年のソ連崩壊により GDP は14％も縮小し，失業率は20％に近づくようになると，こうしたネオ・コーポラティズムの構造そのものが，既存のローテクな素材産業への過剰な投資を促し，成長力のあるハイテク産業への資金供給を妨げていると非難されるようになった。その結果，経済的危機の下で成立した中道右派政権は，株主利益優先の金融自由化，国有企業の民営化，そして労働規制の緩和といった改革へと乗り出していく。ここに，フィンランドのネオ・コーポラティズムは終焉を迎えたかに見えた。

　しかし，実際には，フィンランドはネオ・コーポラティズム型政策過程の特徴である政労使三者の協議による政策形成・執行によってこの経済的危機を乗

り越えようとするのである。まず，中道右派政権は高失業率の解決策として若年労働者の雇用規制の緩和に乗り出したが，労働組合側によるゼネストの脅しを受け，結局，改革案を撤回するに至る。また，経営者団体側は，中央レベルでの賃金交渉からの一方的な撤退が賃金抑制に結果として結びつかず，より急進的な市場志向改革を放棄せざるを得なかった。その結果，政府・経営者側・労働側の三者が合意できる政策領域として，研究開発支援の強化に乗り出すのである。

この1990年代に強化されるイノベーション政策で重要な役割を果たしたのが，1983年創設の「フィンランド技術・イノベーション基金機構（Tekes）」であった。これは政府の研究開発支援機関である一方，使用者と労働者の代表も構成員として含む組織である。加えて，超党派の「科学政策委員会」を，労働組合のような社会的パートナーを含み，首相を議長とする形に改組し，「科学技術政策委員会」を発足したこともまた，イノベーション支援の役に立ったという。

さらに，政労使三者の協議による研究開発支援の重視は，民間企業部門における研究開発資金の増加にも結びついた。この研究開発支出増加の背景には，国の音頭による研究開発における企業間および官民での協力の増加があった。ネオ・コーポラティズムにおける利益団体とは，頂上レベルの団体の下で経営者や労働組合がそれぞれ緊密なネットワークを築くものとなる。それは，他企業や公的機関との協働において，自分たちだけが手を抜いて他企業の研究開発の成果だけを享受するといった機会主義的行動を監視し，抑止する。

こうして，人口500万人ほどの小国フィンランドは，1990年代初頭の経済的危機を乗り越え，ノキアを筆頭とした世界に冠たるハイテク企業を有する，イノベーション主体経済へとシフトしていったのである。

3 考　察

ネオ・コーポラティズム型の政策過程の特徴は，政労使三者の協議と合意による政策形成・執行にある。その背景には，強力な利益団体としての労働組合運動の存在がある。フィンランドでも，深刻な経済的危機下にありながら，強力な労働運動が政府や経営者団体による一方的な自由主義的改革の実現を妨げたのである。

その結果，フィンランドでは政労使三者のいずれもが合意できる政策として研究開発の強化が選択された。そして，一度頂上レベルで政労使が合意すると，それぞれの利益団体内の公式・非公式のネットワークを通じて合意された政策が円滑に執行される。西欧の小国では頂上レベルでの所得政策の重要性が低下した今も，政労使三者の協議と利益団体内外の緊密なネットワークが国際競争力の維持・強化に役立っているのである。　　　　　　　　（稗田健志）

参考文献

Ornston, Darius (2012) *When Small States Make Big Leaps: Institutional Innovation and High-Tech Competition in Western Europe.* Cornell University Press.

Ornston, Darius (2013) "Creative Corporatism: The Politics of High-Technology Competition in Nordic Europe." *Comparative Political Studies* 46(6)：702-729.

社会運動の特徴と社会心理学理論

1 社会運動の特徴

　以下の特徴を持つ。(a)人々の集合体が行う集合行為（collective action）のうち，何らかの行動の調整やネットワーク形成を伴うもの。ただし誰が参加者かの境界は曖昧である。(b)制度的権威や既成の社会通念への挑戦，集団の社会的承認を要求する変革志向。(c)利益団体に比べて政府へのアクセスを確保していないため，抗議行動を典型とする非制度的手段の多用によって公共圏の注目をひこうとする。(d)共通の信念や仲間意識，外部との境界意識を伴った集団意識（集合アイデンティティ）の形成が，集合行為の成立や持続を助ける。

　こうした特徴から影響力の行使の仕方は独特となる。集団意識を共有した人々に活動家や組織が働きかけ，集合行為が成立すれば多数の結集という人的資源を見せつけ（示威），報道されることを資源に利用する。運動は資源に乏しいので日常業務を妨害する行動をしばしばとる。相互依存関係を利用して第三者や標的主体にとって重要な資源を操作できれば，レバレッジを効かせられる。例えば NGO が人権条約を資源として国際社会を動かし，外圧（国際社会による制裁）によって自国政府の行動の変更を図ることをブーメラン効果という。

　しかし社会運動の「成功」は曖昧である。間接的な影響力行使が中心なので，目標が実現されても運動の効果は実証しにくく，意図せざる結果も起きる。運動内部でも成功や失敗の捉え方自体が論争を生む。運動の「結果」（outcome）や「効果」（impact）については以下のような分類がある。運動自体に対する効果としては組織の動員力拡大や急進化・穏健化，他の社会運動への波及がある。また運動が代表する集団の社会的承認と集団目的自体の増進が区別される。前者には指導者や組織の一部の取り込み，後者には運動の要求を政府が先取りすることが含まれる。政策過程との関係では運動に対する政治システムの応答性が6分類されている。(a)アクセスの改善（発言権や手続き，情報），(b)争点の議題設定，(c)政策実現，(d)政策実施，(e)問題状況の改善，(f)政治構造やルール全般の変化である。さらに(f)を拡張して，ストやデモの権利や公共空間の獲得，市民社会の民主化や社会通念の変化が強調されることもある。

2 社会心理学理論

　革命を再三経験したフランスでは19世紀末，ル・ボン（Gustave Le Bon）『群

1　ギュスターヴ・ル・ボン（1993）『群衆心理』（桜井成夫訳）講談社学術文庫。

衆心理』（1895年）や，「アノミー」概念を導入したデュルケーム（Émile Durkheim）『自殺論』（1897年）が注目された[2]。これらが20世紀前半の米国に紹介され，社会運動を群衆や暴動と区別せずに非合理で逸脱した集合行動（collective behavior）とみなす「集合行動論」が誕生する。第二次世界大戦後にはファシズム再発の防止と共産主義への対抗が社会科学の重要な動機となり，社会運動は大衆社会の病理のように理解された。とくにコーンハウザー（William Kornhauser）に代表される大衆社会論は，工業化に伴う農村共同体の崩壊，個人を社会に統合していた中間集団の衰退，マス・メディアの発達，多数の孤立した個人の出現といった状況を大衆社会と捉えた[3]。しかし孤立した人々ほど運動に参加するという彼の説は後に資源動員論によって反証された。

　1960年代には相対的剥奪論が隆盛を見せた。個人が自分や所属集団の置かれた境遇を何らかの基準と比較し，ふさわしい処遇を受けていないと感じることを相対的剥奪感という。例えば社会経済的地位の上昇が続いて期待値が上がった後，経済危機で地位の急落を経験した中間層が集合行動に訴えるといわれた。

　これらの集合行動論は全般に，社会変動が個人の心理的反応として不満を生み，逸脱行動に現れると考えたが，不満や抗議行動が活動家や組織によって形成される面や政治的背景が十分考慮されていなかった。ただしブルーマー（Herbert Blumer）に代表される象徴的相互作用論は，貧困のような社会条件が自動的に社会問題を生み出すという見方を否定し，社会問題としての理解が相互作用を通じて共有される必要があるという視点に立っていた。これは社会構築論と合流して，1980年代における「フレーミング」論の登場につながった。

　1980年代になると，クランダマンス（Bert Klandermans）らが，資源動員論を踏まえながら，個人間で参加・不参加の違いが生じる理由を社会心理学的に説明する視角を提示した。彼は，ある社会運動に共感する個人＝参加予備軍の意識がいかに形成されるかも運動の需要面，感情や認識の共有を組織や指導者がいかに促し，集合行為へ動員するかを運動の供給面と捉える。とくに需要面については，個人が集合行為に参加する動機が複数区別される[4]。(a)集団目的の効率的追求を重視するタイプの個人の中からは，オルソン（Mancur Olson）の『集合行為論』（原著1965年）[5]が想定したように，費用を負担せずに便益のみを享受しようとする「フリーライダー」が出る可能性に留意が必要となる。これに対し，(b)アイデンティティ（仲間との連帯）や(c)イデオロギー（意思表示の欲求）を動機とする個人はフリーライダーになりにくく，内面の義務感から参加する。実際には同じ個人の動機の中に上記3つが混在しうる。さらに怒りや不安などの感情が，これらのいずれかと結びつき，参加の意欲の強弱を左右する[6]。供給面については，状況認識と運動の意義を広める活動と，シンパを実際に行動に参加させる活動が区別される。　　　　　　　　　　（本田　宏）

▷2　エミール・デュルケーム（2018）『自殺論』（宮島喬訳）中公文庫。アノミーとは社会的規範が失われた状態を指す。

▷3　ウィリアム・コーンハウザー（1961）『大衆社会の政治』（辻村明訳）東京創元社。

▷4　Klandermans, Bert (2015) "Motivations to Action." D. della Porta and M. Diani (eds.), *The Oxford Handbook of Social Movements.* Oxford University Press.

▷5　マンサー・オルソン（1996）『集合行為論——公共財と集団理論』（依田博・森脇俊雅訳）ミネルヴァ書房。

▷6　van Zomeren, Martin (2013) "Four Core Social-Psychological Motivations to Undertake Collective Action." *Social and Personality Psychology Compass* 7(6).

参考文献

Buechler, Steven M. (2016) *Understanding Social Movements.* Routledge.

Jenkins, J. Craig and Bert Klandermanst (eds.), *The Politics of Social Protest.* University of Minnesota Press.

Snow, David A., Sarah Soule, Hanspeter Kriesi and Holly J. McCammon (eds.) (2019) *The Wiley Blackwell Companion to Social Movements.* 2nd Ed., Wiley Blackwell.

Flesher, Fominaya C. (2020) *Social Movements in A Globalized World.* 2nd Ed. Red Globe Press.

社会運動の構造理論

① マルクス主義階級運動論

　マルクス（Karl Marx）は，資本主義的生産過程における構造的位置のゆえに労働者階級が革命の主体となると考えた。生産拡大につれて工場空間への集合から物理的集団としての労働者階級が形成され，これが闘争を通じて共通の利害を意識したとき，主観的な労働者階級が確立すると考えた。しかし利害と意識，構造的位置に基づく潜在力と集合行為の隔たりを埋める課題が残された。

　マルクスの死後，資本主義先進国では社会主義革命が簡単には起きそうにないという見方が広がり，社会主義運動は分岐した。レーニン（Vladimir Lenin）は，労働者の意識が後進的なロシアでは前衛党という組織の指導によって国家権力を奪取する必要があると論じた。これに対し，イタリア共産党の指導者，グラムシ（Antonio Gramsci）は，ファシスト政権下で投獄されていた間に「獄中ノート」を執筆し，支配階級が国家機構による「強制力」の行使に加えて，市民社会（知識人や教会，学校，企業，組合）を通じて「同意」を調達して支配を維持している状態を「ヘゲモニー」と呼んだ。ヘゲモニーの危機を防ぐため，支配階級はファシズムや米国のフォーディズム体制（企業内での労働者の懐柔）のような上からの「消極的革命」にも訴える。市民社会が強い西欧の被支配階級は，国家権力奪取を図る「機動戦」よりも，市民社会における連携や人々の信念への働きかけを通じた「陣地戦」が必要だと論じた。◁1

　歴史学者トムスン（Edward P. Thompson）は1963年，産業革命期の労働者が生活や宗教意識，文化を通して階級意識を獲得していく過程を描いた。後の論文では，18世紀末に農作物を売り惜しみする商人を民衆が不当と考え，食糧暴動に訴えたとき，拠り所にした封建社会の温情的な慣習（困窮者への配慮や地域社会への食糧供給の優先）を「モラル・エコノミー」と表現した。◁2

② 資源動員論から運動政治過程論へ

　米国では1960年代に黒人公民権運動やベトナム反戦，学生運動などが台頭したことを背景に，またオルソンの『集合行為論』に触発され，運動を合理的行為として理解する資源動員論が台頭した。なかでもリプスキー（Michael Lipsky）は1968年，資源に乏しい貧者の運動は抗議を通じて第三者の支持を動員する必要があると主張した。またマッカーシー（John D. McCarthy）とゾルド

▷1　Burawoy, Michael (2003) "For a Sociological Marxism: The Complementary Convergence of Antonio Gramsci and Karl Polanyi." *Politics & Society* 31(2).

▷2　エドワード・P・トムスン（2003）『イングランド労働者階級の形成』（市橋秀夫・芳賀健一訳）青弓社。Thompson, E. P. (1971) "The Moral Economy of the English Crowd in the Eighteenth Century." *Past and Present* 50.

(Mayer N. Zald) は1977年，米国社会が豊かになったのに不満はなくなるどころか社会運動が噴出している理由を問い，時間的余裕のある大学生や，資金力のある運動団体の増加で説明した。資源動員論に共通する知見は，ばらばらの個々人がいきなり集合して運動になるのではなく，あらかじめ組織化された集団が運動に参加することである。資源動員論は，様々な資源や誘因を社会運動組織がいかに戦略的に動員できるか，動員基盤となる組織やネットワークの特徴，連携者や，敵，公衆との相互作用を分析対象とする。

　しかし運動を取り巻く政治環境は，組織が自由に動員できる資源というよりは機会と制約を与える構造の性格が強い。そこから新たな視角が派生してきた。エイシンジャー（Peter K. Eisinger）は1973年，「政治的機会構造」の概念を導入し，制度的に最も開放的な都市と最も閉鎖的な都市の両方で抗議が起きにくいという「曲線仮説」を提示した。またティリー（Carles Tilly）は1978年，政府に恒常的にアクセスできる部内者と，そうでない「挑戦者」（運動）を区別するとともに，運動の常套手段（レパートリー）が国家の発展や反応に規定されるという視点を導入した。[3] さらにパイヴン（Frances F. Piven）とクロウォード（Richard A. Cloward）は1977年，貧しい人々が抗議運動に訴えるには状況を不当と認知し，社会が変革可能と信じ，自分の行動の有効性を信じることが必要だと指摘した。[4] これらの知見を総合してマッカーダム（Doug McAdam）は1982年，公民権運動の研究において，運動の「政治過程論」を独立のパラダイムとして確立した。彼は，社会経済状況の長期変動が，公民権運動の基盤となる組織の資源や黒人有権者の政治的影響力を増大させ，これらが「認知的解放」（政治的有効性感覚の増大）をもたらし，運動が発展したこと，また敵や支援団体，連邦政府と運動の目的や戦術との相互作用が運動の盛衰を招くことを指摘した。[5]

　政治過程論の中心概念である政治的機会は，運動にとって有利または不利な政治条件を表す。偶発的に生じた機会のうち，行動しないと状況が悪化するので行動せざるをえない場合はとくに「脅威」（threat）と呼ばれる。より構造的な機会，すなわち政治的機会構造は一般的に以下の4次元が区別される。[6]

　　(a)　社会運動からのアクセスに対する政治制度・統治機構の開放・閉鎖

　　(b)　エリートの配置の流動化：選挙や政権交代，エリートの分裂など

　　(c)　社会運動に対する有力な連携者と敵対者の行動・配置

　　(d)　抵抗をはねのける国家の力量

　これらの次元を規定する国際環境や社会亀裂，政治文化も構造として分析されることが多い。[7] またタロー（Sidney Tarrow）は，ある運動の新しい戦術が奏功すると後続の運動にも政治的機会が開かれるが，当局も対抗策を編み出す結果，運動が分岐し収束していくパターンを「抗議サイクル」と呼んだ。[8] 政治的機会構造は国境を越える NGO 活動の分析にも応用されている。　（本田　宏）

▷3　チャールズ・ティリー（1984）『政治変動論』（堀江湛監訳）芦書房。

▷4　Piven, Frances F. and Richard A. Cloward (1979) *Poor People's Movements.* Pantheon Books.

▷5　McAdam, Doug (1982) *Political Process and the development of Black insurgency, 1930–1970.* University of Chicago Press.

▷6　McAdam, Doug et al. (eds.), (1996) *Comparative Perspectives on Social Movements.* Cambridge University Press.

▷7　Kriesi, Hanspeter (2004) "Political Context and Opportunity." D. A. Snow, S. A. Soule and H. Kriesi (eds.), *The Blackwell Companion to Social Movements.* Blackwel.

▷8　シドニー・タロー（2006）『社会運動の力』（大畑裕嗣監訳）彩流社。

参考文献

本田宏（2022）「社会運動論の再整理——政治学の視点から」『北海学園大学法学研究』58(1)。

社会運動論の転回

1 新しい社会運動論

　ヨーロッパでも1960年代後半〜80年代に学生運動，環境・反原発・反核平和運動，女性運動，性的少数派の運動が注目された。こうした現象を説明するために様々な社会科学者が提示した議論はまとめて「新しい社会運動論」と呼ばれる。多くの論者に共通するテーマがある。[1]

　(a)「新しい」社会への歴史的移行が新たな変革主体を生むという前提をマルクス主義から継承しながら，労働運動の中心的役割を否定したこと。「新しい社会」は「脱工業化」，「情報化」，「後期資本主義」などと形容される。(b)労働運動とは異なる階級基盤。新中間階級の中の対人サービス従事者に注目する議論や，階級利害よりも価値観や信念の共有を強調する議論，人種やジェンダーなど，階級以外の属性を強調する議論がある。(c)集合アイデンティティの社会的構築が重要という視点。(d)私的領域の支配関係や日常生活の政治問題化。ハーバーマス（Jürgen Habermas）は，国家と市場経済という2つのシステムの「権力と金」の論理が「生活世界」を「植民地化」することに対抗する主体として新しい社会運動を位置づけた。[2](e)新しい価値志向。多様性を強調するものと，イングルハート（Ronald Inglehart）のように「脱物質主義」への価値変動を強調するものがある。[3](f)新しい組織文化や活動形態。メルッチ（Alberto Melucci）は非効率的でも望ましい社会を率先して実践しようとする「予示的」(prefigurative) 志向や文化的抵抗に注目した。[4]

　これらの特徴の多くは，ベック（Ulrich Beck）の「リスク社会」論にも見られる。現代では原発や医薬品，金融商品の開発のように重大な危険を社会にもたらしうる決定を，議会制度の外で巨大企業が行っており，これを「サブ政治」と呼ぶ。サブ政治が生み出す新しいリスクは階級や国境，世代を超えて広がる。しかし離れた所にいてもリスク認識を共有する者たちの中から「不安からの連帯」が形成されると，「対抗サブ政治」としての社会運動が生まれる。[5]

　だが，平和や人権擁護などの運動には労働組合も古くから関与してきた。黒人公民権運動や女性運動も雇用や教育での差別解消といった物質的要求を常に掲げてきた。むしろ従来見過ごされてきた側面に光を当てたことが新しい社会運動論の意義である。[6]また近年は特定の時期と地域の文脈で共通の特徴を帯びた運動の一群を「社会運動ファミリー」と呼び，「新しい社会運動」をその一

▷1　Buechler (2016). (第14章第1節の参考文献)

▷2　ユルゲン・ハーバーマス（1985-1987）『コミュニケイション的行為の理論』（河上倫逸ほか訳）未来社。

▷3　ロナルド・イングルハート（1978）『静かなる革命』（三宅一郎ほか訳）東洋経済新報社。

▷4　アルベルト・メルッチ（1997）『現在に生きる遊牧民（ノマド）』（山之内靖ほか訳）岩波書店。

▷5　ウルリヒ・ベック（1998）『危険社会——新しい近代への道』（東廉・伊藤美登里訳）法政大学出版局。

▷6　Buechler, Steven M. (2000) *Social Movements in Advanced Capitalism.* Oxford University Press.

種と扱う傾向がある。

② 社会運動の社会的構築論

新しい社会運動論に示唆を受け，文化的文脈や意識の社会的構築への注目が強まってきた。これは社会運動論の「文化的転回」と呼ばれる。

多様な解釈が可能な状況や争点に特定の意味（「フレーム」＝枠）を与える行為をフレーミングという。状況を「不当」などと診断するもの，解決策を提示するもの，行動を動機づけるものが区別される。スノー（David A. Snow）らの一連の研究によると，活動家が働きかける相手に合わせてレトリックを調整する行為が「フレーム調整」である。また，ある言説が社会に広がるには言説自体の論理的一貫性や，社会に浸透している考え方や人々の生活実感との「フレーム共鳴」が必要である。共鳴したフレームが政治文化に定着すると，将来の運動によって利用可能な文化資源となると同時に，固定観念となって活動家の思考を拘束する。米国では様々な争点を「権利」と結びつける傾向があるように，汎用性の高いものは「マスター・フレーム」と呼ばれる。

運動の政治過程論も文化的要素を組み込むようになっている。例えば移民排斥運動に関する研究は「言説機会」の概念を適用し，市民権に関してどのような考え方が文化的に浸透しているかによって潜在的な極右支持層の規模に違いがあることを明らかにした。また女性参政権運動の研究も，女性の社会進出拡大に伴うジェンダー関係の変化が女性の社会的役割に関する議員の態度に及ぼす影響を「ジェンダー化された機会」と呼ぶ。

集合行為の成立や運動の持続を助けるものとして，集合アイデンティティも重視されてきた。これは境遇や信念を特徴とする社会的カテゴリーへの個人の帰属意識（社会的アイデンティティ）が集団的に共有された状態，集団意識を指す。その形成には３つの過程が伴うとされる。(a)線引きとは，敵や第三者との違いを際立たせると同時に，肯定的な「我々」意識を形成する過程である。後者については，外部から自律した居場所の制度化（例えば黒人大学，女性シェルター）や「我々」の文化的理想化（例えば black is beautiful 運動）がしばしば行われる。(b)意識の政治化とは，既存秩序（または既得権への脅威）に抵抗する中で，自分たちの不遇やそれを克服する機会，共通の経験や利害に関して認識（フレーム）を構築していく過程を指す。(c)交渉とは，自分たちのアイデンティティを象徴する形で既存秩序に抵抗する実践活動をさす。

集合アイデンティティは集合行為を促し，逆境期にも運動のネットワークの持続を助ける。また集合アイデンティティを強く内面化した人ほど集合行為に参加する動機は強まる。ただし個人は社会的アイデンティティを複数持ち，人種・ジェンダー・階級などのカテゴリーを横断して多数派と少数派，強者と弱者は交差するので，板挟みになる場合がある。　　　　　　（本田　宏）

▷7 Giugni, Marco, Ruud Koopmans, Florence Passy and Paul Statham (2005) "Institutional and Discursive Opportunities for Extreme-Right Mobilization in Five Countries." *Mobilization* 10(1).

▷8 McCammon, Holly J., Karen Campbell, Ellen Granberg and Christine Mowery (2001) "How Movements Win," *American Sociological Review* 66.

▷9 交差性（intersectionality）と呼ばれる側面。例えば女性は家庭や職場を通じて男性との密接な関係を構成しているため，階級や人種を越えた女性の連帯はしばしば困難となる。個人の意識の中でどのアイデンティティが際立つ（salient になる）かが問われる。

参考文献

Snow, David A., Sarah A. Soule, Hanspeter Kriesi and Holly J. McCammon (eds.) (2019) *The Wiley Blackwell Companion to Social Movements.* 2nd Ed. Wiley.
本田宏（2022）「社会運動論の再整理——政治学の視点から」『北海学園大学法学研究』58(1)。

4 # 事例Ⅰ：反原発運動

1 **欧米の事例**

　社会運動の政治過程論が発展した1980年代から2000年代初めにかけて，国際比較の対象に多く選ばれたのが反原発運動である。主要な問題関心を幾つか挙げることができる。第一に，1979年の米国のスリーマイル島原発と1986年のソ連のチェルノブイリ原発の大事故という共通の「脅威」に対する反応が各国で異なっていたこと。第二に，ドイツでは反原発運動が「新しい社会運動」の代表格となり，緑の党も派生させたが，そうはならなかった国との違い。第三に，反原発運動とそれに続いた反核平和運動との関係である。

　理論的観点から幾つかの研究を紹介したい。キッチェルト（Herbert P. Kitschelt）は1986年，米独仏スウェーデンの政治的機会構造を入力（運動から政治システムへのアクセスの開放性・閉鎖性）と出力（国家の強さ）の二次元で構成し，反原発運動が急進化したかどうか，また効果（手続的，実質的，構造的）の違いを説明しようとした。国家の弾圧が運動の急進化を招くとともに，弱い国家では運動が実質的効果（政策転換）を得られにくいという視点は伝統的だが，彼の分析枠組みでは変化を十分に説明できない面もあった。[1]

　米独を比較したヨプケ（Christian Joppke）の1993年の著書は，「弱い」構造を持つ西ドイツの政治制度と伝統的な政治文化とのギャップに注目した。ヴァイマル共和国の崩壊を経験した西ドイツの国家エリートは統治の安定が依拠する経済成長を脅かしかねない急進勢力を忌避する一方，1968年前後の学生運動から派生した新左翼勢力は資本主義国家の全否定論を信奉していた。1975年に非暴力直接行動に訴えて注目を集めた反原発の住民運動はドイツ西南部の地域アイデンティティに根差していたが，1970年代後半になると原発闘争は新左翼勢力の介入と警察との暴力的衝突に発展した。やがて裁判所による原発工事差し止めや緑の党の議会進出，社会民主党の政策転換により，制度的な機会が開かれていくが，そのことを認めようとしない急進勢力は縮小しながらも運動の中に残った。一方，原子力開発で世界に先行していた米国では技術的専門家による批判から運動が始まり，訴訟の機会が開かれていることで弁護士や消費者団体など穏健派主導の運動となったこと，原発建設の停滞と反核平和運動の台頭による世論の関心の移動が反原発運動の早期の衰退につながった。[2]

　多国間の比較研究としてはフラム（Helena Flam）が編集した西欧8か国の比

▷1 Kitschelt, Herbert P. (1986) "Political Opportunity Structures and Political Protest: Anti-Nuclear Movements in Four Democracies." *British Journal of Political Science* 16(1).

▷2 Joppke, Christian (1993) *Mobilizing Against Nuclear Energy*. University of California Press.

較研究（1994年）[3]や，西欧4か国の様々な新しい社会運動に関するクリージ（Hanspeter Kriesi）らの研究（1995年）が挙げられる。特に後者は，比較分析の枠組みとしての政治過程論の洗練に重要な貢献をしている。例えば，西欧の新しい社会運動の主要な連携相手である左翼政党が複数競合しているとき，また政権に就いたとき，運動から距離を置こうとするので，運動の政治的機会が悪化すると論じた。またチェルノブイリ原発事故発生時に，その直前から原発論争が再燃していたドイツとは異なり，すでに論争が収束していたフランスやオランダでは反原発運動が再燃しなかったと分析した。[4]

❷ その他の地域の事例

　こうした欧米先進国中心の比較研究に対して，新興国での反原発運動の研究は2011年の福島第一原発事故後に増加したものの，大半は一国研究にとどまっている。重要な例外は民主体制への移行国における原発の正統化を比較したオニール（Patrick H. O'neill）の論文（1999年）である。例えば国家主導の経済開発が進められたブラジルとアルゼンチンでは原発もナショナリズムを引証して正統化されたため，原発建設自体はあまり進まなかったのに反原発運動はほとんど成長しなかった。またリトアニアやウクライナ，アルメニアでは，ソ連時代末期に原発が中央による支配の象徴，および独立派の国民アイデンティティに対する脅威と受け止められ，情報公開やチェルノブイリ原発事故と相まって反原発運動に追い風となった。ところがこれらの共和国が独立を果たすと，国内に残された原発はロシアへのエネルギー依存を脱する上で維持する必要があるという意味転換が起き，反原発運動は衰退した。[5]

　本田は米国，西欧，および東アジアの反原発運動とその研究を概観した論文（2022年）の中で，日本，台湾，韓国を比較した。日本では原爆や核実験による被曝経験を背景にした反核平和運動や反公害運動の流れの中で反原発運動が早期に立ち上がったが，経済成長のための「平和利用」言説や自民党長期政権，および左派勢力間の対立により，運動の発展は抑えられた。福島第一原発事故によって原子力政策共同体の能力が信用を失って初めて，運動が大規模な動員を経験し，政策転換の機会が訪れた。台湾と韓国はともに体制転換がチェルノブイリ原発事故と重なったが，台湾では民主化運動と環境運動が合流し，野党の民進党がその連携者として当初から原発反対を掲げており，二度の政権獲得を通じて脱原発法を制定した。一方，軍政下で原発が国策として開発された韓国では，民政転換後も二大政党が原発問題から距離を置いてきたが，福島第一原発事故後，韓国原子力産業の不祥事が原発建設の抑制につながった。[6]

　2022年に入り，ロシアがウクライナに侵攻して原発を脅かす一方，ロシアからの化石燃料禁輸が広がり，EUは気候変動対策の一環として原発への投資を部分的に容認した。原発の政治的意味は複雑化している。　　　　（本田　宏）

▷3 Flam, Helena (ed.) (1994) *States and Anti-Nuclear Movements.* Edinburgh University Press.

▷4 Kriesi, Hanspeter, Ruud Koopmans, Jan Willem Duyvendak and Marco G. Giugni (1995) *New social movements in Western Europe.* University of Minnesota Press.

▷5 O'neill, Patrick H. (1999) "Atoms and democracy: Political transition and the role of nuclear energy." *Democratization* 6 (3).

▷6 Flam, Helena and Hiroshi Honda (2022) "Anti-nuclear movements in the US, Europe, and Asia." Maria Grasso and Marco Giugni (eds.), *The Routledge Handbook of Environmental Movements.* Routledge.

5 事例Ⅱ：労働運動

 労働運動の力

　1970年代以降の経済グローバル化の進行や，国家が推進した新自由主義政策，および先進国の脱工業化は，労働運動の力を弱める一般的要因とみられてきた。だが先進国で組合組織率が低下し続ける一方，1970年代から1980年代にかけて権威主義体制下にあったブラジルや南アフリカ，韓国，フィリピンでは，御用組合とは別に結成された組合が労働争議を展開するとともに，組合内の民主主義や地域社会との連携を重視し，国家の民主化を含む幅広い社会的争点に関与していた。一方，長らく労組が弱体化していた米国では，1990年代に移民の多い清掃労働者をサービス産業の労組が組織化して成果を上げた。これらの新しい労働運動は「社会運動ユニオニズム」と呼ばれた。これらに関する研究の中には「古い」労働運動と「新しい」社会運動の二元論を克服しようとする志向もあった。しかし論者によって概念の使い方がまちまちだった。

　そうした中，世界中の労働運動が組織率の低下を他の様々な資源で補完していることに注目する「労働運動の権力資源論」が現れた。米国の労働社会学者ライト（Erik O. Wright）は1998年の論文で，労働者階級の持ちうる力を「結社力」と「構造力」に区分した。結社力とは労働者の組織形成や，過去の労使紛争の制度化に由来する力である。一方，構造力とは経済システム内の労働者の位置に内在する相互依存関係を利用した圧力行使の可能性を指す。▷1

　またドイツの研究者は，労使関係制度の下での「制度力」を「結社力」から区別し，制度的資源の多さと労組の「結社力」がトレードオフに陥る面を指摘している。南アフリカではアパルトヘイトからの体制転換に伴い，労働組合が制度化するにつれ，運動的性格を失い，結社力を弱めた。また制度的に恵まれているドイツの労組では移民労働者の組織化の動きが鈍かった。

　より体系的な理論的視角を提示したのは世界システム論に依拠した研究である。世界システム論は資本主義システムを通じて統合された世界を中心・半周辺・周辺に分け，「反システム運動」の歴史的展開を再構成する。なかでもシルヴァー（Beverly J. Silver）の著書（2003年）は，世界の労働運動の不均等発展の動態を解明しようとした。▷2 彼女は，労働者階級の構造力を市場交渉力と職場交渉力に区別した。市場交渉力には，雇主が欲する稀少な技能を労働者がもつことや低い失業率，労働者が労働市場から退出しても生活できる能力が含まれ

▷1 Wright, Erik O. (2000) "Working-Class Power, Capitalist-Class Interests, and Class Compromise." *American Journal of Sociology* 105 (4).

▷2 Silver, Beverly J. (2003) *Forces of Labor. Workers' Movements and Globalization since 1870.* Cambridge University Press.

る。一方，職場交渉力は，生産・流通過程の結節点を止めると比較的少数の労働者でも全生産過程を阻害できることを指す。

彼女は労働運動の力をそぐ雇用主側の戦略も類型化した。労働者の不満の高まりに伴う「正統性の危機」に対処する際，譲歩の相手を限定して「収益性の危機」も回避しようとするため，労働者間の「線引き」や穏健派の「責任組合」との「政治取引」が行われる。労働運動が弱いと思われる地域や国への移転（空間的解決）や，生産・流通過程の再編（技術的解決），収益性が限界に達した産業から別の有望産業への「産業転換」も行われる。同一産業でも創始国（自動車産業における米国など）の資本は労働運動に譲歩をする余裕があるが，移転先の半周辺国では資本に余裕がなく，労働運動を弾圧し国外移転を加速させる傾向にある。産業転換の特別な例が「金融への逃避」である。金融業の発展には軍需産業も寄与したので戦争と労働争議も関係がある。第一次世界大戦の開始時には愛国主義の高揚から労働運動や平和運動が沈静化したが，やがて戦時生産の必要から労組の交渉力が強まり，戦後は労働争議が拡大した。

シルヴァーは労働運動も類型化している。「マルクス型」の運動は，資本の生産拡大に応じて増大する労働者の運動であり，市場交渉力が低下する場合でも職場交渉力や結社力の増大をテコに闘う。一方，「ポラニー型」の運動は『大転換』（初版1944年）の「二重の運動」論を受けている。[3]ポラニー（Karl Polanyi）は，自己調整型市場の幻想にとらわれた政策（上からの「運動」）が行われると，商品化になじまない人間（労働力）や土地（環境・農産物），貨幣の商品化が被害を社会にもたらすが，それに対抗して市場の規制を求める「運動」の様々な事例を分析した。ただしポラニーのいう対抗運動の主体は政府や企業家，右翼さえ含みうる。シルヴァーのいう「ポラニー型」は工場閉鎖に反発した労働省の防御的な争議などを指す。

▷3 カール・ポラニー（2009）『新訳 大転換——市場社会の形成と崩壊』（野口建彦・栖原学訳）東洋経済新報社。

❷ 「脅威」としての経済変動

経済変動が社会に深刻な「脅威」と受けとめられると，労働運動を越えた幅広い運動が生まれうる。2000年代前半には新自由主義的グローバリズムに対抗する多様な活動が「グローバル正義運動」と形容された。また2007年から顕在化した米国発のリーマン危機や，2009年にギリシャから欧州全域に波及したユーロ危機においては，公的資本注入による金融機関の救済が行われた。これに対し，米国では財政拡大を非難する右翼ポピュリストの「ティー・パーティー」運動，欧州ではアイスランドや南欧を中心に「反緊縮」を掲げる左翼ポピュリストの運動や政党が台頭した。さらに広場を占拠する抗議形態が登場し，「アラブの春」と呼ばれる民主化運動や，2011年の米国での「オキュパイ・ウォール街」運動に波及した。2022年のロシアのウクライナ侵攻をきっかけとする経済変動からは，どのような運動が生まれるだろうか。　（本田　宏）

参考文献
本田宏（2022）「労働運動の力とは何か——組合と社会運動の政治理論」『開発論集』（北海学園大学）109。

福祉国家の類型論

 福祉国家とは何か

　福祉国家とは，主に所得保障や社会サービスを通じて，出生から死亡までの生活上のリスクに対応し，国民の生活を安定させるために資源を再分配する現代国家のあり方を指している。

　生活上のリスクは様々である。例えば，高齢，病気，けが，会社の倒産が考えられる。これらのリスクに対して，年金，医療，失業保険が整備されてきた。こうした制度は主に現金を給付するものであり，所得保障と呼ばれる。一方で，育児や介護の分野では人や施設を使って福祉が提供されている。これは社会サービスという。

　ただし，生活上のリスクに対応する制度が出そろったとしても，福祉国家と呼べない場合がある。例えば，それぞれの福祉の制度が小規模で，給付やサービスが僅かであるなら，国民の生活を守ることはできない。福祉国家であるためには，制度が一定の規模に達していなければならない。福祉の規模（量）を見る上で，よく引き合いに出されるのが，社会支出の対 GDP 比である。これは，一国の経済活動のうち，どれだけの割合のお金が福祉に用いられているかを示している。

　また，福祉国家と呼ばれるためには，福祉を受けることが権利として認められていなければならない。このような権利を，社会権という。例えば，日本では，憲法25条ですべての国民に「健康で文化的な最低限度の生活を営む権利」が保障されている。▷1

2 福祉国家の三類型

　このように福祉国家を定義するなら，先進工業民主主義国のほとんどが福祉国家に当てはまる。ただし，福祉国家のかたちは各国で多様であり，エスピン－アンデルセン（Gøsta Esping-Andersen）の研究では3つのタイプに分けられている。▷2

　第一に，社会民主主義レジームである。スウェーデンなど北欧諸国が当てはまる。主に国家が福祉を供給している。3つのタイプの中で最も大規模に福祉が提供されており，主に税金を財源としている。全国民が一つの制度に加入することが多いので，福祉の給付は平等的である。所得保障と社会リービスのど

▷1　これに対して，独裁国家において上から恩恵として福祉が与えられるのであれば，福祉国家とはいえない。

▷2　エスピン－アンデルセンは，脱商品化を軸に福祉国家を分類している。脱商品化では，何らかの理由で働けなくなった人が様々な福祉制度を利用して生活を維持できるかどうかが問われる。もう一つの軸として，社会的階層化，つまり職業などの階層間で平等に再分配が行われているかが設定されている。三類型論後，ジェンダー福祉国家論者からの批判を受けて，福祉国家がジェンダー関係にどのように影響を及ぼしているのかを含めて類型論が修正された。第15章第3節を参照。

ちらも積極的に実施されている。第二に，保守主義レジームである。ドイツなど大陸ヨーロッパ諸国が当てはまる。主に伝統的共同体（家族，教会，社会団体）が福祉を供給している。大規模な再分配を行っており，主に社会保険料を財源としている。ただし，福祉の制度が職域ごとに分かれており，それぞれ拠出も給付も異なるため，平等的に福祉が給付されているわけではない。所得保障が充実している一方，社会サービスは手薄である。第三に，自由主義レジームである。アメリカなどアングロ・サクソン諸国が当てはまる。主に市場が福祉を供給している。福祉国家の規模はもっとも小さく，所得保障も社会サービスも小規模である。

3 第四類型の模索

　福祉国家の三類型論は大きな議論を巻き起こした。その後の議論の方向性は2つある。一つは三類型論に新しい類型を加えようとするものであり，もう一つは異なる観点から類型論を捉え直そうとするものである。

　新しい類型を付け加えようとする議論から見てみよう。三類型論では東アジアの国々の位置づけが示されていなかった。日本，韓国，台湾では，家族が中心となって福祉を供給しており，企業や地域にも福祉供給が期待されている。国家は経済成長を最優先しており，福祉の制度を整備するのではなく，できる限り多くの人を雇用させようとする。結果として，福祉国家は小規模にとどまる。これは，東アジアモデルと呼ばれる。一方で，イタリア，スペインなどの南ヨーロッパ諸国を南欧モデルと位置づける議論もある。職域別の社会保険制度が整備されている点では保守主義レジームと共通しているが，闇経済で働く労働者たちが福祉の制度から排除されており，大家族が福祉を供給している。

　東アジアと南ヨーロッパの国々では，家族が中心的な福祉供給主体となっている点が共通している。この点を捉えて，家族主義レジームと呼ぶことがある。比較的小さな福祉国家であることや，家族への現金給付・社会サービスが小さいことも似通っている。[3]

4 資本主義と福祉国家

　次に，異なる観点から類型論を捉えなおす研究を見てみよう。例えば，ドイツなどに見られる「調整された資本主義」では，労働者が高い職業技能を身に付けて，高品質の製品を生産することで経済が成長する。労働者自らが高い技能を得るよう教育・訓練に投資しなければならないが，見返りがなければ自己投資はしない。そのため，高い技能を獲得した労働者には高い賃金を提供する。もし職を失うようなら，高い技能に見合った職が見つかるように，時間と金銭の余裕を与えようとする。つまり，失業時の所得保障を充実させる。高い賃金や寛大な所得保障が実現されれば，福祉国家は大きくなると考えられる。　（近藤正基）

▷3　そのほかにも，オセアニア，中東欧，ラテンアメリカの研究から新しい類型が模索された。

▷4　代表的な研究としてジェンダー福祉国家論も挙げることができる。

参考文献

ピーター・ホール＆デヴィッド・ソスキス編（2007）『資本主義の多様性——比較優位の制度的基礎』（遠山弘徳・安孫子誠男・山田鋭夫・宇仁宏幸・藤田菜々子訳）ナカニシヤ出版。

イェスタ・エスピン–アンデルセン（2001）『福祉資本主義の三つの世界——比較福祉国家の理論と動態』（岡沢憲芙・宮本太郎監訳）ミネルヴァ書房。

新川敏光編著（2011）『福祉レジームの収斂と分岐——脱商品化と脱家族化の多様性』ミネルヴァ書房。

2 福祉国家の政治経済学

　前章で確認したように，各国の福祉国家は同じかたちではない。では，各国で異なるタイプの福祉国家が現れたのはなぜだろうか。福祉国家の変化／持続は何によって説明されるのか。こうした問いに答えようとするのが，福祉国家の政治経済学である。

1 産業主義理論

　初期の政治経済学においては，福祉国家の発展を決めるのは，政治ではなく経済であるとされた。どの国でも，経済が成長するにしたがって，福祉国家が発展していく。経済が成長すれば，福祉政策にまわす財源が得られるからである。産業主義理論を唱えたウィレンスキー（Harold Wilensky）は，国民総生産（GNP）が社会支出の対 GNP 比に影響を及ぼす最も重要な要因であると結論づけた。◁1

　産業主義理論では，経済の成長にともなってどの国の福祉国家も発展し，一つのタイプに導かれていくと考えられた。これは，福祉国家の収斂論と呼ばれる。ここでは，福祉国家がいくつかのタイプに分かれるとは考えられなかった。

2 権力資源動員論

　産業主義理論の後，経済が発展した国々で異なるタイプの福祉国家が現れていることが明らかになった。例えば，スウェーデンもアメリカも高度に経済が発展しているが，福祉国家のかたちは違う。福祉国家は一つのタイプに収斂するのではなく，様々なタイプに分岐していると考えられる。◁2

　では，なぜ各国の福祉国家は分岐するのか。その原因として，政治のあり方が注目された。

　政治的要因としてまず取り上げられたのが，労働勢力の権力資源である。労働勢力とは，働く人々の組織である労働組合と，労働組合を支持母体とする社会民主主義政党を指している。権力資源とは，組織の大きさや組織のまとまりを指している。労働勢力は，働く人一般が生活上のリスクに直面したときのために福祉制度を作り，発展させるよう求める。労働組合と社会民主主義政党が強力であれば，福祉国家は発展する。例えば，スウェーデンでは，多くの労働者が労働組合に加入しており，組織は集権的である。労働組合から支持を受けた社会民主主義政党は，戦後長らく第一党であり，単独で政権を担ってきた。

▷1　一方で，政治体制（自由民主主義か全体主義か）や政治エリートのイデオロギーからは社会保障支出は説明できないとした。

▷2　前節で確認したように，スウェーデンなど北欧諸国の社会民主主義レジーム，ドイツなど大陸ヨーロッパ諸国の保守主義レジーム，アメリカなどアングロ・サクソン諸国の自由主義レジームに分かれる。そのほかにも，南欧・東アジア諸国，オセアニア，中・東欧，ラテンアメリカにも独自の福祉国家類型があるとも論じられる。福祉国家類型論については，第15章第1節を参照。

スウェーデンの労働勢力は強く，そのため福祉国家が発展した。

こうした理論は権力資源動員論と呼ばれる。第二次世界大戦終結からオイルショックまでの高度経済成長期の福祉国家を説明する理論である。

③ 経路依存性

オイルショックが起こり，低成長の時代に入ると，各国で福祉削減を訴える勢力が現れた。イギリスのサッチャー（Margaret Thacher）首相やアメリカのレーガン（Ronald Reagan）大統領がその代表格である。1980年代，それぞれの国で福祉削減が実施されるかと思われた。しかし，福祉削減は限定的であった。

なぜ福祉削減は失敗し，福祉国家は維持されたのか。こうした問いに答えようとするのが，経路依存性である。

経路依存性とは，いったん制度が成立すると，制度それ自体が現状維持の力を持ち，制度変化が起こらないことを指す。現状の制度には，受益者がいる。年金を例にとると，年金受給者団体や，その団体から支持を受ける政治家たちである。こうした団体や政治家は現状の制度から利益を得ているので，いまの制度を変えたり，新しい制度を作ることに反対する。例えば，アメリカでは全米退職者協会という巨大な年金受給者団体があり，これがレーガンの改革に反対したため，福祉削減が進まなかった。

④ アイディアの政治

1990年代に入ると，各国で福祉国家が変化するようになった。この時期の福祉国家改革は，単に福祉を削減するのではなく，社会サービスを拡大するものでもあった[3]。それは，グローバル化とポスト工業化に対応するための福祉国家の組み直しと捉えられる（次節参照）。

では，福祉国家の組み直しは，何によって説明されるか。こうした問いに答えようとするのが，アイディアの政治である。

ここでいうアイディアとは，政策の進むべき方向性を示す考え方を意味している。政策決定者が自らのアイディアを多くの国民に伝え，政策を支持する側に動員できるかどうかによって，あるいは，政治エリートの間でアイディアが共有されることによって，福祉の組み直しの方向性が決まる。例えば，ブレア政権（Tony Blair）は，福祉国家は「機会の平等」に力を入れるべきだというアイディアを発信し，イギリス国民から支持を得て改革を実施した[4]。

以上で見てきたように，権力資源動員論は福祉拡充の時期，経路依存性は福祉削減が目指された時期，アイディアの政治は福祉再編が行われた時期を説明する理論である。

（近藤正基）

▷3 特に経路依存性が強く，変化に乏しいとされてきた大陸ヨーロッパの保守主義レジーム，例えばドイツでも2000年代前半にシュレーダー政権が大規模な改革を実施した。

▷4 一方，オランダではワークシェアリングというアイディアが政治エリートの間で共有されることで，一貫した改革が行われた。

（参考文献）

ハロルド・ウィレンスキー（1984）『福祉国家と平等——公共支出の構造的・イデオロギー的起源』（下平好博訳）木鐸社。

Pierson, Paul (ed.) (2001) *New Politics of the Welfare State*. Oxford University Press.

Schmidt, Vivien A. (2002) *The Futures of European Capitalism*. Oxford University Press.

福祉国家のゆくえ

　ポスト工業化とグローバル化によって福祉国家が揺らぐと，各国で福祉国家の組み直しが行われるようになった。では，これまでの福祉国家の何が問題とされ，福祉国家はどのように変化しているのだろうか。

1 「新しい社会的リスク」と社会的投資

　製造業中心の工業化社会において，福祉国家は，安定した雇用と家庭でのケア労働を前提に成立していた。男性が正規労働者として働き，家族を養うのに十分な賃金を得る一方，女性は家庭で育児や介護をすることが一般的であった。このような社会では，男性正規労働者が働けなくことが最も大きなリスクであり（「古い社会的リスク」），リスクに応じて現金が給付されてきた[1]。

　ポスト工業化が進むと，安定した雇用と家庭でのケア労働はともに失われ，「新しい社会的リスク」が現れる。ポスト工業化社会では，製造業で働く人々が減少し，代わってサービス産業で働く人々が増える。その時々の顧客のニーズに合わせて柔軟にサービスを提供する必要が生まれると，非正規雇用が増え，雇用は不安定化する。男性が家族を養うのに十分な賃金を稼ぐことができなくなり，男性稼ぎ手モデルは維持できなくなる[2]。

　ポスト工業化社会で生活上のリスクに備えるためには，個々人が働く能力を上げなければならない。福祉国家は現金給付より，能力獲得の支援に力を入れるべきである。このような福祉国家改革のアイディアが社会的投資である。社会的投資では，人々の働く能力を上げるために教育に力を入れること，誰もが働けるように育児・介護サービスを増やすことが目指される[3]。

2 ジェンダーと福祉国家

　工業化社会に見られた福祉国家は，ジェンダーの観点から批判された。工業化社会では，男性が働いて賃金を得て，女性が家事労働をするという家族のかたち（男性稼ぎ手モデル）が一般的に見られた。福祉国家が男性を保護し，男性の被扶養者となることで女性の生活が守られてきた。しかし，ポスト工業化社会で男性稼ぎ手モデルが揺らぐと，女性は被扶養者として生活保障を得ることが難しくなる。女性は自ら働いて生活を守らなければならなくなるが，働きに出るには高いハードルがある。なぜなら，家庭でのケア労働（育児や介護）は女性が担うべきだとみなされているからである。

▷1　年金や失業手当が代表的な現金給付である。

▷2　社会の高齢化も進み，家庭内で育児・介護をする労働力が不足する。

▷3　ヨーロッパ諸国で広く受け入れられており，似たアイディアは東アジアの国々でもみられる。

女性がどれだけケア労働から解放されているか，生活に十分な賃金を獲得できるか，男性から独立して福祉受給権を得られるは，福祉国家のタイプによって違う。ジェンダー福祉国家論では，福祉国家がどのような家族のかたち，言い換えればジェンダー関係を作り出しているのかが検討される。

福祉国家が組み直される中，女性が働きやすい環境を作ったり，家庭でのケア労働に対して手当を支給する制度が整いつつあるが，いまも制度のあり方は各国で違いがみられる。

③　多元化する福祉

オイルショック後の低成長期に入ると，新自由主義が台頭し，国家の役割を小さくすべきだとする考え方が勢いを得た。民営化や規制緩和が進められ，政府は福祉の領域からも手を引くべきだとされた。福祉において政府が果たす役割が小さくなると，民間アクターの活動の余地が広がり，その中に新しい福祉供給の担い手が登場する。ますます多様なアクターが福祉分野で活動するようになり，福祉多元主義が現れた。

新たに登場した民間アクターは，サードセクターと呼ばれる。市民が自発的に組織し，公的機関から自立して，公共的目的のために活動する。サードセクターの一つで，各国で広がっているのが，社会的企業である。利潤を優先せず，再教育や就業など社会的課題のために活動する企業を指す。

政府による画一的な政策では社会的排除に十分に対処することができないため，生活者に密着して機動的に対応できる新しい民間アクターに期待が寄せられるようになっている。

④　移民と福祉国家

グローバル化が進むと，ますます多くの人が国境を越えて移動するようになった。その大半は所得の高い先進工業国に向かっている。

移民の増加によって，福祉国家はどのように変化するのか。「進歩主義のジレンマ」という仮説は，移民が増加すると福祉国家は縮小すると主張する。福祉国家は，同質的な国民がお互いの生活を保障する仕組みである。移民が増えて社会が人種・民族・文化的に多様化すると，国民の同質性は失われ，福祉を支持する声は弱まると考えられた。ただし，「進歩主義のジレンマ」の妥当性については緒論あり，いまも研究が進められている。

福祉排外主義も論点となった。これは，再分配の対象を「自国民」に限定し，そこから移民を排除する考え方である。例えば，先進工業国で台頭している右翼ポピュリスト政党は福祉排外主義を掲げている。ただし，移民が増えると福祉排外主義が広がるわけではなく，福祉国家の仕組みが影響を及ぼすと考えられており，現在も検討が続けられている。　　　　　　　　　　（近藤正基）

▷4　社会的排除は，金銭的困窮と人間関係・教育・社会保障からの排除が連鎖していることを指しており，こうした人々を社会に包摂するためには，経済面だけでなく，家族関係や生活能力などに応じて，それぞれの個人に対応する必要がある。

（参考文献）

三浦まり編（2018）『社会への投資——「個人」を支える「つながり」を築く』岩波書店。

カルロ・ボルザガ＆ジャック・ドゥフルニ編（2004）『社会的企業——雇用・福祉のEUサードセクター』（内山哲朗・石塚秀雄・柳沢敏勝訳）日本経済評論社。

Sainsbury, Diane (ed.) (1999) *Gender and Welfare State Regimes*. Oxford University Press.

事例Ⅰ：東アジア
── 家族主義／生産主義レジーム

 東アジアモデルとは何か

　東アジアモデルが福祉国家の新たな類型として議論されるようになったのは
1990年代以降である。韓国，台湾など東アジア NIES（新興工業経済地域）は，
1960年代に目覚ましい経済成長を遂げたが，1980年代まで権威主義体制下に
あった。福祉の受給は権利ではなく国家からの恩恵とされ，その規模も限定的
であったために，福祉国家の要件を満たしていなかったといえる。◁1

　一方，1980年代後半以降，東アジアに民主化の波が訪れ，福祉拡大の機運が
生じる。この過程では，福祉の受給が権利として確立するとともに，社会保障
制度の拡充や社会支出の増加が見られた。こうした背景の下，日本を含め，そ
れまで福祉国家の理論に適用されることが難しいとされてきた東アジアに共通
の特徴が東アジアモデルとして議論されるようになった。

　東アジアモデルには，韓国，台湾，香港のほか，日本が含まれる。◁2 いずれも
福祉の規模が小さく，家族が福祉の主要な担い手であるという点で家族主義レ
ジームと呼ばれる。◁3 他方，国家主導型の経済成長とそれによるパイの拡大が福
祉の脆弱性を補ってきたという点からは，生産主義レジームとも呼ばれる。◁4 欧
米の福祉国家とは異なる東アジアモデルの特徴として，以下二点がある。

　第一に，政府による市場介入のあり方である。欧米の福祉国家が，社会保障
を通じて人々の生活を支えるのに対し，東アジアモデルは開発や雇用を通じた
生活保障を行う。例えば日本や韓国では，長期雇用慣行や公共事業による雇用
創出など，男性稼ぎ手に対する雇用保障が行われてきた。労働市場から離れて
も生計を立てられることを「脱商品化」と呼び，福祉国家は一般に，社会保障
を通じて「脱商品化」を達成するが，東アジアモデルでは，労働市場に参加す
る「商品化」の過程に介入して生計維持を支援する。こうした仕組みは，とく
に現役世代に対する福祉の弱さや，介護や育児といった家庭内のケア負担を家
族（とくに女性）が担うという特徴をもたらしてきた。

　第二に，政治アクターの差異と，それによる政治対立軸の違いである。東ア
ジアでは，労働組合が欧米のように産業別ではなく，企業別に編成されてきた。
産業別労働組合が，社会民主主義政党を通じて社会保障の拡充を求めるのに対
し，企業別労働組合は，企業に対して企業福祉の拡充を求める。ここでは，企
業の経済成長が労働者の生活向上に直接結びつき，「成長か分配か」をめぐる

▷1　第15章第1節①参照。

▷2　東アジアモデルの中に中国やシンガポールを含む立場もある。しかし，一定の福祉の規模があっても，福祉の受給が権利として確立していないのであれば，福祉国家とはいえない。

▷3　第15章第1節③参照。

▷4　東アジアの共通性を指摘する研究には，家族が福祉供給の中心的役割を担ってきた要因として儒教文化に着目するものもある。東アジアモデルに対しては，その共通性を過度に強調する「オリエンタリズム」との批判もあり，東アジアの国々の位置づけをめぐっては多様な立場が存在する。

争点が顕在化しにくい。その結果，東アジアでは労働勢力が弱く，福祉国家が発展しなかった。[5]

② 東アジアモデルの変容

(1) ポスト工業化と「新しい社会的リスク」

　東アジアにおける少子高齢化の特徴は，欧米の福祉国家に比してきわめて短期間に進んでいる点にある。例えば，欧米諸国の高齢化が50〜100年をかけてゆっくり進行したのに対し，日本はその2〜4倍である。現役＝子育て世代に対する福祉が小さく，雇用を通じた生活保障がなされてきた東アジアモデルにおいては，産業構造の変容や雇用の不安定化による負のインパクトが欧米の福祉国家よりも大きい。社会経済の変化への対応が困難であるために，他の福祉国家以上に「新しい社会的リスク」が顕在化しているといえる。

(2) ジェンダー，ケア労働

　東アジアモデルの中で，とくに韓国（102位），日本（120位）は，政治・経済分野のジェンダー平等指数が低い（世界経済フォーラム 2021）。男女格差は賃金のほか，育休取得率，家事労働時間などに現れている。両国では，1990年代以降，保育・介護分野での制度が整備されてきたが，家族給付の公的支出の対GDP比はほとんど拡大していない。そのため，働く女性が増えたにもかかわらず，家庭内でのケア労働の担い手の多くはいまだに女性であり，ケア市場の担い手の多くも低賃金で働く女性である。[6]

(3) 多元化する福祉

　東アジアモデルでは，これまで脆弱だった社会保障が強化され，政府の役割が増大する局面と，福祉を供給するアクターが多様化し，政府の役割が縮小する局面が同時に進行した。日本や韓国では，2000年代に介護保険制度が整備され，保育料の無償化や行政による育児支援が強化された。他方で，高齢者施設や保育所運営の規制緩和が進み，従来の自治体や社会福祉法人だけでなく株式会社やNPO法人など新たな主体がサービスの供給元となっている。

(4) 移民が支える福祉

　急速な少子高齢化と労働力不足を背景に，移民が増加している。とくに香港，台湾では「移住労働の女性化」が早くから進んだ。[7] 香港には37万人，台湾には26万人の家事労働者がいるとされ，就労が長期化している。日本と韓国でも，2000年代以降に入ると，介護・看護分野で期間限定での外国人労働者の受け入れが進んだ。「農家の嫁」など国際結婚による結婚移民の増加も指摘されており，インフォーマルなレベルでも移民が新たなケアの担い手となっている。

（井上　睦）

▷5　第15章第2節②参照。

▷6　日本では近年，女性だけでなく，とくに18歳未満の若い世代が家族の介護など家庭内のケアを担っていることが「ヤングケアラー問題」として注目されている。

▷7　途上国の女性が自分の家族を残して先進国でケアを提供することで初めて，先進国女性の労働市場への参加が可能となる過程は，グローバル・ケア・チェーンと呼ばれる。

【参考文献】
安里和光編（2018）『国際移動と親密圏──ケア・結婚・セックス』京都大学学術出版会。
上村泰裕編著（2020）『新世界の社会福祉 7 東アジア』旬報社。
金成垣（2016）『福祉国家の日韓比較──「後発国」における雇用保障・社会保障』明石書店。
メイソン・キム（2019）『東アジア福祉資本主義の比較政治経済学──社会政策の生産主義モデル』東信堂。

5 事例Ⅱ：北　欧
──社会民主主義レジーム

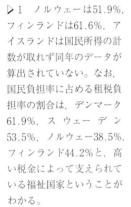

1 「北欧モデル」とは

　北欧（デンマーク，スウェーデン，ノルウェー，フィンランド，アイスランド）は，エスピン－アンデルセンをはじめ福祉国家の類型論では「社会民主主義レジーム」に分類されている。「北欧モデル」として知られる福祉国家は，第2次世界大戦後，経済成長と平等な再分配を実現しながら大きく発展した。

　その特徴としては，第一に，北欧のイメージとされる高福祉高負担の「大きな国家」だろう。例えば2018年の税金および社会保障負担を合わせた国民負担率（対国民所得費）は，日本は44.3に対しスウェーデンでは58.8%，デンマークでは63%と相対的に高い。北欧は充実した公共サービス，公的部門への雇用，そして租税に支えられた多くの現金給付システムを発展させてきた。その背景には国家が重要な役割を担い，異なる階級間の妥協を実現することで可能となった。

　第二に，「普遍主義」である。普遍主義は，神学，法学，政治学など多様な分野で用いられてきた。北欧モデルにおける普遍主義とは，社会権すなわち全ての市民に適用される権利を指す。社会保障の給付においてミーンズテストのような選別を行わない，つまり貧困者のみを対象とした保障ではなくすべての者が享受できるシステムである。

　第三に，「就労原則」である。北欧モデルの形成には，ケインズ主義に基づく労働市場政策とそれを支持する労働者の強い連帯が必要であった。これは完全雇用を達成し，雇用を通じて社会保障が受けられるシステムである。女性，障がい者であっても，個人の状況に応じて働くことが求められ，福祉国家を支えている。つまり北欧はフリーライダー（ただ乗り）を出さないシステムを築いてきたといえる。

2 北欧モデルの変容

(1)ジェンダー平等

　世界経済フォーラムによる「ジェンダーギャップ指数2021」では，第1位アイスランド，第2位フィンランド，第3位ノルウェー，第5位スウェーデンと，北欧はジェンダー格差が少ない国として上位を占める。1995年北京女性会議・北京宣言による「ジェンダー主流化」の方針もあり，北欧は「女性に好意的

▷1　ノルウェーは51.9%，フィンランドは61.6%，アイスランドは国民所得の計数が取れず同年のデータが算出されていない。なお，国民負担率に占める租税負担率の割合は，デンマーク61.9%，スウェーデン53.5%，ノルウェー38.5%，フィンランド44.2%と，高い税金によって支えられている福祉国家ということがわかる。

▷2　労働者と社会民主主義政党の連帯については，第15章第2節②を参照。

▷3　北欧における就労と社会保障のあり方については，「アクティベーション」による生活保障として注目されている（宮本 2009）。

▷4　2021年の日本の順位は156か国中120位と先進国なかでも最低レベルの結果であり，アジアでは韓国，中国，ASEAN 諸国より低い。

な」福祉国家として，幅広い分野におけるジェンダー平等政策が実施されてきた。例えば，スウェーデンは1974年に世界で初めて男性への育児休業（所得保障を含む）を認めることや，2014年には「フェミニスト政府」と称し，内政だけでなく外交においてもジェンダー平等の視点で政策を進める，常に先進的な改革を行ってきた。しかし北欧においても，現在もなお男性の家事や育児への平等な参加や男女平等の賃金をいかに達成するかが大きな論点となっている。アイスランドでは2017年「平等賃金証明に関する新しい法律」により，25名以上の従業員のいる企業は，同じ仕事をする人すべてに平等に賃金を支払う証明を義務づける，ジェンダー平等賃金も導入されている。

(2)「新しい社会的リスク」への対応 ◁5

　北欧における経済危機は1990年代初頭に訪れ，北欧モデルは再編を迫られた。福祉サービスは地方自治体に移管され，民営化によってサービス利用者の自由選択が重視され，より無駄のないサービスが目指されてきた。

　また，家族の多様化（ひとり親，事実婚の増加，同性カップルなど）により，家族モデルは戦後の中心であった「男性稼ぎ主モデル」から，よりジェンダー平等な「共働きモデル」へと変容し，福祉国家はその対応も迫られた。子育て，介護，若年層の長期失業などによって労働市場に統合されない新しい社会的リスクに対して，北欧は「アクティベーション」という職業訓練を重視した労働市場政策を中心としている。また保育や介護サービスなどの現物給付を通じて負担を減らし，再びその人らしく働くことのできる社会参加が目指されている。

(3)移民と福祉国家

　北欧（主にスカンジナビア諸国）において，第二次世界大戦後，移住を前提としない南ヨーロッパからの労働移民を受け入れていたが，1972年スウェーデン，1973年デンマーク，1975年ノルウェーにおいて政府は移民の受け入れを正式に停止した。しかしすでに1970年代よりヨーロッパ外からの移民も増大していた。当初は移民の社会的・経済的周辺化を防ぐため，統合政策が取られていたが，国際的な人権意識やマイノリティ文化への理解や尊重が広がったため，多文化主義を多く政策に取り入れている。例えば，スウェーデンでは移民の言語が保障され，図書館では様々な言語の本や新聞が並び，基礎学校では移民の子ども達の母国語での挨拶などの取り組みが行われている。

　しかし2000年代以降「義務なくして権利なし」というスローガンから，移民に対しより厳しい要件が課され，それを右翼ポピュリズム政党が牽引してきた。例えばノルウェーの進歩党，フィンランドの真のフィン人党は，連立政権にも参加するなど，北欧においても彼らは存在感を増している。社会の多元性や多文化主義に対し，北欧モデルがどう向き合うのか注目される。　　　　（浅井亜希）

▷5　「新しい社会的リスク」と福祉国家については，第15章第3節①を参照。

参考文献

財務省ホームページ「負担率に関する資料」https://www.mof.go.jp/tax_policy/summary/condition/a04.htm#a04（2022年3月22日）
クラウス・ペーターセン他編（2017）『北欧福祉国家は持続可能か──多元性と政策協調のゆくえ』（大塚陽子・上子秋生監訳）ミネルヴァ書房。
宮本太郎（2009）『生活保障 排除しない社会へ』岩波書店。
The World Economic Forum (2021) *The Global Gender Gap Report 2021.*

民族共存の模索

レイプハルトの「多極共存型民主主義」論

　ベルギーやオランダなどの西欧の小国は，歴史的に様々な大国に支配されてきた。その結果，国内には言語・民族，宗教などの様々な社会的な亀裂を抱えるようになった。オランダやベルギー，オーストリア，スイスといったヨーロッパの小国は，いずれも「分断社会」である。

　アメリカやイギリス（当時）は二大政党制が定着しており，政権交代が生じる。しかし分断社会では，宗教や言語・民族，階級などの属性で固定された「柱状化社会」が形成される。「柱」とは，それぞれのイデオロギーによって固定し，政党を頂点とし，マスメディア，学校，スポーツクラブに至るまで市民生活を包括する国家内の「部分社会」をいう。

　第二次世界大戦直後のアメリカの政治学においては，こうした社会では安定した民主主義国家の維持が難しいとされていた。属性で多様に分断された社会では政党システムは多党化し，単独で過半数を獲得することは難しい。政治は変化に乏しく，膠着し，不正なども生じやすくなる。これをイモビリスムと呼ぶ。

　しかし，オランダの政治学者レイプハルト（Arend Lijphart）は，自らの祖国オランダをモデルにして「協調（accommodation）の政治」（1968年）や「多極共存型（consociational）民主主義」（1977年）モデルを提唱した。レイプハルトによれば，こうした柱状化社会においても，それぞれの柱を代表する「卓越した」政治エリートたちが協調し，自陣の利益に固執することなく「妥協」することで，内戦を回避して，安定した民主主義体制が維持されると主張した。少なくとも先に挙げたような国家では，長い間，暴力的な政権交代は生じておらず，また立憲体制も維持されているではないかというわけである。

　その鍵は，①主要な区画の代表（政党）が「大連立」を組んで行政を進める，②重要な問題については多数決で決定するのではなく相互に「拒否権」を認める，③政治的な資源（ポストや資金）を各集団規模に従って「比例配分」する，④それぞれの区画にかかわることについては，それぞれの「自治」を認める，である。こうして資源を「分有」し少数派の利益を多数決で一蹴しないルールを作ることで，少数者の不満が蓄積されないようにしてきた。これがベルギーやオランダを維持してきた「多極共存型民主主義」の特徴である。[1]

▷1　レイプハルト・モデルについての入門書として，岩崎正洋（2006），特に第7章。また，レイプハルト（2014）。

156

② 和解の制度へ

　レイプハルトはその後自らのモデルを西欧小国に限定せず，適応する範囲を拡大し，当初は主に西欧大陸へ，さらにはアパルトヘイト後の南アフリカに関心を向けていく。その後の彼は積極的に自らのモデルの「英語の発音（コンソシエーショナル）が難しいから」という理由で，「権力分有（power-sharing）モデル」と読み替え，分断社会の統治システムとしてふさわしいとして考えて，新しい南アフリカ共和国憲法の起草に積極的にかかわっていった。南アフリカだけではなく，北アイルランド紛争のデイトン合意など，この多極共存型民主主義モデルは紛争後社会における政治制度の設計に大きく影響しているといわれ，レイプハルトは，20世紀の最も影響ある政治学者50人の一人にも数えられた。

　ベルギー史においては，第二次世界大戦後の「学校協定」がこの「多極共存型」的な問題解決の典型例であるとされる（この点は諸説ある）。各党代表者による，非公開の頂上会談で重要な案件を決定する。国家資源を比例分配し，決裂に至るような重要な案件が政治化すれば，解決できそうになければ「凍結」し，いったん議題としない。互いのイデオロギーに固執することなく，現実的な目の前の問題帰結に徹する。また，少数派には一定の条件の下で拒否権を発動することが許される。こうした慣例は，今なお新政権の形成に手間取るとき行われる。

　他方で，こうした手法が近年批判されていることも頭に入れておきたい。「妥協」することは，選挙の結果を忠実に反映しない可能性があることも含意する。実際，近年のベルギーでは，第一党のフランデレン地域主義政党 N-VA は，フランデレンの自治を高めようとしており「ベルギーが分裂してもかまわない」と主張することもあり，それが過激だと連立政権から排除される場合もある。そこで批判が生じる。「第一党が政権に入らないのは非民主的だ」という批判である。

　確かに第一党が政権に入らないことだけみれば，「非民主的」ではあるが，第一党を外して，「多数派が形成される」という点では，やはり民主主義的でもある。多極共存型民主主義だからといって，少数派が勝つ制度ではないということは理解しておきたい。

　また，こうした多民族国家においては，「柱」が地理的に集住していることも多く，ベルギーであればフランデレン地域にオランダ語政党が集中している。そうなると，政党は選挙の際，互いに同一選挙区のなかで競合し，地域主義がエスカレートしていく場合がある。「われこそが，最大のフランデレン地域の具現者である」というわけである。その結果，選挙後も地域間対立は残り，合意形成は難しくなる。こうした「競り上げ効果」をどう防ぐかが，今後も重要な課題であろう。　　　　　　　　　　　　　　　　　　　　　（松尾秀哉）

▷2 「競り上げ効果」についての詳細は松尾秀哉（2013）を参照のこと。

参考文献

アレンド・レイプハルト（2014）『民主主義対民主主義——多数決型とコンセンサス型の36カ国比較研究』原著第2版（粕谷祐子・菊池啓一訳）勁草書房。

岩崎正洋（2006）『政治発展と民主化の比較政治学』東海大学出版会。

松尾秀哉（2013）「分断社会における『和解』の制度構築——レイプハルトの権力分有モデルを中心に」松尾秀哉・臼井陽一郎編『紛争と和解の政治学』ナカニシヤ出版，51-66頁。

2 事例Ⅰ：中東・イスラーム地域の宗教と民族

1 帰属集団としての民族と宗教

　中東では民族と宗教の違いが主な社会的亀裂として，紛争を導いてきたとのイメージが抱かれがちである。とはいえこれは必ずしも正確な捉え方ではない。民族の違いを母語を基準に捉えるなら，中東は主にアラブ人（アラビア語），トルコ人（トルコ語），イラン人（ペルシア語）という3つの集団に大別できる。この他にも，少数派の言語集団（民族）は存在するが，2017年にイラクからの独立を問う住民投票を実施したクルドを例外として，民族独立運動が実際に政治問題化した例は，オスマン帝国崩壊以降は非常に数が限られる。

　1950年代には「アラブの統一」を共通の政治的目標にアラブ民族主義が掲げられたが，じきに勢いを失い，2020年のアブラハム合意[◁1]が顕著に示したように，近年では各国民国家単位での利害追及の傾向が強まっている。

▷1　アブラハム合意
イスラエルとアラブ首長国連邦，バーレーンの間で交わされた，国交樹立宣言のこと。

　他方で19世紀末のナショナリズム隆盛期に，ユダヤ教という宗教を民族アイデンティティの核に据えて，シオニズムという政治運動を起こし建国されたのがイスラエルである。建国により非ユダヤ教徒のパレスチナ人は故郷を追われて難民となるか，イスラエルに残り現在も人口の2割を占めている。

　宗教の面では，中東ではイスラーム教徒が圧倒的多数を占めるが，これに加えて東方正教会系の諸派などのキリスト教徒や，ユダヤ教，バハイ教，その他の少数派諸宗教の信徒がいる。サウジアラビアやエジプト，ヨルダン等ではスンナ派が大半を占め宗教的均質性が高いが，レバノン，イラク，シリア等では多くの異なる宗教・宗派が現在も共存しており，国内の宗教的均質性は低い。

　宗教・宗派間対立を避けるためには，様々な工夫がされてきた。レバノンの宗派主義制度[◁2]はその典型例である。中東では珍しくキリスト教徒が3割近くに上るとされるレバノンでは，キリスト教徒とイスラーム教徒の人口比に応じて政治的ポストが配分される。内戦後のターイフ合意で調整されたこの権力分有システムは，個人の信仰の度合いとは無関係に定められたものであり，中東における宗教・宗派の帰属集団としての一面を強く映し出したものといえる。

▷2　宗派主義制度
主要各宗派に議席配分の他，大統領，首相，国会議長の政治的要職が割り振られ，トロイカ体制とも呼ばれる。

2 「宗派対立の再燃」という虚像

　宗教・宗派間の対立で中東政治を説明することは，植民地主義的なオリエンタリズムに基づく視点であると，長らく批判されてきた。しかし近年では，実

際に宗教・宗派が原因とみえる戦闘が多発し始めた。2003年のイラク戦争は一つの転機であり，アメリカの軍事介入でフセイン（Saddam Hussein）政権が崩壊した後，イラクではスンナ派とシーア派の政治勢力の間で内戦が始まり一年で３万人以上の死者が出た。続いて2014年に登場した「イスラーム国」は，スンナ派以外を背教者と捉え，各国でシーア派を含む異教徒を残虐な方法で処刑した。

こうした展開は，宗派主義をめぐり新たな議論を巻き起こした。そこから導かれた結論は，先立つ政治的・社会的対立が宗派対立に転化されたことで，あたかも宗教・宗派自体が対立の原因や争点となっているかに見える，というものだった。[3] 既存の政党や世俗的社会組織の働きが弱い中東では，人々の日常の信仰や社会福祉に深く関わる宗教・宗派という帰属集団が，動員の際に利用されやすい。また戦後のイラクでは，スンナ派勢力のバアス党が政権を追われたことでシーア派新政権に反発したり，アメリカ主導の宗派別の利権配分が宗派間の憎悪を煽るなどして，衝突へ発展した。だが行き過ぎた宗派主義の操作化と暴力は，大半のイスラーム教徒から強い批判を招き，「イスラーム国」は短期間で勢いを失う結果となった。このように，宗派主義は中東に特徴的な本質的事象としてではなく，他の要素から影響を受けた構築主義的事象として捉える必要がある。

❸ イスラーム主義政党

中東政治と宗教をめぐる，もう一つの重要な論点としてはイスラーム主義が挙げられる。イスラーム主義とは，イスラーム的諸価値の公的な実現を目指す政治イデオロギーを指し，1979年の革命後のイランで初めて実現された。[4]「法学者の統治」[5] と呼ばれる政治秩序が「革命の輸出」により他のイスラーム諸国に波及することが懸念され，８年におよぶイラン・イラク戦争が始まった。

他にもイスラーム主義を掲げた政党には，アルジェリアのイスラーム救済戦線（FIS）や，ヨルダンのイスラーム行動戦線党，パレスチナのハマースなどが挙げられる。問題は，それらが民主的な政治過程で与党に選出されても，イスラーム主義政党であるがために国際社会から受け入れられず，結果的に内戦や政治的混乱に陥る場合が多かったことである。2011年の「アラブの春」では，民主化革命を経て独裁者を追放したはずのチュニジアやエジプトで，イスラーム主義政党が政権与党に選ばれ，欧米諸国に強い戸惑いを与えた。

中東諸国でこのように政治に宗教が関与する運動がしばしば登場する理由は，世俗化を前提とする西洋的近代化とは異なる理想をイスラーム主義が掲げているからである。教会と国家の分離のため政教分離に至った欧米諸国の歴史を，中東は共有していない。オスマン帝国が列強により分割支配される過程では，むしろイスラームに依拠した再興を目指す思想が現れ，1970年代のイスラーム復興を経て，イスラーム主義へと発展していったのである。　　　　（錦田愛子）

▷3　宗派主義をめぐる新しい議論は，イラク研究者の酒井による酒井啓子編著（2019）『現代中東の宗派問題』晃洋書房によくまとめられている。

▷4　詳しい議論は末近浩太（2018）『イスラーム主義』岩波書店を参照。

▷5　**法学者の統治**
ホメイニー（Āyatollāh R. Khomeinī）の思想に基づく政治体制で，ペルシア語でヴェラーヤティ・ファキーフと呼ばれる。イスラーム法学者が政治を指導し国家を統治する。

3 事例Ⅱ：アメリカの宗教と政治

冷戦終結後の国際社会で民族や宗教による紛争が多発する中で，比較政治学でも民族と宗教への関心が高まった。民族紛争に関してはユーゴスラビア内戦，続く2001年9/11のキリスト教VSイスラーム教で宗教紛争の言説が支配的になった。時の米大統領ブッシュ（George Bush）は，9/11首謀者であったイスラーム過激主義者ビンラディン（Osama bin Laden）が匿われているアフガニスタンへの米軍事介入を「十字軍」の言説で正当化した。中世のキリスト教徒がイスラム教徒に奪われた聖地エルサレム奪還のため使用した表現である。◁1

その後米国軍事介入は，イラクに拡大，そこには大量破壊はなく，宗教的にもイスラム教のシーア派とスンニ派の対立を激化させ，国民国家の枠を超え，既存の国境を越えて拡大したイスラーム国（IS）の台頭を招いた。

冷戦期にも民族・宗教紛争は存在したが，米ソ対立で国家が前面に出て，民族と宗教の対立が目立たなかった。ソ連のような大国では，異なる民族と宗教が混在していたが，共産主義体制下これらが抑圧されていた。共産主義体制下では「宗教は阿片」のため無神論が主張され，宗教は弾圧の対象で，ソ連邦及びその勢力圏の東欧では，キリスト教会の破壊や聖職者の処刑が行われた。◁2 東欧などの旧共産圏では，冷戦解体に宗教が一役買い冷戦後宗教の自由が認められ，ナショナルアイデンティティと結びついた。2022年2月以降のロシアによるウクライナ侵攻の背景にはウクライナ正教会のロシア正教会からの独立があるとされる。◁3

① キリスト教起源の民主主義理念のなかの保守的性格

19世紀中盤以降急速な工業化で取り残された労働者階級にキリスト教会は寄り添うという考えが重視され，弱肉強食の資本主義と，無神論的唯物史観の共産主義（マルクス主義）を批判した。これが労働者の権利を擁護する回勅「レールム・ノヴァールム（Rerum Novarum）」で，マルクス主義に対抗して階級闘争を否定，階級協調を主張，キリスト教民主主義や後の欧州統合の理念の基礎となる。組合など労働者の団結権や労働者の尊厳，私的所有権を前提とした労使共存を唱えた。個人主義でも国家主義でもなく，その中間である共同体の重要さを説き，補完性原理の元にもなった。補完性原理とは，基本的には個人や小規模グループのできないことだけを政府がカバーし，個人を尊重し，国家や政府が個人に奉仕するという考え方で，小グループ（家族，教会，ボラン

▷1　2001年9月11日のアメリカ同時多発テロ事件についてブッシュ大統領が16日の演説で「この対テロ戦争に対する十字軍」と述べ，中東諸国から非難を買った。

▷2　カール・マルクス『ヘーゲル法哲学批判序論』で「宗教は（中略），それは民衆の阿片である」と述べられ，ソ連及び共産圏諸国では多くの聖職者が処刑され，教会が破壊された。

▷3　ソビエト連邦の崩壊後1990年代に，ネオ・ユーラシア主義やビザンチン主義，汎スラブ主義など。またロシアによるウクライナ侵攻戦争の背景には2018年にモスクワ系ウクライナ正教会からのウクライナ正教会の独立が言われる。

ティアグループ）のイニシアティブを重視する。[4]

　また，この労働者の労働権の認識は，労働者の貧困や境遇の改善は（憐れみではなく）社会正義の問題とし，「人格の尊厳と基本的人権を認め，擁護し，愛する」ことを基本とした社会の変革や社会問題への主体的な取り組みを示している。労働者への搾取を糾弾し，労働とは人間の尊厳の源であるとし，そうした文脈で社会正義や人権問題を導き出した。これら２つの主要原理，補完性原理と人権の理念は，EU などの欧州統合以前の国連の前身である国際連盟の形成にも生かされた。

　バチカンは，ラテンアメリカでの国境紛争に介入し成果をあげ，やがて国際的な仲介機関が常設化する過程で，ハーグ平和条約（99年）やハーグ陸戦条約（07年）を経て常設仲裁裁判所設立に貢献する。また第一次世界大戦中に捕虜待遇問題ではプロテスタントの赤十字との協力によって捕虜の扱いの国際協定，ジュネーブ条約成立に至る。[5]

　キリスト教民主主義には保守性はあるが，米国のプロテスタント福音派に比べて包括的でレイプハルトの多極共存型民主主義的である。[6]欧州にはドイツやオランダ，北欧などではプロテスタントのキリスト教民主主義があり，ドイツのキリスト教連合はプロテスタントとカトリックを内在し，オランダ型や北欧ではルター派の主要なキリスト教民主党などがある。特に北欧では現在，複数の政党による連立政権ながら安定的な民主主義体制を維持する多極共存型民主主義がみられる。

② 一元論的なキリスト教解釈：米国の宗教ナショナリズムの排他性

　宗教も民族も包括性と排他性の両面を有している。民族主義はナショナリズムともつながり，宗教は国境を越えた包括性がある一方，異なる宗教への排他性もある。キリスト教を一元的に捉え，これを政治利用する傾向は，米国のキリスト教福音派にみられる。この主要勢力である南部バイブルベルト諸州の信仰は南部バプティストの系譜で，白人教会と黒人教会が別々に発展してきた歴史がある。キリスト教を白人の宗教と捉える人種的排他性の現れでもある。[7]米国の建国は，英国から渡ったピューリタン，ピリグリム・ファーザーズという宣教師が担い，ワスプという白人のアングロ・サクソンでプロテスタントという歴史があるからだ。[8]

　現在は特に中絶や LGST への権利付与をめぐって，女性から中絶権の剝奪，学校での進化論教育の妨害など，キリスト教の神を絶対視する一元論的なキリスト教解釈が，本来多元論的な宗教であるキリスト教への解釈と対立している。

（松本佐保）

▷4　教皇ピウス11世の回勅『クアドラジェジモ・アンノ』（『40周年に』1931年）が補完性原理の基礎的理念とされるが，この回勅は回勅「レールム・ノヴァールム」1891年の40周年を意味する。遠藤乾（2013）『統合の終焉──EU の実像と論理』（岩波書店）参照。

▷5　松本佐保（2019）『バチカンと国際政治──宗教と国際機構の交錯』（中央公論新社）参照。

▷6　アレンド・レイプハルト（2005）『民主主義対民主主義──多数決型とコンセンサス型の36ヶ国比較研究』（粕谷祐子訳）勁草書房。

▷7　松本佐保（2021）『アメリカを動かす宗教ナショナリズム』筑摩書房。

▷8　松本佐保（2016）『熱狂する神の国アメリカ』文藝春秋。

4 事例Ⅲ：ヨーロッパのキリスト教と政治

▷1　本節は主に水島治郎（2002）を基に，松尾がベルギー政治の動向を加味して部分的に加筆修正等している。

▷2　現代的な論点として，キリスト教民主主義政党の欧州統合に対する貢献を論じるべきであるが，紙幅の都合でここでは割愛した。先の水島論文や，土倉莞爾（2014）が容易に読める。

　ヨーロッパ政治史において重要な役割を果たしてきた政党の一群に「キリスト教民主主義政党（Christian democratic party）がある。近年は新自由主義の興隆，ポピュリスト政党の台頭に押されて，すっかりと話題にのぼらなくなってしまったが，ヨーロッパ政治史を語るとき，その意義を無視することはできない。ドイツはもちろん，かつてのフランス第四共和制（人民共和運動），さらに以前のイタリア（キリスト教民主党），オランダ（キリスト教民主アピール），ベルギー（キリスト教人民党／キリスト教社会党），さらにはルクセンブルク，オーストリアやスイスにおいて，「キリスト教」を名乗る政党が，場合によっては長く与党の地位にあり，戦後政治をけん引してきた。[1]

　比較政治学においては，特に1990年代に主に2つの論点でキリスト教民主主義政党が研究の対象にされた。第一に，なぜキリスト教政党が作られ，台頭したのか。第二に，そのイデオロギー的な独自性は何かである。[2]以下，その2つの論点を簡単に整理した後に，今後の課題と可能性を検討する。

キリスト教民主主義政党の台頭

　ヨーロッパ各国でキリスト教を掲げる勢力が組織化し，政党として一定の重要性を有するようになるのは19世紀後半である。特に各国の自由主義勢力が世俗化政策（脱キリスト教政策の意）を進めるようになったことへの反発が契機となっている。なかでも教育政策をめぐる対立が大きい。

　かつてヨーロッパでは，カトリック教会を中心に（私立の）学校が作られて信徒の子弟の教育を担っていた。しかし19世紀になり近代化を進めようとする自由主義勢力は教育分野における教会が独占していた特権を排除し，公教育を充実させ教育の民主化を進めるとともに，国家権力のもとに中央集権的な国家を形成しようとした。

　同時期，労働運動も台頭し，多くの国でキリスト教の政治勢力も階級的に分断していった。信徒には多くの労働者も含まれており，それが社会主義勢力に流れることを恐れた教会指導部のなかには教会主導の大衆動員を志すものもあった。教会上層部は，当時の平信徒を動員する指導者を，社会主義者と同類とみなして，恐れて「キリスト教民主主義者」と呼んだ。

　しかし，公立学校が拡充され，「宗教」の時間が「道徳」に置き換えられていくと教会側も危機感を高めるようになった。こうして保守的な信徒層とキリ

スト教民主主義一派が一致して自由主義勢力に対抗することで大衆化して選挙に勝利し，「キリスト教民主主義政党」が成立した。この政党は概して，多様な階層の平信徒の緩やかな連合体でもあり，換言すれば，教会と大衆組織を結びつけ，まとまったキリスト教民主主義政党を作りえた鍵は，教会の保守的な信徒層であった。同時に平信徒らに支えられたことで，その後，政党は教会から自立した大衆政党となっていった。この学校教育を中心とする問題は，多くの国でキリスト教民主主義政党が勝利し続けることで，20世紀になる頃にはいったん収束し，党は与党として多くの問題に対処していくことになった。

② イデオロギー的独自性

「キリスト教民主主義」なる言葉が一般的に市民権を得たのは，1891年の教皇レオ13世の回勅「レールム・ノヴァールム」が契機である。ここでは労働者の抑圧された状況が指摘され，資本主義に対する批判が述べられており，以降，党内の一派閥にすぎなかった「キリスト教民主主義」派は，第二次世界大戦が終わる頃には，（各国において多様な紆余曲折を経たが）自由主義，社会民主主義と並ぶ三大政党ファミリーに位置づけられるようなった。

各国で戦後，主導的な役割を果たしたキリスト教民主主義政党だが，キリスト教会には貧富の差を問わずすべての人が招かれる。また政党結成の経緯を見ても多くの階層の連合体であり，そのためキリスト教民主主義政党のイデオロギー的独自性は何かという点がしばしば議論された。

初期のキリスト教民主主義政党の研究者，アーヴィング（Ronald E. M. Irving）は，「人格主義（personalism）」を重視した。つまり人は個人ではあるが，共同体と切り離された孤立した存在ではない。人は共同体にあってこそ内面たる「人格」が成長するのだ。ここで共同体とは教会，地域社会，そして家族である。キリスト教民主主義は社会でも個人でもない「人格」の成長を目指す政党である。こうして人格主義は個人主義や社会主義と決定的に異なる。

こうした人格主義をもとにキリスト教民主主義政党のイデオロギー的独自性を福祉国家の質的相違に求めたのが，ファン・ケルスベルヘン（Kees van Kersbergen）である。すなわちキリスト教民主主義政党の内的な多様性をつなぎ合わせ，そして人格の成長の場としての「家族」を厚く保護する福祉政策を重視し，それを「社会的資本主義（Social Capitalism）」と呼んだ。ただし，90年代以降，新自由主義がヨーロッパを席巻するなかで一時期の勢いをキリスト教民主主義政党は失っている。2000年代以降，台頭するポピュリズムに追随するような動きを見せる場合もあり，福祉国家の縮減が謳われるなかでキリスト教民主主義政党の意義とアイデンティティの明確化が必要となるかもしれない。

（松尾秀哉）

参考文献

土倉莞爾（2014）「ヨーロッパ政治に息づくキリスト教民主主義」，Synodos，2014.11.04，https://synodos.jp/opinion/politics/11366/（2021年9月20日）

水島治郎（2002）「西欧キリスト教民主主義——その栄光と没落」日本比較政治学会編『日本比較政治学会年報第4号：現代の宗教と政党——比較の中のイスラーム』早稲田大学出版部，31-63頁。

Kalyvas, Stathis (1996), *The Rise of Christian Democracy in Europe.* Cornell University Press.

Kalyvas, Stathis and Kees van Kersbergen (2010) "Christian Democracy." *Annual Reviews of Political Science* 13: 183-209.

君主制とは何か

1　君主制の特徴

▷1　ここでは，イギリス国王を国家元首とする「英連邦王国」は除いている。

　今日，君主制国家は世界に28か国存在し，ヨーロッパに10，中東・北アフリカ地域（以下，中東）に8，アジア太平洋地域に8，アフリカ地域に2か国が分布している（水島・君塚 2018：3，巻頭図）。君主制の実態は様々だが，ここで最も簡潔かつ最大公約数的な定義を考えると，「特定の血縁集団内部で，過去・現在において国家元首が担当する（した）政治的権能を有する地位が継承される制度」，となるだろう。ただし，政治的権能が特定の集団内部で継承されるのは，君主制に限ったことではない。一党支配においては政党が，民族統治においては特定の民族集団が，国家元首を輩出する集団となり，またその権能を継承してゆく。君主制がそれらと異なるのは，政治的権能を保持する集団が血縁によって限定されるという点にある。血縁はいかなる努力によっても乗り越えることが不可能であるため，非常に強固な排他性をもつ。

　政治権力への排他的アクセスによって特徴づけられる君主制は，それがたどった（主としてヨーロッパの）歴史に照らして，民主主義と相反する政治制度に位置づけられることもある。それは国家元首を選挙によって決定する共和制と世襲で継承する君主制の二分法的解釈に顕著に現れている。すなわち，かつて強大な権力を有した国王（絶対君主制）が市民革命を通じてその権力を政府や議会と分有するようになり（立憲君主制），最終的に象徴的な地位となった（議会主義的君主制）という歴史である（君塚 2018：8）。ただし，こうした歴史解釈は妥当ではあるものの，今日では共和制であっても権威主義的（非民主主義的）な国家が多数確認されており，また近代的な政治制度と権威主義的な君主制を両立する国家も存在していることから，共和制を民主主義的な政治体制，君主制を非民主主義的な政治体制の遺産としてのみ位置づけることは難しい。

2　君主制の機能

　例えば，議会主義的君主制国家にみられる「王室外交」のように，君主が行政上の権力をほとんど有していなくても，現実政治に一定の役割を果たすことは広く知られている。また，タイの君主制に見られるように，国内世論が分裂して社会の分断が顕在化する，議会政治が空転してデモが頻発する，あるいは軍部のクーデタによって政局が混乱するなどの政治不安，民主主義の機能不全

が確認された際に，本来は政治的権力をもたない君主が様々な手段を用いて現実政治に介入することで事態の収拾に貢献したとされ，君主制が民主主義の維持に一定の機能を果たしたと評価する見解も存在する。さらに，君主が有する「政治的権能」には，現実政治における実効的な権力（行政上の権限）だけでなく，儀式や祭事の主催も含まれる。つまり君主は，儀礼や祭事を通じて各国が有する文化や伝統を体現する機能を有していると考えられる。それぞれの王室が持つ長い歴史が「伝統」を形作り，その王室を有する国家のアイデンティティや国民統合に一定の役割を果たしている——こうした視点に立てば，君主制は伝統に裏付けられながらも，常に時代と共に再解釈の対象となり，各国の文脈においてその意味が刷新され続けてきた存在であるといえる。

　他方で，中東地域の君主制のように，君主が実効的な政治権力を有し，それを行使する民主主義とはかけ離れた政治体制が今日まで安定的に維持されていることを参照すれば，ヨーロッパの君主制がたどった歴史に普遍性を見出すことは難しい。中東の事例は，古色蒼然たる権威主義的な君主制が現代に蘇ったものではなく，権威主義を維持するために様々な工夫が施された政治制度であり，政治学の新たな分析課題として注目をあつめている。ただし，そこでは「君主制」の比較と「権威主義体制」の比較が交差している点に注意が必要である。例えば，国家元首の権能を現在も君主が保有・行使する君主制を権威主義体制の頑健性という特徴から注目する場合，しばしば資源配分や為政者と有権者の関係，当該国における選挙制度の意味といった，権威主義体制研究で用いられる諸要素に基づいて考察されることが多い。そこでは君主制の特徴の一つ——政治権力を特定の集団内部で限定的に保持する——のみを扱っており，もう一つの特徴——特定の血縁集団内部でそれを継承する——という点については，十分に分析されているとは言い難い。為政者の地位を特定の血縁集団内で継承することは，そうでない場合と比較してどのような違いを生み出すのだろうか。

③ 残された課題

　こうした問いは，君主制概念の再検討を促すかもしれない。例えば，シリアにおいてはハーフェズ・アサド（Hafiz al-Asad）からバッシャール・アサド（Bashar al-Asad）へと大統領の地位が父子間で継承されたが，この事例は君主制との関係でどのように解釈されるべきだろうか。朝鮮民主主義人民共和国において労働党総書記の地位が3代に渡り相続されてきた事例は，君主制の枠組みで解釈可能だろうか。これらが君主制の一種であるならば，君主制は長い伝統によって育まれるだけでなく，共和制を乗っ取るかたちでも成立しうることを示唆している。

（松尾昌樹）

参考文献

君塚直隆（2018）『立憲君主制の現在——日本人は「象徴天皇」を維持できるか』新潮選書。

水島治郎・君塚直隆編著（2018）『現代世界の陛下たち——デモクラシーと王室・皇室』ミネルヴァ書房。

事例Ⅰ：権威主義的な君主制——中　東

▷1　正確には，アラブ首長国連邦は7つの首長国（アブダビ，ドバイ，ラース・アルハイマ，シャルジャ，アジュマーン，ウンムルカイワイン，フジャイラ）連邦国家であり，7名の「君主」が存在している。国際的にはアラブ首長国連邦が一つの国家であると考えられ，その元首の地位はアブダビ首長が有する。このため，本章ではアラブ首長国連邦の元首を1名として君主の数に加えている。

▷2　クウェートやアラブ首長国連邦では「シャイフ」（アラビア語で「長老」や「一族の長」を意味する）が用いられ，バハレーン，カタル，サウジアラビア，ヨルダンでは「マリク」（アラビア語で「王」を意味する）が，オマーンとモロッコでは「スルタン」が用いられる。

▷3　クウェートでは他の中東君主国と同様に君主の地位は皇太子に継承されるが，皇太子の任命には国会の過半数の賛成が必要とされる。これが得られない場合，支配家系であるサバーハ一族内部で選ばれた3名の皇太子候補が国会に提示され，その中から国会が皇太子を選出することによって決定される。このため，クウェートの君主は間接的に国民によって選ばれているとみなすことも可能であ

1　中東の特徴

　現在の中東地域には，アラビア半島のクウェート，バハレーン，カタル，アラブ首長国連邦，オマーン，サウジアラビアの6か国と，ヨルダン，モロッコの2か国の君主制国家が存在する[1]。君主の正式名称は各国で微妙に異なるが，特定の一族内部でその地位が継承されるという機能に着目すればいずれも「君主」に分類可能である[2]。これらの君主は憲法によって制度的に保障された政治権力を保持・執行する。クウェート，ヨルダン，モロッコは普通選挙と立法府（議会）が機能し，政治権力を議会と君主が分有しているが，それ以外では選挙制度，議会制度のどちらか，あるいは両方が不完全であり，君主が圧倒的に強い権力を有している。例えば，バハレーンの議会は民選議員の議会と勅選議員の議会からなる二院制で，後者は前者が提出した法案を差し戻す権限を有している。カタルでは，議員の3分の1は国王の勅選である。アラブ首長国連邦では，選挙人名簿と立候補可能者名簿は政府が一定の基準に基づいて作成する。なお，立憲君主制が採用されていても議会による憲法改正は制度上不可能であり，よって平和理に議会が君主制を廃止することは不可能である。君主の地位は男性にのみ継承可能であり，父子相続あるいは兄弟相続される[3]。

2　正統性の源泉

　君主の地位の正統性は君主としての権力それ自体に由来するが，同時にアラブ・イスラーム的な政治文化にも由来している。アラビア半島の君主国の場合，アラブの系譜によって分類される「部族」を単位とする「部族長」が君主となる[4]。例えば，バハレーンの君主はハリーファ族の族長である。「部族」概念はアラブ民族全体で共有されるが，アラビア半島で特に顕著である。「部族」概念は一族の長がそれ以外と比べて優越する力をもつこと，またある一族と別の一族の間で「格」の上下があるという前提をなし，これは支配王族が他の部族に優越する政治権力を有する状況を肯定する。こうした部族概念に加えて，モロッコとヨルダンの君主はイスラームの預言者ムハンマド（Muhammad）の子孫でもある。今日，イスラームは預言者ムハンマドの子孫に何らかの政治的権力を明示的に認めることはないが，その地位はムスリムにとっては尊敬・畏敬の対象となりうる。さらに，メッカとメディナというイスラームの聖地を保有

するサウジアラビアの君主は，「二聖都の守護者」の肩書きを保持しており，これは国王の正統性を強化することに貢献している。また，君主はラマダーン期間中に礼拝を行ってその様子を公開するなど，良きムスリムであることをアピールすることで，イスラーム的な正統性を獲得することにも努めている。

③　中東地域の君主制の頑健性に関する理論

　中東地域は他地域と比べて民主主義の程度が低いことが知られており，しばしば君主制はその典型とみなされる。たしかに，「アラブの春」の波を受けて生き残った権威主義体制がいずれも君主国であったことは，この地域で君主制が頑健性を有していることの証左である。このため，中東地域で権威主義的な君主制が維持される現象は，上記の政治文化論的アプローチ以外にも，政治学・政治経済学的枠組みから様々に説明されてきた。第一には，特にアラビア半島の君主国に用いられる「レンティア国家論（rentier state theory）」である。国有資産である石油の販売益は国家に直接流入するため，国家は国民から徴収されない，したがってその使途に対する説明責任が比較的小さな収入源を得ることになる。この収入を用いて，君主は減税を実施するとともに支出を拡大することで，国民の支持を調達する。

　第二に，国王を国家元首とし，国王の一族を主要な行政職（首相，外務相，防衛相など）に据えるという王族による集団統治形態である「王朝君主制（dynastic monarchy）」である。第二次世界大戦後の中東で生き残った君主制の多くは王朝君主制を採用していたという事実は，この理論の妥当性を示している。この制度は，権力を主要王族に配分することで一族内部の権力バランスを保ち，内部対立を抑止する。加えて，主要王族の協力が非王族を政治の中枢から排除することにつながるため，王族による権力独占を強化する。さらには，軍や警察といった主要組織の長を王族が掌握することで，クーデタを未然に防ぐ。アラビア半島の君主国は一夫多妻によって同世代の王族を多く抱えるために王族内部での権力闘争を招きかねないという弱みを有するが，王朝君主制はこれを強みに転換している。

　第三に，国内諸集団を競合させることで君主に対する強力な挑戦者の台頭を排除し，君主自身は諸集団を統合する役割を果たすという「リンチピン君主論」である。これは非産油国であるヨルダンやモロッコに該当する。ヨルダンやモロッコは他の君主国に比べて一定程度の民主化を達成しているが，民主化が進展することで政治結社や議会の立法権限の強化が承認されたとしても，結果的に選挙や議会内政治を通じて諸集団間の競争が生じるため，国王に対立する強固な集団の台頭が阻害される。さらに，国王は様々な政治集団を束ねるリンチピン（車軸のかなめ）の役割を果たすことで，その地位を盤石なものとする。

（松尾昌樹）

り，「世襲君主制」と神聖ローマ皇帝のような「選挙君主制」の特徴を部分的に合わせ持つと考えることもできる。

▷4　より厳密には，一族の中の特定の家系が，君主としての継承権を有する集団である。アラビア語では名祖に定冠詞の「アール」をつけて家系名として使用する。バハレーン君主の場合，その家系名は「アール・ハリーファ」となる。

参考文献

Beblawi, Hazem and Giacomo Luciani (1987) *The Rentier State*. Croom Helm.

Herb, Michael (1999) *All in the Family: Absolutism, Revolution, and Democracy in Middle Eastern Monarchies*. State University of New York Press.

Lust-Okar, Ellen (2005) *Structuring Conflict in the Arab World: Incumbents, Opponents, and Institutions*. Cambridge University Press.

3 事例Ⅱ：デモクラシーと共存する ヨーロッパの君主制

1 デモクラシーと君主制

　限られた血統に属する人々に特権的な地位を認める君主制は，基本的人権と市民間の平等を基本におく近代民主主義と相反する部分をもち，一見時代遅れに思える。しかしヨーロッパをみると，イギリス，北欧諸国，ベネルクス３国など先進的なデモクラシーの国々が，君主制を21世紀に維持し，君主が「元首」として国制上の役割を担っている。市民的自由の保障，福祉国家の発達，ジェンダー平等などの諸指標で国際的に最上位に位置する国々が，デモクラシーの平等原則に反するはずの君主制を維持している。ヨーロッパは，いわば「デモクラシーと君主制の共存」というパラドックスの舞台といえよう。◁1

2 君主制存廃の比較政治

　とはいえ歴史を振り返れば，多くの国で，君主制は廃止の憂き目を見ている。それでは，君主制の存廃を分けた比較政治史的な条件は何だったのか。

　実は君主制の廃止をもたらした二大要因は，敗戦と革命（あるいはその両者）だった。敗戦や革命で旧体制の正当性が根本的に問い直され，新しい政治秩序が模索されるなか，旧体制を象徴する君主制が廃止されたのである。

　もともと近代初期のヨーロッパでは，スイスなど一部の国を除き，君主制が圧倒的だった。しかしまずフランスで，18世紀末の革命でいったん王制が廃止され，その後めまぐるしく体制が変動したのち，19世紀後半に共和制が確立する。次に20世紀前半期になると，二度の大戦およびそれに伴う革命の勃発により，多くの国で君主制が廃止された。まず第一次世界大戦では，ドイツ帝国やハプスブルク君主国が敗北して君主制が崩壊し，帝政ロシアでは革命により王朝が滅亡した。次に第二次世界大戦後になると，イタリアで国王がかつてファシスト支配に道を開いたことが批判され，国民投票で王制が廃止され，共和制が樹立された。ルーマニアやブルガリアでは，革命や共産主義勢力の攻勢のもと，やはり王制が廃止されている。これらのように君主制が廃止された国は，概して君主権力が民主化の動きに消極的であり，敗戦や革命といった衝撃にさらされるなか，旧体制を象徴する君主制が打倒すべき対象として槍玉にあげられ，廃止へと進んでいったのである。

　他方，君主制が存続した国の多くは，18世紀以降，おおむね民主化が順調に

▷1　ヨーロッパにおける君主制国は，以下の通り。イギリス，スウェーデン，ノルウェー，デンマーク，オランダ，ベルギー，ルクセンブルク，スペイン，モナコ，リヒテンシュタイン。

進展し，巨大な体制変動を伴う敗戦や革命を経験していない。王制を支える軍，官僚制，復古的貴族は弱体であり，国王権力が民主化勢力を激しく弾圧して革命や敗戦を契機に王制廃止ののろしが上がる，という展開をたどることもなかった。イギリスでは17世紀，ピューリタン革命で国王が処刑されるなどの動乱はあったが，名誉革命後，議会の同意を前提とする国王統治のあり方が確立し，議院内閣制が成立していく。オランダやスウェーデンなどでも，紆余曲折を経つつ国王権力が民主化の流れを受け入れ，立憲君主制が定着していった。

しかもこれら立憲君主制国の多くは，第二次世界大戦中，ナチス・ドイツの侵攻を受け，国王・女王たちが抵抗のシンボルとして活動したことで，君主制への支持を一層固めることができた。占領されたオランダやノルウェー，ルクセンブルクの君主はロンドンに亡命し，国外からラジオ放送を通じて国民の士気を鼓舞している。こうして国民的な支持を受けることで，君主制はデモクラシーと矛盾なく受容されていった。

❸ 現代デモクラシーのもとで

成熟した現代のデモクラシーのもとで存続する立憲君主制には，変化も生じている。君主の政治的な権能は，概して縮小する傾向にある。王位継承権については男女平等が進み，イギリスはじめ「男女問わず第一子が王位を継承する」形に改められた。結婚によって新たに王室に入るメンバーの背景は，もはや王族や貴族などに限定されることなく，多様化している。

王室の活動も活発化した。各国の王室メンバーの多くが福祉・環境・国際親善などの現代的な問題に積極的な姿勢を示し，活動を発信している。むしろ現代の王室は，偏狭なナショナリズムから距離を置き，平和・人権などの普遍的な価値を重視する傾向にある。この一種の「中道左派」路線が，結果として国民各層からの支持を可能としている面もある。時代に合わせて王室のあり方を変化させてきたことが，現代の立憲君主制の存続を可能としている。

❹ 日欧比較の観点から

なお日本の天皇制も，ヨーロッパの立憲君主制と共通の特徴を多くもつ。近現代史を振り返れば，ヨーロッパの王室は皇室のモデルであり，王室・皇室間の人的交流も続いている。日本では2016年，明仁天皇がテレビを通じ，退位の思いをにじませた「おことば」を国民に向けて語り，2019年の代替わりが実現していったが，ヨーロッパでは2010年代前半，オランダ，ベルギー，スペインで高齢の女王・国王たちが相次いでテレビ演説で退位を表明し，代替わりに至っている。他方，王族・皇族の振る舞いが話題となり，インターネット上で批判を浴びることも増えてきた。日本の天皇制の行方を考えるうえでも，ヨーロッパの君主制の動向が注目される。　　　　　　　　　　　　　　　（水島治郎）

▷2 ドイツ出身でアムステルダムに住むユダヤ人少女アンネ・フランク（Anne Frank）も，迫害を逃れて一家で隠れ家生活を送るなか，ラジオを通じてオランダ女王の演説を熱心に聴いていた。

▷3 なおベルギーでは，1940年ナチス・ドイツの侵入を受けると国王レオポルドⅢ世が，政府の意向に反して降伏した。戦後，レオポルドⅢ世（Léopold Ⅲ）の復位は国民投票で可決されたものの，反発が強く，最終的に復位を断念し，長男が即位することで事態が収拾されている。

参考文献

君塚直隆（2018）『立憲君主制の現在──日本人は「象徴天皇」を維持できるか』新潮選書。

君塚直隆（2020）『エリザベス女王──史上最長・最強のイギリス君主』中公新書。

中山洋平・水島治郎（2020）『ヨーロッパ政治史』放送大学教育振興会。

ウォルター・バジョット（2011）『イギリス憲政論』（小松春雄訳）中公クラシックス。

水島治郎・君塚直隆編著（2018）『現代世界の陛下たち──デモクラシーと王室・皇室』ミネルヴァ書房。

Bogdanor, Vernon (1995) *The Monarchy and the Constitution*. Clarendon Press.

4 事例Ⅲ：東南アジア
——冷戦に翻弄された君主制

 ### 1 東南アジア君主制の状況

　東南アジアは，単一の大きな文明に支配されたことがなく，民族，言語，宗教について多様な地域である。歴史を振り返ると11〜13世紀頃から，各地で様々な王朝が登場しては滅びる栄枯盛衰が繰り返されてきた。現在，君主制が存在する東南アジアの国は，タイ，カンボジア，マレーシア，ブルネイ，インドネシアとなっている[1]。タイ，カンボジア，マレーシアは立憲君主制であるのに対して，ブルネイは絶対君主制である。インドネシアはジョグジャカルタ特別州知事の地位を世襲するという特殊な形態となっている。また，マレーシア，ブルネイ，インドネシアの島嶼部3か国については，イスラーム世界のスルタンである[2]。これらに加えて，ラオスでも1975年に共産主義革命が起きるまで君主制が存在していた。

2 植民地支配・冷戦と東南アジア君主制の変容

　東南アジア君主制は，欧米列強による植民地支配と第二次世界大戦後に始まった冷戦により大きな影響を受けた。長きに渡る植民地支配下において，君主たちは宗主国の庇護のもとで生き残りを模索した。また宗主国も国王の伝統的権威を利用した。例えばマレーシアでは，英国はスルタンの要請に応じて統治を補佐する間接統治体制という建前のもと，スルタンや伝統的マレー人エリートを保護した。ラオスでは，権益を維持するために国王の正統性を利用したいフランスと，王位の維持をフランスに依存したい国王との間で利害が一致した。またカンボジアにおいても，戦前に国王の地位を強化したのは宗主国のフランスであった。

　植民地支配は王室を強化するという側面をもったが，1950年代〜1970年代の冷戦は各国の王室の運命を大きく分けた。共産主義の嵐が吹き荒れるなか，米国が各国に対して政治介入を始めた。タイでは，軍部と米国が王室を反共産主義政策の手段として利用した。1958年クーデタを契機に独裁政権を樹立した軍部は，プーミポン（Bhumibol Adulyadej）国王夫妻に頻繁に地方行幸や外国訪問をさせることにより，自らの統治の正統性を高めようとした。冷戦期の反共産主義政策を経て，タイ王室の権威は大いに高められた。反対にカンボジアでは，退位後のシハヌーク（Norodom Sihanouk）が仏教社会主義または王制社会主義

▷1　カンボジアは，1970年に親米派ロン・ノル（Lon Nol）将軍のクーデタにより君主制が廃止されたが，1993年の国民議会総選挙後に再び立憲君主制が採択された。インドネシアは，国家としては共和制であるが，ジャワ島中部のジョグジャカルタ王朝は，インドネシア独立に協力したことから独立時に特別な地位を付与され，現在まで存続している。

2　マレーシア国王はアゴン（Agong）の称号を持つ。同国を構成する13州のうち9州がスルタンを擁しており，彼らの互選により任期5年の国王が選ばれる。

を掲げて「社会主義人民共同体」（通称サンクム）による独裁体制を敷いたが，中国や北ベトナム寄りであったことから親米派の将軍により打倒されて君主制は一旦廃止された。またラオスでは，米国軍がベトナムから撤退した後，共産主義革命により君主制が廃止された。

③ 東南アジア君主制と民主主義

　現在，東南アジアの君主制は岐路に立っている。問題となっているのは，国王と政治，または国王と民主主義との関係である。特に立憲君主制であるタイとマレーシアにおいて，国王の政治的役割について注目が集まっている。東南アジアの王室は，存在の正統性を仏教やイスラームの宗教的尊厳に依存している。しかし民主化が進展する今日において国王も説明責任や透明性を求められる。

　冷戦を生き残ったタイ王室は，軍部，官僚，華人系資本家との間にネットワークを構築し，強力な政治的経済的基盤を築き上げた。国王が軍事クーデタに正統性を与え，軍部が王室を擁護するという互恵関係により，1980年代まで権威主義体制，半民主主義体制を維持した。1990年代以降も王室を頂点とする王党派ネットワークは影響力を維持し続けているとみられている。21世紀に入ってからも2006年と2014年にクーデタが起きており，王室の権威に支えられた軍部が依然として政治的影響力を保持している。しかし他方で，2016年の国王の代替わり前から，国民の間から王室に対する不信の声が高まってきた。これを受けて軍事政権は，不敬罪やコンピュータ犯罪法などを利用して，王室改革や反クーデタを訴える活動家たちを厳しく取り締まり始めた。タイは「国王を元首とする民主主義政体」の名のもとに，議会制民主主義と王党派ネットワークによる政治的影響力を共存させてきたが，21世紀に入り政治経済社会の変化とともに矛盾が露呈し始めた。またマレーシアでも，国政レベルでは比較的目立たないものの，州レベルでは国王による議会への政治介入が常態化してきた。過去には国王とマハティール（Mahathir bin Mohamad）元首相との間でも衝突が起きている。近年では，2020年にアブドゥラ（Abdullah）国王が下院議員に対して予算案を承認するよう忠告したり，ムヒディン（Muhyiddin bin Haji Muhammad Yassin）首相が要請していた非常事態宣言の発令を拒否するなどの政治介入を行って注目を集めた。国王と議会政治との関係について，功罪両面から改めて見直すべき時がきている。

　君主制と民主主義との関係は，まだ十分に学術的研究がなされてきたとはいえない分野である。国王に多大な権限が付与されている場合には，君主制は民主主義に対して敵対的である可能性が高いとの見解も示されている。東南アジアは依然として民主化の途上にあり，今後の民主化において国王や王室がいかなる影響を及ぼすのか注視する必要があろう。　　　　　　　　（外山文子）

参考文献

粕谷祐子編（2022）『アジアの脱民主化と体制変動——民主制と独裁の歴史的起源』白水社。

タック・チャルームティアラナ（1989）『タイ独裁的温情主義の政治（東南アジアブックス——タイの社会）』（玉田芳史訳）井村文化事業社。

玉田芳史（2020）「第6章　現代の政治」飯島明子・小泉順子編『世界歴史体系　タイ史』山川出版社。

外山文子（2020）『タイ民主化と憲法改革——立憲主義は民主主義を救ったか』（地域研究叢書39）京都大学学術出版会。

Kershaw, Roger (2001) *Monarchy in South-East Asia (Politics in Asia)*. Routledge.

ポピュリズムとは何か

1　ポピュリズムという概念

　21世紀に入り，従来の政治のあり方を批判し，反既成政党，反移民・反難民，反イスラム，反グローバリゼーション，反EU（ヨーロッパ連合）などを唱えるポピュリズム系の政治勢力，政治指導者が台頭し，各国政治と国際秩序に強い影響を与えている。「人民」に依拠して既成政治を批判するこのポピュリズムについては，その反エリートの主張，アンチ・エスタブリッシュメント運動としての側面を重視する見方と，「法の支配」や権力分立を否定し，民主主義の根幹を侵食するものとする見方がある。前者の立場においては，ポピュリズムは「多数者」（人民）の統治を基本におく点で「民主主義的」であり，後者の立場からは，ポピュリズムは「反多元主義的」運動であって「非民主主義的」ということになる。しかしいずれの立場をとるにせよ，ポピュリズムが21世紀の現代政治を理解するキーワードであることは間違いない。◁1

2　ポピュリズムの展開

　ポピュリズムの起源は19世紀末のアメリカ合衆国にさかのぼり（第3節参照），20世紀半ばにはラテンアメリカ各国でポピュリスト政権が成立しているが（第2節参照），ヨーロッパでは21世紀初頭より各国でポピュリズム系の勢力が台頭した。特に注目を集めたのが2016年，イギリスでEU離脱（ブレグジット（Brexit））の是非を問う国民投票が実施され，離脱賛成票が僅差ながら多数を占めたことである。主要政党や国会議員の多数派，労使をはじめとする有力団体のほとんどが離脱反対の立場を表明したにもかかわらず，移民規制を求め，反EUを訴える主張が勝利したことは，国内外に衝撃を与えた。その後，紆余曲折を経て2020年，イギリスは正式にEUを離脱する。またフランスでは右翼・国民連合のルペン（Marine LePen）が2017年，22年と2回にわたり決選投票に進出した。その他，ドイツ，オランダ，ベルギー，スイス，オーストリア，デンマーク，イタリアなど，西ヨーロッパのほとんどの国でポピュリズム系政党が議会に進出し，既成政治を厳しく批判するとともに，移民・難民批判を展開し，政策にも一定の影響を与えている。◁2 またアメリカでは2016年，大統領選挙でトランプ（Donald Trump）が勝利し，中米や南米でもポピュリスト系の大統領が当選した。なお日本の政党では，「日本維新の会」がポピュリスト

▷1　なお日本では，特にメディアにおいて，ポピュリズムに「大衆迎合主義」という訳語を充てることがあり，また減税やバラマキのような「人気取り」政策をポピュリズムと呼ぶこともあるが，これは比較政治学におけるポピュリズム概念と，ややニュアンスが異なることに注意。

▷2　ただ反EUを旗印とするイギリスのポピュリスト政党・英国独立党（UKIP）の場合は，単純小選挙区制のもと，下院の議席獲得にはほとんど成功しなかった。

政党に分類されることがある。

③ ポピュリズム伸長の背景

　ではなぜポピュリズムが近年，先進国を中心に各国で拡大しているのか。その理由は以下の３点にまとめられる。第一は冷戦の終結と左右対立の変容である。20世紀末に東西冷戦が終結したことは，左派と右派のいずれにとっても政治的アイデンティティの弱体化を生み，従来の左右の対立軸を弱める結果をもたらした。その結果，既存の保守政党，左派政党はともに求心力を失い，有権者の支持を安定的に確保することが困難となった。第二はグローバル化による新たな対立軸の出現である。既成政党が保守，左派を問わずグローバル化を受容し，EU 統合を容認する中で，とりわけ旧工業地域の住民の中には，産業の空洞化の原因をグローバル化や EU 統合に求めて既成政党を批判するポピュリスト政党に支持を与え，ブレグジットに賛成票を投じる人も多くみられた。第三は既成政党を支えてきた中間団体の衰退である。かつての保守政党，左派政党は農民団体，経営者団体，宗教団体，労働組合など，加入率の高い中間団体をバックに持ち，資金や人材の供給を受け，選挙における支持を確保してきた。しかしこれらの中間団体がいずれも組織の弱体化，メンバーの高齢化に見舞われる中，団体に依存してきた政党への固定的な支持は減少し，有権者に直接アピールするポピュリスト政党が，支持を拡大する余地が生まれている。

④ 右と左のポピュリズム

　ポピュリズムといえば右派的な排外主義のイメージが強いが，左派ポピュリズムも各国で伸長している。ヨーロッパの左派ポピュリズムは，労働組合を基盤とした従来の社会民主主義と一線を画し，グローバル化に慎重であり，反緊縮を訴え，知識人や学生・労働者層に支持を広げている[3]。

　右と左のポピュリズムは，いずれも既成政治批判を中心に据え，団体に依存せずに人々の支持を直接集める点で共通している。他方，政策的な方向は大きく異なり，左派ポピュリズムが経済格差の是正を重視するのに対し，右派ポピュリズムはマイノリティの排除を訴える。左派ポピュリズムが批判対象とする「エリート」が，「人民」の困窮をよそに富を蓄える政治経済エリートであるのに対し，右派ポピュリズムが主たるターゲットとするのは移民に寛容でリベラルな「社会文化的エリート」である[4]。とはいえ左右のポピュリズムは，グローバル化に批判的で，「ナショナル」な枠組みを重視する点で一致を見せる。そのため既成政党にとって，ポピュリスト政党を協力相手とすることは容易ではない。旧来の政党政治が動揺し，急進的な左右のポピュリスト政党が各国で伸長するなかで，政治的対立の先鋭化が指摘される。現代の民主主義は戦後最大の試練を迎えているといえよう。　　　　　　　　　　　　　　（水島治郎）

▷3　フランスの「不服従のフランス」，スペインのポデモス，ギリシアのスィリザなどが代表的である。

▷4　同様に「人民」理解についても，左右のポピュリズムは大きく異なる。左派ポピュリズムにおける「人民」が，資本主義社会において抑圧された，移民や外国人も含む多様な「人民」であるのに対し，右派ポピュリズムにおける「人民」とは，移民や外国人を排除した「本来の国民」「自民族」を意味し，同質的な「人民」を指す。

参考文献

水島治郎（2016）『ポピュリズムとは何か──民主主義の敵か，改革の希望か』中公新書。

水島治郎編（2020）『ポピュリズムという挑戦──岐路に立つ現代デモクラシー』岩波書店。

カス・ミュデ＆クリストバル・ロビラ・カルトワッセル（2018）『ポピュリズム──デモクラシーの友と敵』（永井大輔・髙山裕二訳）白水社。

ヤン＝ヴェルナー・ミュラー（2017）『ポピュリズムとは何か』（板橋拓己訳）岩波書店。

シャンタル・ムフ（2019）『左派ポピュリズムのために』（山本圭・塩田潤訳）明石書店。

吉田徹（2011）『ポピュリズムを考える──民主主義への再入門』NHKブックス。

事例Ⅰ：メキシコ現代史にみる3つのポピュリズム

① 古典的ポピュリズム：ラサロ・カルデナス（大統領在任：1934〜1940）

　メキシコを含むラテンアメリカは，現代史においてポピュリズムが形を変えて繰り返し出現した地域である。19世紀初頭の独立以来，ラテンアメリカでは一次産品輸出経済のもとで寡頭支配層（オリガルキア）が政治経済社会的な影響力を長年独占していたが，世界恐慌を機にその支配は揺らぐこととなった。こうしたなか，近代化や都市化によって台頭してきた中間層と，組織労働者を中心とする民衆層との階級縦断的連合によって，寡頭支配層に対抗する政治運動が広がりをみせた。その主な潮流の一つが，古典的ポピュリズムである。▷1

　古典的ポピュリズムは，男子普通選挙に象徴される政治参加の拡大期に，国家が主導する輸入代替工業化の発展モデルの下，新たな勢力が政治・経済に包摂される過程で現れた。メキシコでこのポピュリズムを担ったのが，カリスマ的指導者とされるカルデナス（Lázaro Cárdenas）である。カルデナス自身は，1910年に始まるメキシコ革命のなかで頭角を現したエリート将校であったが，▷2トップダウンで組織化を促した労働者や農民の支持を基盤に，旧支配層や外国資本を人民の敵と位置付け，自らを民衆層の代表としてアピールした。

　1934年に政権に就いたカルデナスは，農地改革を進め，石油や鉄道の国有化を断行して，国民に熱狂的に支持された。国内の工業をほぼ独占していた外国資本に対する妥協なき措置は，国民のナショナリズム感情に訴えるものであった。ナショナリズムに加え，輸入代替工業化初期の国内市場向け消費財中心の軽工業段階において，再分配や福祉の拡充といった労働者に手厚い政策が，国内経済全体にとってプラスの効果をもっていたことが，階級間の連合を支えることとなった。

② ネオポピュリズム：カルロス・サリナス（大統領在任：1988〜1994）

　国家主導型の経済発展モデルは，財政赤字の拡大，経済低迷とハイパーインフレの蔓延で行き詰まり，1980年前後に新自由主義への転換が起こる。また当時，ラテンアメリカ域内諸国の多くは，軍政からの民政移管という政治的課題を同時に抱えていた。1980年代の累積債務危機を経て社会不安が増すなか，1990年代になると民衆層との直接的結びつきを重視するリーダーが登場する。これをネオポピュリズムと呼ぶ。▷3

▷1　メキシコ以外の典型例として，ヴァルガス（Getúlio Vargas, ブラジル），ペロン（Juan Perón, アルゼンチン）など。

▷2　ディアス（Porfirio Diaz）将軍の30年以上にわたる独裁体制を打倒した革命。政治経済社会構造の大規模な変革が目指された。第6章第5節も参照。

▷3　メキシコ以外の典型例として，メネム（Carlos Menem, アルゼンチン），フジモリ（Alberto Fujimori, ペルー）など。

　1988年に政権に就いたメキシコのサリナス（Carlos Salinas）は，前任のデラマドリー（Miguel de la Madrid）政権で始まった新自由主義改革を引き継ぎ，民営化や北米自由貿易協定（NAFTA）締結交渉を進めた。サリナスは政権党である制度的革命党（PRI）の大統領でありながら，党内で有力だった労働組合などを基盤とする勢力を新自由主義改革によって弱体化させ，代わって支持者との直接的でパーソナルな紐帯を重視した。これを支えたのが，国家連帯計画（PRONASOL）という貧困層向けの社会扶助政策であった。

　ネオポピュリズムが進めた新自由主義政策は，古典的ポピュリズムによる国家主導型モデルとは真逆であったが，「腐敗した既得権益層」を人民の敵として批判し，支持者との直接的結びつきを基盤に強い大統領が政策運営を行うスタイルには共通点がみられる。このため，ネオポピュリズムをめぐる議論では，政治スタイルを重視するポピュリズムの定義が広く強調されることとなった。

　一般に新自由主義改革には，富裕層よりも貧困層や中間層の人々に痛みを強いる側面がある。それにもかかわらず新自由主義とポピュリズムが両立しえた理由として，ハイパーインフレをひとまず収束させたことや，上述の国家連帯計画のように，一部の人々に対する分配政策はむしろ強化されたことなどがあげられる。しかし，1990年代末までには新自由主義に対する抗議運動が各国で広がり，ネオポピュリズムは衰退した。

❸ 左派ポピュリズム：アンドレス＝マヌエル・ロペス＝オブラドール
（大統領在任：2018〜2024予定）

　新自由主義とエリートに対する不満の高まりのなかで登場したのが，1998年の選挙で勝利したベネズエラのチャベス（Hugo Chávez）に始まり，2000年代に広がりをみせた左派ポピュリズムである[4]。左派ポピュリズムは，新自由主義政策によって一般国民が搾取されていることを批判し，外国政府（特に米国）や資本，およびそれとつながりをもつ国内の政治経済エリートを，腐敗した「人民の敵」として糾弾した。この時期の世界的な一次産品輸出ブームは，左派ポピュリズムの再分配政策を財政的に支えた。

　2018年にメキシコで発足した国家再生運動（Morena）のロペス＝オブラドール（Andrés Manuel López Obrador）政権は，2000年代に相次いで登場した域内の左派ポピュリスト政権よりも遅れて成立した。しかし，同政権の新自由主義に対する批判や貧困層最優先の社会扶助政策は，左派ポピュリズムの政策的特徴に合致し，また言説や統治スタイルの面でも共通点がみられる。

　例えばロペス＝オブラドールは，腐敗したエリートを強く批判し，大きな変革を強調する言説を用いて，旧システムからの歴史的転換を説く。また，毎朝の記者会見や国民投票的な手段の多用など，人々との直接的結びつきを重視するスタイルがみられる。政府に対する制度的監視や水平的アカウンタビリティは弱体化傾向にあり，「民主主義の侵食」が指摘されている。　　　　（馬場香織）

▷4　メキシコ以外の典型例として，チャベス（ベネズエラ），モラレス（Evo Morales，ボリビア）など。

（参考文献）

遅野井茂雄・宇佐見耕一編（2008）『21世紀ラテンアメリカの左派政権——虚像と実像』日本貿易振興機構アジア経済研究所。

恒川惠市（2008）『比較政治——中南米』放送大学教育振興会。

村上勇介編（2018）『「ポピュリズム」の政治学——深まる政治社会の亀裂と権威主義化』国際書院。

3 事例Ⅱ：アメリカ合衆国
──主要政党からの疎外から乗っ取りへ

1 ポピュリズムの「起源」

　今日広く知られるポピュリズムの起源の一つが，19世紀末のアメリカである。当時は工業化と都市化，市場の全国化が進む社会経済の大変革期で，上位1％の富裕層が国内資産の約4割を保有するというように格差が拡大し，不正な競争行為による市場の独占や寡占も問題視されていた。財界の横暴と，それと結託して対策をとらない政党政治家に反発が強まった。

　なかでも農民は，1880年代から互助団体の農民同盟を中心に政治運動を始め，やがて人民党（People's/Populist Party）を組織した。彼らは庶民の手に権力を取り戻すと訴えて，労働運動や禁酒運動等，既存の社会改革運動とも連帯を目指した。1892年の全国党大会では，負債を抱えインフレを待望する農民が求めた銀貨の自由鋳造だけでなく，8時間労働制や，連邦上院議員の直接選挙や秘密投票といった民主化改革が掲げられた。

　人民党は1892年と1896年の大統領選挙に候補者を立て，第三政党としては健闘したものの，民主党に政策的主張と支持層を奪われる形で解体した。二大政党の牙城は崩せなかったものの，その民主化改革案の多くが20世紀初頭に実現したことに示されるように，人民党は幅広い支持を集めた。アメリカでは，このように政財界のエリートから権力を取り戻そうとする下からの運動に起源をもつこともあって，ポピュリズムが肯定的に捉えられることが多い。

2 ポピュリスト的な指導者の登場

　アメリカでも，エスタブリッシュメントを敵視し，大衆との一体性を強調して動員するタイプの政治指導者が登場してきた。1829年に大統領となったジャクソン（Andrew Jackson）は，資本家支配を助長するとして中央銀行の特許更新を阻み，白人の西漸運動を後押しすべく先住民の排除を推進するなどしたことから，しばしば最初期のポピュリスト的指導者とされる。

　ポピュリスト的な指導者が目立つようになるのは，電波メディアの発達した後である。1930年代のニューディール期には，連邦政府の恐慌対策を左派的な主張で批判する者が登場した。例えばロング（Huey Long）連邦上院議員は，1934年に「富の共有」と称して大規模な公共投資と富裕層への課税による所得の再分配を訴えた。同年カフラン（Charles Coughlin）神父も「社会正義のため

▷1　農民は当時，耕作機械の購入や農作物の価格下落で困難を抱えていた。

▷2　1896年に民主党の大統領候補となったブライアン（William Jennings Bryan）はポピュリストとして知られ，「偉大な平民」と呼ばれた。

▷3　ジャクソンは，アメリカ革命の指導者でない初めての大統領で，イギリスとの「1812年の戦争」で国民的英雄になっていた。

の全国連合」を組織し，主要産業の国有化や労働者保護を打ち出した。彼らは
いずれもラジオを通じて支持を集め，短命に終わったものの会員制組織がそれ
ぞれ700万以上ともいわれる多数の会員を集めた。その人気は政権に危機感を
与え，ニューディール政策の左傾化にも影響したとされる。

　一方，20世紀の右派的なポピュリスト指導者の代表格が，1960年代以降4期
16年にわたりアラバマ州知事を務めたウォレス（George Wallace）である。保守
的な民主党政治家の彼は，減税に加え，市民的権利（公民権）運動の挑戦を受
けていた南部の人種隔離政策（ジム・クロウ）の存続を訴えて白人保守層に支
持された。1968年の大統領選挙で民主党の候補指名を目指し，敗退するとアメ
リカ独立党を組織してその候補となり，南部の5州で勝利している。

③ 今日のポピュリズム

　21世紀に入ると，インターネットも活用した草の根運動の登場が相次いだ。
2009年には，経済危機への連邦政府による公的資金注入等の対策に反対するテ
レビでのある呼びかけをきっかけに，経済面で極端に保守的な主張を掲げた運
動組織が各地で立ち上げられていった。このティーパーティ運動は，翌年以降
運動の支持を得た候補者が共和党から選挙に立候補した。彼らは当選後，保守
的な政策の実現を最優先し，それは共和党の内紛や，予算関連法案の不成立に
よる2013年秋の連邦政府の部分閉鎖にもつながった。

　左派の側でも，貧富の格差と財界による支配に対し，2011年9月からニュー
ヨーク市のウォール街に泊まり込むなどの抗議活動が始まり，「我々が99％だ」
をスローガンに翌年にかけて全米に広がった。この運動は，特定の指導者がい
たわけでも，具体的な政策目標を掲げて活動したわけでもない。しかし，国内
における左派的な見方の広がりが示されたことで，2016年と2020年に「民主社
会主義者」を自称するサンダース（Bernie Sanders）上院議員が民主党の大統領
候補指名争いで健闘するなど，民主党内で左派が勢いづくきっかけを作った。

　2016年大統領選挙では，実業家のトランプが共和党から出馬して当選まで果
たした。彼は政界を敵視し，人種・移民・性差別を前面に出す一方で，経済的
には保護貿易やインフラ整備といった主張を掲げて労働者層にアピールを試み
た。またトランプの登場は，政治の表舞台から排除されていた陰謀論者や白人
至上主義者の活動も活性化させた。彼は従来のポピュリスト指導者と異なり，
主要政党外から党の「乗っ取り」を試みてかなりの程度成功している。2021年
の大統領退任後も，共和党内ではトランプ支持派と反対派の競争が続いている。

（岡山　裕）

▷4　その後ロングは1935
年に暗殺され，カフランは
全体主義的な傾向を強めて
支持を失った。

▷5　ただし，保守系財団
の支援も受けており，純然
たる草の根運動とはいえな
いとの見方もある。

▷6　労働者の中でも，実
際にトランプ支持に回った
のは，人種差別的な傾向の
強い人々に限定されたとみ
られている。

参考文献

久保文明・東京財団・現代
　アメリカ研究会編
　(2012)『ティーパーティ
　運動の研究』NTT出版。
久保文明・岡山裕 (2022)
　『アメリカ政治史講義』
　東京大学出版会。
岡山裕 (2020)『アメリカ
　の政党政治──建国から
　250年の軌跡』中央公論
　新社。

**事例Ⅲ：イタリアにおける
ポピュリズムの主流化**

 現代イタリアのポピュリスト政党の特徴

　現代イタリアのポピュリスト政党は，戦後の既成政党が退場を迫られた1990年代前半に成立した第二共和制において，特に2010年代以降主役の座を占める。2013年総選挙では，初めて国政選挙区に登場した左派ポピュリストの5つ星運動が，下院で得票率第1位を記録するほど急激に支持を集めた。続く2018年総選挙後には，5つ星運動と右派ポピュリスト政党の1つ同盟の連合政権として主要先進国では初めてポピュリスト連合政権が登場する。その後勢力の変動はあるものの，左右のポピュリスト政党は政治の舞台で主役の座を維持している。

　イタリアの特徴は，①北西欧と比較して右派ポピュリスト政党が中小勢力ではなく最大政党として大勢力を確保していること，②南欧に共通して強力な左派ポピュリスト政党が存在すること，③他国では依然第1勢力である中道左派・中道右派の主流派政党がその座を喪失していること（伊藤 2021）にある。

右派ポピュリスト政党

　1994年総選挙を経て，右派は，ベルルスコーニ（Silvio Berlusconi）率いるフォルツァ・イタリアを核とした穏健中道右派，南部を主な地盤とする国民同盟，北部を地盤とする北部同盟を核とした急進右派に整理された。これらの政党は，1990年代後半以降，すでにポピュリスト政党と呼ばれた。その理由は，旧体制である第一共和制のエリート批判，反移民主義寄りのナショナリズムに傾いたアピールなど「薄いイデオロギー」に加えて，指導者に集権化されて政党組織の比重が極端に軽い構造にあった。

　2010年のユーロ危機と緊縮政策の打撃，アラブの春以降の難民流入増大は，右派の勢力関係に大きな影響を及ぼす。2000年代末までに諸勢力を糾合し一大中道右派政党の自由国民を結成したベルルスコーニの穏健中道右派勢力は，経済危機の舵取りに失敗して一気に勢力を失っていく。これに対して，難民流入やEUへの反発を糧とした急進右派の北部同盟は，新指導者サルヴィーニ（Matteo Salvini）の下で全国レベルに支持を広げて，同盟と改称した2018年総選挙以降右派第一党にまで伸長する。パンデミック以降の同盟の勢力が低下すると，代わってイタリアの同胞が地盤の南部を超えて支持を集め，2021年後半以

▷1　結党期の党首は，フィーニ（Gianfranco Fini）。1994年総選挙以降，10%台前半から中盤の得票率を記録する。2009年に自由国民に合流するため解散。

▷2　1970年代末に反税運動などから北部地域で自治強化を求める動きに端を発したロンバルディア同盟，ヴェネト同盟などの同盟（Lega）運動が，1990年代初めに合流して結成された政党。結党期の党首は，ボッシ（Umberto Bossi）。

▷3　自由国民内の旧国民同盟勢力など主に南部に地盤を有する勢力が，2012年結成した急進右派政党。党首はメローニ（Giorgia Meloni）。社会的連帯や人民主権，伝統的価値観の重視など極右政党の歴史的起源と反移民主義・反エリート主義などを組み合わせた戦略を採用する。同盟が政権参加などから反エリート政党として新規性を失う中で，政権参加経験の無い点を活かした既成政党批判を梃子として急速に勢力を広げている。

降は支持率で右派第1党にまで至るなど構図の変化がみられる。

③ 左派ポピュリスト政党

第二共和制以降，左派陣営では穏健中道左派勢力が優勢となって2007年の民主党結成につなげたのに対して，共産党左派などの急進左派は一時議席を喪失するなど少数派に押し込められた。だが，ユーロ危機の緊縮政策の打撃は左翼支持層に厳しく及んだため，当時のテクノクラート政権を支えた民主党は反発から勢力を大きく減らした。代わって急拡大したのが，5つ星運動である。5つ星運動はオンライン投票による政策決定や候補者選定など新機軸を導入し，EU批判など反グローバリズム的主張とベーシックインカム導入など経済ポピュリズム的な主張を組み合わせた新路線を打ち出した。組織的にも，非議員も含めた少数の指導組織に実質的な権限が集中するような軽い党組織構造を採用している。このため，イデオロギーや組織構造，政治スタイルの観点からも，ポピュリスト政党に区分されることが多い。ただし，同党が左派ポピュリスト政党と言えるかどうかには争いがある。支持者の党派性や党のプログラムを見ると，左右双方にバランスを確保している点が特徴といえ，例えばギリシアやフランスなどの左派ポピュリスト政党とはかなり相違がある。

④ 主流化するポピュリスト政党

ポピュリズムの主流化論は，ポピュリスト政党が掲げた政策課題（移民規制・EU批判）の主流派政党側による包摂，中小ポピュリスト政党の政権参加の双方を含む。イタリアのポピュリスト政党の勢力拡大は，そのような議論を現実が追い越したといえる。2018年のポピュリスト連合政権成立は，ポピュリスト政党が主流の座を奪ったことを意味した（D'Alimonte 2019）。2022年前半時点，左右の穏健主流派政党への支持は3割程度まで落ち込む一方，5つ星運動，同盟，イタリアの同胞といった左右のポピュリスト政党への支持は5割を超えており，政党システム上主流化を遂げたようである。もちろん，ポピュリスト政党側の適応戦略も看過できない。反移民主義やEU批判，エリート批判などで現実化を試みている。組織戦略の点でも，中央・地方の政権経験を経て一定の政党組織化が進んでいる。

このように，イタリアにおけるポピュリスト政党の拡大は，既存の政党民主主義の克服と適応の両側面を併せ持つ。ポピュリズム比較の点でも，主流化の先端例として注目に値する。

（伊藤　武）

▷4　第2共和制初期，旧共産党穏健派の左翼民主党（1998年に左翼民主主義者と改称）と旧キリスト教民主党左派が，中道左派陣営の二大勢力であった。この2党を中心に中小政党が合流して結成されたのが民主党である。2022年8月時点では20％台前半の支持を集めるが，かつて40％近い得票を記録した二大政党時代から比べると勢力減退に直面している。

▷5　創始者である元喜劇役者のグリッロ（Beppe Grillo）やネット起業家のカザレッジョ（Gianroberto Casaleggio）など非議員のメンバーが，党のイントラネットやシンボルを管理する組織を議会外に設置して，大きな影響力を発揮してきた。大政党として政権を担当して以降は，政権運営や議会対策の必要から，元首相のコンテ（Giuseppe Conte）氏など議員出身者も影響力を有するようになった。

参考文献

伊藤武（2021）「イタリア第2共和制における主流派政党の衰退」『年報政治学』2021（Ⅱ）：85-103.

D'Alimonte, R. (2019). "How the Populists Won in Italy." *Journal of Democracy* 30（1）：114-127.

クライエンテリズムをめぐる議論

1 クライエンテリズムとは何か

　クライエンテリズム（クライアンテリズム）とは，政党や政治家（＝パトロン）と国民・有権者（＝クライアント）とのあいだで，政治的支持と引き換えになされる利益分配のパターンや，それに基づく政治を指す。分配される利益には，金銭や食料，日用品などの供与から，給与の引き上げ，公共・民間部門での雇用，事業での優遇など，様々な財が含まれる。利益分配の条件が特定の政党や政治家に対する政治的支持（典型的には投票）であることが，クライエンテリズムをほかの分配戦略と区別する特徴である。◁1

　図19-1はクライエンテリズムとほかの利益分配の形態を図式化したものである。便益を得るための条件がなく，すべての人がアクセス可能な利益分配には，全国的な公共財供給政策が該当する。これに対し，一部の人のみアクセス可能な選別的便益がある。選別の条件は，所得制限や資力調査による場合や，特定の民族や宗教，特定地域への居住など様々だが，「特定の政党や政治家に投票する（した）か？」を選別の条件とするのが，クライエンテリズムである。

　したがって，ポークバレルと呼ばれるような特定の地域住民にもたらされる◁2便益は，それが特定の政党や政治家に対する支持を期待して供給される場合でも，クライエンテリズムとは区別される。これらの住民のなかには実際に当該政党や政治家に投票する（した）人もいるだろうが，そうでない場合も便益から排除されることはないからである。◁3

2 クライエンテリズムの多様性

　従来の研究では，クライエンテリズムは前近代的な政治・社会関係の一形態として捉えられ，パトロンとクライアントの間には上下関係が想定されて，パトロンに依存するクライアントにとって関係解消を選択する余地はないとされていた。これに対し近年の議論では，パトロンとクライアントの関係はよりフラットなものと想定され，利益の交換のみに基づく関係が強調される。そこではクライエンテリズムの履行にとって，パトロンとクライアントそれぞれが約束を反故にすることのないよう，裏切りを防ぐメカニズムが重要となる。

　クライエンテリズムの下位類型の一つの極に，関係性型クライエンテリズムがある。これは，組織的に強固な恒常的・長期的な関係のもとで，しばしば政

▷1　政治的支持と引き換えに供与される便益が公職ポストのような公的資源の場合，これをパトロネージと呼ぶ。パトロネージはクライエンテリズムの一形態である。また，便益は物質的な財の供給だけでなく，制裁の脅しのような形態をとることもある。

▷2　ポークバレルとは，公的財源を使って特定の地域や選挙区を対象に便益を供給する政治を指す。

▷3　ただし，利益分配が普遍主義的でプログラマティックな基準ではなく，個別主義的に行われる点においては，ポークバレルとクライエンテリズムは共通している。こうした観点から，ポークバレルなどのプログラマティック性の弱い利益分配に基づく政治をクライエンテリズムに含める用語法が採られる場合も少なくない。

党のブローカーを仲介して利益交換が繰り返されるクライエンテリズムである。生活の基盤となる公職や年金・奨学金などの便益の停止はクライアントにとって脅威であり，パトロンへの持続的な支持を促す。他方パトロンは，長年の忠実な支持者に対して利益分配を続ける動機付けをもつ。両者の持続的な関係性のもとで，利益交換の約束が双方にとって信頼に足るものとなるのである。

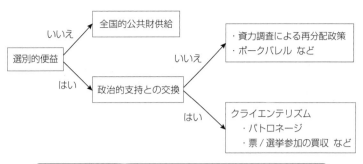

図19-1 クライエンテリズムとその他の分配パターンの概念図

出典：Hicken（2011：296）を一部修正して筆者作成。

　もう一方の極には，単発型（選挙）クライエンテリズムがある。これは，しばしば組織的基盤の弱い政党や政治家個人が，インフォーマルなブローカーを通じて，選挙キャンペーン中に金銭や物品と引き換えに票を買収するような，断続的で個別のクライエンテリズムである。一般に単発型では，有権者の忠誠を監視することが難しく，関係性型と比べて履行メカニズムは弱い。

③ クライエンテリズムと経済発展および民主主義

　クライエンテリズムを前近代的な現象として捉える従来の議論は，経済発展や民主主義への移行がクライエンテリズムを弱めることを含意していた。しかし，民主主義に移行した国々でも，クライエンテリズムは強靭性をみせている。

　もっとも，一般にクライエンテリズムは豊かな先進国よりも貧しい途上国で広くみられる現象である。その理由として，貧しい人のほうが供給される便益の価値を相対的に高く認識するため，ターゲットになりやすいことが挙げられる。また，貧しい社会のほうが人々の移動や社会的地位の変化が少ないため，地域的なパトロン−クライアントのネットワークを活用しやすい。

　他方，クライエンテリズムと貧困は，相互強化的な関係にある。パトロンにとってクライアントは貧しく依存的であることが望ましいため，経済発展へのインセンティブは弱い。またクライエンテリズムは，経済成長を促すような資源の最適配分を阻害すると考えられている。

　政治体制とクライエンテリズムとの関連を考える上では，クライエンテリズムの主体や多様性への着目が重要である。これまでの研究の知見から，一般に政権党のクライエンテリズムは権威主義体制の持続に寄与し，反対派のクライエンテリズムには民主化を促す効果があることがわかってきている。とりわけ関係性型クライエンテリズムで，こうした効果は大きいようである。また，権威主義体制下の支配政党は，民主化後もクライエンテリズムを行いやすい傾向が指摘されている。

（馬場香織）

参考文献

日本比較政治学会編（2022）『日本比較政治学会年報 第24号：クライエンテリズムをめぐる比較政治学』ミネルヴァ書房。

Hicken, Allen (2011) "Clientelism." *Annual Review of Political Science* 14 (1) : 289-310.

Stokes, Susan (2007) "Political Clientelism." Carles Boix and Susan Stokes (eds.), *The Oxford Handbook of Comparative Politics.* Oxford University Press, 604-627.

Yıldırım, Kerem and Herbert Kitschelt (2020) "Analytical Perspectives on Varieties of Clientelism." *Democratization* 27 (1) : 20-43.

事例Ⅰ：買票にみるインドネシアの 単発型クライエンテリズム

① スハルト体制下のパトロン‐クライアント関係

　インドネシアでは，1968年に大統領に就任したスハルト（Suharto）が自らに権力を集中させる権威主義体制を打ち立てた。スハルト大統領は暴力で反対勢力を抑え込む一方で，「パトロン」（＝親分）として政治・行政ポストやビジネスの利権などのパトロネージを「クライアント」（＝子分）に供与することで支持を調達し，反対勢力にまでパトロネージを分配してこれを懐柔し，長期的に安定した支配を確立することに成功した。スハルトという絶対的なパトロンを頂点とする秩序だったパトロン‐クライアント関係のネットワークが，スハルトによる個人支配を30年にわたり支えた。

　1998年に大規模な民主化運動が起こり，スハルト体制は崩壊してインドネシアは民主化する。スハルトが失脚したことで絶対的なパトロンはいなくなったが，政治的支持を調達する手段としての恩恵の供与という慣行は継続し，民主主義の下で選挙クライエンテリズムへと変容していく。

② 選挙クライエンテリズムと買票

　民主化によって国民は自由な選挙で政治的代表を選べるようになったが，スハルト体制下で政党は農村部での政治活動を厳しく制約されていたため，有権者との関係が希薄であった。そのような中で選挙候補者である政党政治家は，集票のために有権者に対して物質的恩恵を供与するようになった。候補者は身内や知り合いから成る選挙チーム（ブローカー）を組織し，そのチームの指示の下に選挙区の有権者に対して食糧品や日用品のような私的財やモスク補修費用の負担といったクラブ財などが提供され，選挙当日の朝には封筒に入った現金が有権者に手渡される。もちろん，このような買票行為は違法であるが，ほとんどの政党の候補者が行っており，多くの有権者が金品を受け取っている。

　買票が横行するのはなぜだろうか。インドネシアは経済発展の途上にあり，金品の配布を望む貧しい有権者が多いという現実があるが，それだけではない。選挙での競争の激しさが買票を合理的な選挙戦術にしている。インドネシアの選挙制度は比例代表制で非拘束名簿式が採られ，比例順位とは別に得票数が当落に大きく影響する。一人でも多く当選者を出したい主要政党は，一つの選挙区に複数の候補者を擁立する傾向にあり，候補者は他党の候補者のみならず同

参考文献

増原綾子（2010）『スハルト体制のインドネシア——個人支配の変容と一

じ党の候補者とも競争しなくてはならない。同じ党の候補者がライバルになるゆえに，政策は有効なアピールの手段にならず，むしろ買票が重要な戦術と見なされるのである。

③ 単発型クライエンテリズム

インドネシアのクライエンテリズムは単発型に分類される。議会の安定多数を確保するために，選出された大統領の政党を中心として多くの政党から成る連立政権が組まれる。連立に加わった政党には閣僚ポストが与えられ，政党はその省庁の予算や許認可権，プロジェクトの決定権を握り，企業と癒着する。一部の政党が長期にわたり政権の座にあって公的資源を独占することがないため，関係性型のクライエンテリズムにはならない。

政党の財政基盤が脆弱であるため，選挙候補者は党から財政的支援を受けられず，自前で資金を調達して有権者に金品を配布する。しかし，候補者と有権者の間に持続的な関係性がつくられないため，政党や候補者が有権者の投票行動をコントロールしたり監視することは難しく，候補者が有権者に金品を贈っても，有権者がその候補者や政党に投票するとは限らない。それにもかかわらず，なぜ候補者は買票戦術を採るのだろうか。有権者にとって，買票は複数の候補者との間で行われる一種の「取引」であり，彼らは金品を配布する候補者の中から選んで投票する。金品を配布しない候補者は有権者から「ケチ」だと見なされ，投票先の選択肢から排除されてしまう。有権者の「信頼」をつなぎとめるために，候補者は金品を配布しないわけにはいかないのである。

④ 民主主義を侵食するクライエンテリズム

ただし，すべての選挙でこのような買票が行われるわけではない。クライエンテリズムは国会議員選挙や地方議会選挙でよく観察されるが，有権者数が膨大となる大統領選挙では金品配布競争のコストがかかりすぎるため，買票は比較的少ない。有権者は恩恵供与よりも大統領候補者の宗教的・イデオロギー的性格やキャラクターを重視している。

クライエンテリズムはインドネシアの民主主義に負の影響を与えている。選挙で勝利した議員は，その権限を濫用して公的資金を横領し，金品配布などの選挙資金を回収したり，資金提供を受けた実業家や地域の政治経済ボスに対して公的プロジェクトやビジネスの許認可を不正に与えることがある。買票に莫大な資金が蕩尽され，政治家による大規模な汚職や，政治家と実業家の癒着の誘因となり，地方では政治経済ボスによる地域支配をもたらしている。腐敗した政党や政治家に対する国民の信頼は地に堕ち，政治家不信を招くことになった。インドネシアのクライエンテリズムは政治家と有権者の間をつなぐものではなく，両者を引き離しているといえるかもしれない。　　　　　（増原綾子）

九九八年政変』東京大学出版会。

Mietzner, Marcus (2013) *Money, Power, and Ideology: Political Parties in Post- Authoritarian Indonesia.* University of Hawaii Press.

Aspinall, Edward and Mada Sukmajati (eds.) (2016) *Electoral Dynamics in Indonesia: Money Politics, Patronage and Clientelism at the Grassroots.* NUS Press.

Aspinall, Edward and Ward Berenschot (2019) *Democracy for Sale: Elections, Clientelism, and the State in Indonesia.* Cornell University Press.

Muhtadi, Burhanuddin (2019) *Vote Buying in Indonesia: The Mechanics of Electoral Bribery.* Palgrave MacMillan.

Aspinall, Edward and Allen Hicken (2019) "Guns for Hire and Enduring Machines: Clientelism beyond Parties in Indonesia and the Philippines." *Democratization* 27(1)：137-156.

Hicken, Allen and Noah L. Nathan (2020) "Clientelism's Red Herrings: Dead Ends and New Directions in the Study of Nonprogrammatic Politics." *Annual Review of Political Science* 23：277-294.

増原綾子（2022）「インドネシアにおけるクライエンテリズムと民主主義」日本比較政治学会編『日本比較政治学会年報第24号　クライエンテリズムをめぐる比較政治学』ミネルヴァ書房，67-95頁。

3 事例Ⅱ：クライエンテリズムと政治腐敗
──ルーマニアとブルガリアの事例から考える

1 クライエンテリズムの持続と変容

　ルーマニアとブルガリアは，ギリシャと並んで，ヨーロッパにおいてはクライエンテリズムが強い国と見なされることが多い。これは新しい現象ではなく，19世紀後半にまで遡る両国の寡頭制的な議会政治においては，政党による広汎なパトロネージ的任用・行政の政治化と選挙時の票買収は一般的であった。社会主義体制期には，共産党一党支配の下で票買収は姿を消すものの，前者については両国版の「党＝国家体制」により，ある意味においてその極限状態に達した。その後，1989年の体制転換により，複数の政党が競合する選挙政治が展開されることになるが，ポスト共産主義の政治において，クライエンテリズムはいかなる発展を遂げたのであろうか。

2 ルーマニア：政党システムの「安定」を補強？

　2021年に日本で公開されたルーマニア映画『コレクティブ　国家の嘘』は，首都ブクレシュティのライブハウスで起こった，64人の若者が命を落とした火災事故と，これをきっかけに明るみに出た，政治や行政，医療をはじめとする日常生活における汚職・腐敗の蔓延をテーマとしたドキュメンタリー映画である。赤裸々に描かれた腐敗の問題は，映画の終盤に示唆されていたように，既存の政治勢力による選挙での勝利や支配体制の再生産と密接に結びついている。

　体制転換後の選挙政治を主導したのは旧共産党の系譜を引く社会民主党（PSD）である。同党は，最初の自由選挙以来，第一党の地位を維持し，旧支配政党の組織資源を継承するとともに，その長期にわたる政権期において，上級公務員を始めとするパトロネージ的任用を活用して，党幹部のリクルートや党組織の拡充を進めた。さらに，票買収も広く行われるようになる。金銭の提供も見られるが，最も一般的な方法は，政党の標章が付された安価な物品の提供（これは合法）やコンサート・酒食の提供による供応，小旅行などであり，これらと投票所への送迎が組み合わされることも多い。クライエンテリズムは，組織構築と選挙動員の有効な手法として，程度の差こそあれ主要政党の間で共有されている。

　票買収には裁量で使用できる相当な資金が必要となるが，その供給源は，民間企業／経営者からの政治献金である。政党側は，公共調達（特に建設・インフ

▷1　『Colectiv（邦題は『コレクティブ　国家の嘘』）』（A・ナナウ監督，2019年）。

ラ部門）や許認可において特定の民間事業者に有利になるように影響力を行使し，その見返りとして政治献金を受け取り，選挙キャンペーンや票買収の費用に充てるのである（政治献金は選挙年に膨張する）。

ルーマニアでは，90年代前半から議会政党の顔触れがほぼ変わらないという意味で，中・東欧では例外的に安定した政党システムが維持されてきた。主要政党は，選挙区でもある県を単位とするそれぞれの支持基盤を有し，浮動票が多いブクレシュティを例外として，支持固めのためにクライエンテリズムを用いてきたが，これが「安定」を補強した面もある。しかし，政治腐敗の問題はもちろんのこと，民主的プロセスの正統性は大きく損なわれている。総選挙の投票率も極めて低く，これはある意味，票買収の費用対効果を高めているが，その帰結は民主主義の空洞化に他ならない。

❸ ブルガリア：少数民族政党の適応と統合を促進？

ブルガリアの事例では，少数民族政党の役割が興味深い。このような政党の場合，属性に基づく帰属意識によって安定的支持を期待できるため，クライエンテリズムに依拠する必然性があるわけではない。しかし実際のところ，当該政党が代表する民族集団の構成員に選別的便益を分配することを重視する傾向が見られ，選挙における支持固めや安定した動員のためにクライエンテリズムが活用されることが多い。その典型例が，ブルガリアの人口の約９％を占めるトルコ系少数民族の政党「権利と自由のための運動」（DPS）である。

DPS は，旧共産党の後継政党と並ぶ，発達した党組織と多数の党員を有する政党であり，体制転換後初の自由選挙以来，ほぼ人口比に応じた（時にはそれを上回る）票を得ている。同党は2000年代を通じて連立政権に参加していたが，トルコ系住民の大部分が農業に従事しているため，大臣を始めとする農業省の高官ポストを確保し，同省や関連公社の末端レベルまで，パトロネージ的任用を行った。これは，党幹部・党員のリクルートといった党組織の拡充や，選挙時の貢献への報酬としての役割を担っている。

票買収も深刻な問題となっており，近年の選挙においても，内務省を中心として票買収の防止キャンペーンが繰り返されている。これと関連して，やはり少数民族であるロマの人々を対象とする票買収の問題が指摘されることが多いが，貧困や教育水準の低さなど，社会的排除の問題との連関に十分留意する必要がある。

ブルガリアの事例は，少数民族統合の成功例と見なすこともできる。DPS はトルコ系住民の物質的な便益を追求する中道志向の政党として定着し，繰り返し連立政権に参加するなど，政治システムに包摂されている。他方で，そのクライエンテリズムへの傾斜は，政治腐敗との関連で厳しい批判にさらされており，少数民族のイメージや民族間の関係に負の影響を及ぼす恐れもある。　（藤嶋　亮）

参考文献

藤嶋亮（2019）「ブルガリア・ルーマニア」松尾秀哉・近藤康史・近藤正基・溝口修平編著『教養としてのヨーロッパ政治』ミネルヴァ書房，255-268頁。

Gherghina, Sergiu (2013) "Going for a Safe Vote: Electoral Bribes in Post-Communist Romania." *Debatte: Journal of Contemporary Central and Eastern Europe* 21 (2-3)：143-164.

Kopecký, Petr and Maria Spirova (2019) "Clients, Patrons, and Members: Ethnic Parties and Patronage in Bulgaria and Romania." Saskia Ruth-Lovell and Maria Spirova (eds.), *Clientelism and Democratic Representation in Comparative Perspective.* ECPR Press, 41-59.

4 事例Ⅲ：関係性型クライエンテリズムの典型例としてのアルゼンチン

1 クライエンテリズムが見られる背景

1983年に軍政から民政移管したアルゼンチンであるが，同国に定着した民主主義の抱える問題の一つが根強いクライエンテリズムである。その背景には，次の4つの政治的・社会的特徴がある。

第一に，貧困率の高さである。ラテンアメリカの他の国に比べて貧富の差が小さいとされるアルゼンチンであるが，同国の国家統計センサス局（INDEC）によれば，2023年後半に世帯収入が基礎的全体バスケット（基礎的食料や日常的な基礎的支出の合計額）に満たなかった人々の割合は，全人口の41.7%であった。18〜69歳の市民には投票の義務が課せられていることもあり，貧困層からの支持調達が選挙結果に大きく影響する。

第二に，地方経済の州政府への依存度の高さである。アルゼンチンは23州と首都のブエノスアイレス市からなる連邦制国家であるが，経済活動は農業部門や鉱業部門を除いてブエノスアイレス都市圏に集中している。そのため，地方における経済活動は中央政府から地方交付金などの財政移転を受けている州政府への依存が強く，州政府が最大の雇用主となっている州もある。

第三に，1990年代に生じた正義党の脱労組依存の動きである。1983年の民主化から90年代にかけてのアルゼンチン政治は労組を支持基盤とする正義党[1]と急進党を二大政党として展開したが，正義党では労組とは距離のあるメネム大統領（Carlos Saúl Menem，1989〜99年在職）率いる派閥が主導権を握った。その結果，新自由主義政策の推進とも相まって，都市部においても労組にかわる新たな支持基盤の構築がクライエンテリズムを通じて行われ，その影響が現在も続いている。

第四に，投票方式の影響である。有権者は学校等に設けられた投票所で一般市民から抽選で選ばれた投票管理者から白い投票用封筒を受け取り，「暗室」と呼ばれる投票室（教室であることが多い）に1人で入る。次に，そこに並べられている各政党・政党連合の投票用紙から自らが投票したい政党のものを選んで投票用封筒に入れ，封をする。そして，「暗室」を出て投票管理者の前の投票箱に封筒を投じる。一部の州での地方選挙を除きこのような方式になっているが，後述するように，買票の起こりうるシステムとなっている[2]。

▷1　その後大統領に就任するペロン（Juan Domingo Perón）によって1946年に結成された政党。2001年末から2002年初頭にかけての政治経済危機から現在（2024年9月）に至るまで，マクリ大統領（Mauricio Macri，2015〜2019年在職）とミレイ大統領（Javier Milei，2023年〜在職）以外の大統領は全員正義党員である。ちなみに，ペロンの2人目の妻がエビータことエバ・ペロン（Eva Perón）である。

▷2　サルタ州等では地方選挙の際に電子投票用紙が用いられている。なお，国政選挙における投票用紙は2025年から変更される可能性が高い。

2 ブローカーとは？

アルゼンチンで根強く見られるのは関係性型クライエンテリズムであり，州知事をはじめとする地方政治ボスがパトロンである。ただし，州レベルの党組織で指導的な役割を果たしている各党の地方政治ボスが直接有権者とやり取りをするわけではなく，そこにはブローカー（punteros）が介在する。

ストークス（Susan Stokes）らがブエノスアイレス都市圏，コルドバ州，ミシオネス州，サンルイス州の約800人のブローカーを対象に行った調査によれば，84％はいずれかの政党に所属しており，非党員は16％にすぎない（Stokes et. al. 2013）。また，36％は公選職にあり（そのほとんどが市議会議員），30％は公的部門の職員である。さらに，38％は少なくとも一度は選挙に出馬したことがあるという。

そのようなブローカーは，常日頃から地域コミュニティに深く根を張ってクライアントである有権者のニーズを把握し，必要に応じて衣料・寝具や食料の配布，公的扶助の受給のための口利きといった便宜供与などを行う。そして，選挙の際にはこれらの「財やサービス」と交換に，パトロンの選挙集会への動員や買票などを行うのである。

3 裏切りを防ぐメカニズム

クライエンテリズムがパトロンの望む結果を生むか否かは，クライアントである有権者の投票行動にかかっている。よって，有権者の裏切りを防ぐことが重要である。

買票の際の監視手段の一つに，「チェーン投票（voto cadena）」がある。これは，アルゼンチンの投票方式においては投票用紙の供給を行うのが選挙管理機関ではなく各政党・政党連合であることを利用したもので，ブローカーは買票に応じたクライアントに自党の投票用紙が予め入った投票用封筒を渡し，(1)それをそのまま投票することと(2)投票管理者から自分用に渡された投票用封筒を次のクライアント用に持ち帰ってくることを要求する。▷3 そして，クライアントが次のクライアント用に空の投票用封筒を持ち帰ってくれば，期待通りの投票を行ったことが確認できるため，買票が成立する。

近年チェーン投票は減少傾向にあるが，あらゆる手段をもってしても実際に全てのクライアントを監視することには限界がある。▷4 しかし，「監視の可能性がある」と思わせることにより，貧困層のクライアントは公的扶助の受給などがストップしてしまうことのリスクを恐れ，裏切りにくくなる。

また，ブローカーが地方政治ボスを裏切る可能性もある。そのため，地方政治ボスはブローカーのパフォーマンスを選挙集会への動員力によって測り，期待通りの働きをしたブローカーについては，公選職の候補者に擁立したり，新たな公的部門のポストに据えたりすることで報いる必要がある。（菊池啓一）

▷3 投票用封筒を次のクライアント用に持ち帰るべく，最初のクライアントは非公式の投票用封筒を用いて無効票を投じることになる。

▷4 党から派遣されている投票立会人が，「暗室」内におかれている自党の投票用紙の残り枚数を定期的に確認するという方法もある。ただし，他党支持者が自党の投票用紙を盗難する可能性にも留意する必要がある。（投票用紙の盗難はしばしば発生する。）

参考文献

Stokes, Susan C., Thad Dunning, Marcelo Nazareno and Valeria Brusco (2013) *Brokers, Voters, and Clientelism: The Puzzle of Distributive Politics.* Cambridge University Press.

Szwarcberg, Mariela (2015) *Mobilizing Poor Voters: Machine Politics, Clientelism, and Social Networks in Argentina.* Cambridge University Press.

Zarazaga, Rodrigo (2014) "Brokers Beyond Clientelism: A New Perspective Through the Argentine Case." *Latin American Politics and Society* 56 (3)：23-45.

政治的リーダーシップを捉える

 政治的リーダーシップとは何か？

　政治的リーダーシップという言葉を理解するのは容易ではない。「リーダーシップが問われる／発揮が待たれる」等々，日常的に使われるものの，厳密な定義に欠いたまま用いられることが多いためだ。

　「リーダーシップ」は，「リーダー（指導者）」に，地位や状態を示す接尾語「シップ（-ship）」を組み合わせた言葉であり，ここから「リーダーが作り出されている状態」とみなせる。こうした意味を加味して，ブロンデル（Jean Blondel）はそれが明示的かつ本質的に権力的な現象であり，ナイ（Joseph S. Nye, Jr.）はリーダーとフォロワー，そして両者が相互作用する社会関係だと定義する。つまり，リーダーシップ研究は，ややもすると神話的な記述を伴う特定リーダーの評伝や伝記などと異なり，リーダーたる人物のもつリーダーシップが，どのように作られ，どのように作用するのかを関心の中心に据えるものだ。

　プラトン（Platon）の「哲人王」の議論などで知られるように，共同体にとってどのようなリーダーが相応しいのかは，古くからの問いだった。近代になっても，マキャヴェッリ（Nicollo Machiavelli）の『君主論』（1532年）や，ウェーバー（Max Weber）のカリスマ支配研究など，指導者の性質は現実政治や社会科学での関心であり続けた。

　このように，リーダーシップは権力の作用を考察する科学のひとつである政治学にとって重要な概念であるものの，体系的な考察の対象となることが少ない。これは，構造・機能主義に基づく対象分析を基礎としてきた比較政治学では因果関係やパターンの抽出が目的とされ，人間個性に注目する議論が過少に留まってきたことと無関係ではない。もっとも，リーダーシップが人間と人間との関係を起点とした有形無形の権力の姿と形式である限り，これがどのように作られ，行使され，理解され得るのかは，政治学での重要テーマとなる。

2 リーダーシップ研究の系譜

　政治家のリーダーシップの特性や，その効果を科学的手法でもって測ろうとしてきた現代の研究は，いくつかの系譜に分けることができる。具体的には，①政治家個人の心理・パーソナリティ研究，②リーダーシップが発揮される制度的・環境的条件，③リーダーシップの類型化からなる研究群がそれぞれ

▷1　社会学者パーソンズ（Talcott Parsons）は，社会システムの安定的な要素を「構造」，この構造に対する各要素の働きかけを「機能」と定義し，この視座が戦後政治学における基本的視座となった。

発展してきた。以下ではその代表的な研究を紹介する。

　政治家個人の心理・パーソナリティ研究は，大統領制を頂くアメリカ大統領のリーダーシップ研究で発展してきた。なかでも版を重ねてきたバーバー（James David Barber）『大統領の性格』は，歴代大統領の性格やキャリアからその特徴を見出す試みで，それぞれの性格を「活動的」「受動的」，スタイルを「積極的」「消極的」という四分法で分類している。

　他方で，こうしたリーダーシップがどのように発揮されるのか，どこまで有効なのかは，その前提条件が分析されなければならない。ここから，リーダーである彼／彼女が有する資源やリーダーシップ発揮の前提となる制度的・環境的条件に目が向けられる。一般的には，当該国の政治体制が議院内閣制なのか大統領制なのか，双方の特徴を持ち合わせた半（準）大統領制なのか等で，指導者のリーダーシップの在り方が変化することになる。手厚いスタッフに恵まれるアメリカ大統領と，議会に対する責任を有し，所属政党の顔でもある西欧の首相が有するリーダーシップの質は当然ながら異なることが予想される。

　そこで，アメリカ，イギリス，（西）ドイツの戦後政治を精査したヘルムズ（Edgar Helms）は，憲政で規定される「集団性」と「同輩性」の差異から指導者に付与される権限・資源，発揮される領域が異なると指摘した。また，英独の議院内閣制での「大統領制化」の傾向が見て取れることから，前者でのリーダーシップの質が変化しつつある，とした。

　リーダーシップには個別的な種類をみるより内在的な理解には，リーダーシップと対をなすフォロワーシップとの関係も視野に入れた類型論がある。その嚆矢であるバーンズ（James Macgregor Burns）の研究は，古今東西のリーダーシップの類型として「交換的（transactionnel）」と「変革的（transformative）」の２つが存在するとした。前者は，既存のフォロワー達の要求を満たす安定的なリーダーシップ・スタイルであり，後者はフォロワー達との相互作用によって共同体により好ましい価値をもたらすものである。

　その他のリーダーシップの把握方法として，意思決定方式に注目するもの，社会構築主義的な観点からのもの，心理的・精神的な分析など，様々なアプローチがある。

❸　民主主義におけるリーダーシップの重要性

　政治学でリーダーシップ研究が重要なのは，その民主政治での機能を問うものであるからだ。共同体（国際社会，国，政党，地域など）でどのようなリーダーとフォロワーの関係が構築されるかは，リーダーが独裁的になったり，フォロワーの意思から大きく離反したりすることを避けるためには，欠かせないテーマであり，こうした規範的な観点からも，政治学におけるリーダーシップ研究の重要性は今後とも薄れることはないだろう。　　　　　　（吉田　徹）

参考文献

ジョセフ・S・ナイ Jr.（2008）『リーダー・パワー』（北沢格訳）日本経済評論社。

Blondel, Jean (1986) *Political Leadership: towards a general analysis*. Sage.

Barber, James David (2020) *The Presidential Character. Predicting Performance in the White House* (5th ed.). Routledge.

Burns, James Macgregor (2010) *Leadership*, Harper Perennial Modern Classic.

Helms, Ludger (2005) *Presidents, Prime Ministers and Chancellors: Executive Leadership in Western Democracies*. Palgrave Macmillan

事例Ⅰ：英仏米のリーダーシップ

　本節では，政治体制に応じて政治的リーダーシップがどう異なるのかをみる。政治体制とは，政治権力が社会で安定した支配を持続するための制度や政治組織の総体を指し，民主政での下位概念として議院内閣制，大統領制，半（準）大統領制がある。以下では，議院内閣制のイギリス，半大統領制のフランス，大統領制のアメリカでのリーダーシップをみていく。

1　イギリス政治におけるリーダーシップ

　イギリスは議院閣制の典型例となされ，レイプハルト（Arendt Lijphart）による民主主義の類型論では，小選挙区制や二大政党制，単独内閣等が特徴の「多数派民主主義」に分類されてきた。首相は，選挙で勝利した議会の多数派が選出し，国王によって任命される。その権限は慣習によって規定されているものの，大臣や官職の任命・罷免，官職や省庁の再編，内閣委員会の設置・委員任命の権能を有し，また下院の解散権等を有する。さらに，首相の機能を補佐する首相官邸，政策形成と調整を担う内閣府がこれを補強する。

　イギリスの首相は，元来内閣の「同輩中の第一人者」とされてきたが，時代を追って徐々に「首相統治」の色合いを濃くし，近年では「議院内閣制の大統領制化」の典型例とされるようになった。首相が首相官邸の権限や機能を高めて自党からの自律性を実現し，メディアの発達から，議会を迂回して直接的に世論に訴えかえるようになったためだ。

　議院内閣制は，立法府と行政府が融合するため，内閣に権限が集中しやすい。さらに首相主導の政策形成・実施が強化されて，議会や党が軽視されるようになった。これがブレア（Tony Blair）首相のイラク戦争参加といった独断的判断を招いたと批判されている。こうした「官邸主導」や「政高党低」の弊害は，行政府に対する体制内でのチェック・アンド・バランスをどう実現するのかという問題を投げかけられることになった。

2　フランス政治におけるリーダーシップ

　フランスの政治体制は，1962年から国民から直接選出されることになった大統領と，議会（下院）の多数派から選出され，大統領が任命する首相を有する半大統領制であることを特徴とする。憲法上，大統領は国家の独立と国土保全，条約順守の責任を負い，三軍の長であるほか，議会の解散権や国民投票の実施，

また政令などを通じた法制化を行うことができる等，広範な権限を有する。政府は，国家の政策を策定し，実施すると定められている。

　過去には三度に渡って大統領と首相の党派が異なるコアビタシオン（保革共存）が生じた。これは，大統領任期（7年）と議会任期（5年）が異なるためで，政策の責任の所在が曖昧になるという結果をもたらした。そのため2000年に憲法改正が行われ，大統領と議会任期が5年に同期された。その結果「超大統領化」という現象が生じた。政治的正当性では首相に勝る大統領が前面に立ち，それまで内閣に任していた内政の方針を事細かに決めるようになる。この傾向は，2002年から大統領を務めたサルコジ（Nicolas Sarkozy）大統領のもとで明瞭となり，2012年に選出されたマクロン（Emmanuel Macron）大統領任期下で強化された。外政・内政問わずトップダウンで政策が決定されたため，大統領選後の下院選への関心を低め，議会での実質的な討議がなされないという批判につながった。

③ アメリカ政治におけるリーダーシップ

　アメリカ大統領も三軍の長であるとともに行政の長と憲法で定められるものの，行政権と立法権の分離が徹底しているため，その権限は制約である。大統領は官職任命でも議会の同意を必要とし，審議を求めることはできても法案提出権を持たず，解散権も有していない。

　ただし，1929年の大恐慌をきっかけに，ローズヴェルト（Theodore Roosevelt）大統領が直属組織を拡大し，大統領令による統治を行い，より大きな権限を手にした。以降，アメリカ大統領は強い権限をもつ「現代大統領制」として認知されるようになる。ただし70年代から，中間選挙で大統領の政党が上下両院で過半数を握ることが困難となり，こうした「分割政府」の状況から内政では大統領の方針を貫徹することが難しくなっている。オバマ（Barak Obama）大統領が目指した皆保険制度が完全には実現せず，トランプ（Donald Trump）大統領に対する弾劾裁判の模索などは，その象徴である。

④ リーダーへの権限集中という問題

　哲学者ロザンヴァロン（Pierre Rosanvallon）は，社会の多様化や政策が複雑化したため，多くの政治体制が執行権の強化をもたらす「大統領制化」を経験しているとし，政治が権威主義化していると指摘する。確かに各国ともにリーダーへの権限集中を経験しているが，それに伴う弊害も見逃せない。それでは，新たな政治的リーダーシップはどのようなものであるべきなのか――リーダーシップ研究は新たな課題に迫られているといえよう。

（吉田　徹）

参考文献

佐々木毅ほか（2015）『21世紀デモクラシーの課題』吉田書店。

アレンド・レイプハルト（2005）『民主主義対民主主義――多数決型とコンセンス型の36ヶ国比較研究』（粕谷祐子訳）勁草書房。

ピエール・ロザンヴァロン（2020）『善き統治』（古賀誠ほか訳）みすず書房。

事例Ⅱ：トルコのリーダーシップ

トルコでは約20年にわたって，エルドアン（Recep Tayyip Erdoğan）の強力なリーダーシップのもとで政権運営がなされている。近年は権威主義体制ともみなされるエルドアン政権であるが，政権の座についた当初はむしろ民主主義の進展に大きく寄与する存在として評価されていた。ここでは，エルドアンのリーダーシップのあり方がどのように変化してきたのか，トルコの政治的な出来事と関連づけながら論じていく。

1 政治的リーダーシップの文民化

イスタンブル広域市長として実績を重ねていたエルドアンは，自身が設立し党首を務めた公正発展党（AKP）を率い，2002年に単独政権を樹立した。AKPは，これまで軍に代表される世俗主義勢力に抑圧ないし排除されてきた人々に目を向け，彼らから広範な支持を受けて様々な改革を実施した。

そのうち最も重要な成果の一つが，軍の政治的影響力の減退である。トルコでは1960年・1971年・1980年にクーデタが発生しており，1997年にも明示的な軍の政治介入が生じるなど，軍が政治に積極的に関与する状況が続いていた。軍は国家安全保障会議をはじめ多くの政府機関に席を有し影響力を行使していたことから，いくら選挙で勝利をおさめたとしても，政権が十分なリーダーシップを発揮できる環境は整っていなかったといえる。エルドアンと AKP は，こうした状況を，軍も支持していた EU 加盟という目標を利用することで変化させた。つまり，EU 加盟条件としての民主化を説くことで，政府機関における軍の代表者の削減・排除を実現することに成功したのである。

これは，エルドアンや AKP に限らず，他の文民政治家たちにとっても，トルコの政治的リーダーシップの大きな転換点であり，民主化の名のもとで肯定的に受けとめられた。

2 個人への権力集中

しかし，2010年代に入ると AKP 内でのエルドアンの地位はより確固たるものとなり，次第にエルドアン個人のリーダーシップが注目を集めるようになっていった。

2013年に発生した大規模な反政府抗議運動への対応では，当時のギュル大統領（Abdullah Gül）や AKP 幹部らが話し合いによる解決を模索していたのに対

▷1　ここでは，世俗主義（läiklik）を中心とした共和国の近代化理念の維持を掲げ，そこからの逸脱を拒否する権力・社会集団を指す。

▷2　従来，大統領は議会によって選出されていたが，ギュル大統領が選出された後の2007年改憲によって国民の直接選挙へと変更された。

し，エルドアン（当時は首相）は選挙での支持と議会多数派であることを根拠に，運動の鎮圧と排除を正当化した。この後，AKP 内でエルドアンの方針に表立って反対する者は見られなくなり，エルドアンは AKP の唯一のリーダーとして君臨することとなった。

またエルドアンは，2014年大統領選挙で勝利したことで，国民の直接選挙によって選出された初めての大統領となった[2]。このことは，議院内閣制を採用し首相が執政府の長をつとめていたトルコにおいて，リーダーシップの所在についてあらためて考える契機をもたらした。エルドアンは，憲法によって党籍離脱と政治的中立が求められていた大統領職にあっても，首相の交替や AKP の候補者名簿決定に影響を与えるなど，AKP の唯一のリーダーとして引き続き政権を牽引していった。

③ 改憲によるリーダーシップの強化

2014年以降，エルドアンは憲法の規定以上のリーダーシップを発揮する大統領となっていたが，2017年の改憲国民投票で大統領制導入が承認されたことにより，制度が現状を追認・補強するかたちでそのリーダーシップはより一層強化された。

2018年から導入された大統領制は，様々な点で大統領の権限が強いものとなっている。例えば，大統領は執政権を有するとともに，大統領令の発令や非常事態の宣言，予算案の提出や憲法裁判所裁判官の大半の任命を行うことができる。また大統領が議会を解散できる一方で，議会が大統領や閣僚を罷免することはきわめて困難となった[3]。そして，党籍離脱義務が削除されたため，大統領は政党への所属が認められるようになった。実際，エルドアンは AKP 党首に復帰し，名実ともに AKP を率いる存在となっている。

このようにエルドアンは，制度の変更をともなうかたちで，リーダーシップの形態を権威主義的なものへと変化させてきた。しかし，この変化は国民の支持を十分に得ているとはいいがたい。2017年改憲国民投票での賛成は51.4％と過半数をわずかに上回ったにすぎず，2018年議会選挙では AKP の獲得議席数は議会の過半数におよばなかった。現行の大統領制に対する支持も縮小傾向にあるなか，トルコの政治的リーダーシップのあり方は今後も問われ続けていくことになるだろう。

（岩坂将充）

▷3 議会が大統領や副大統領・閣僚に対する審問を発議する際には議員総数の過半数が，また審問の開始には同5分の3以上が必要である。また，審問は議員によって構成される委員会にて行われ，議会はそこでの報告書をもとに弾劾裁判所へ提訴することもできるが，これには議員総数の3分の2以上が求められる。弾劾裁判は憲法裁判所によって実施されるが，裁判官の多数は大統領によって任命されることに注意が必要である。

参考文献

岩坂将充（2019）「議院内閣制の『大統領制化』から『大統領制化』されたた大統領制へ──トルコにおけるリーダーシップと改憲国民投票」岩崎正洋編著『大統領制化の比較政治学』ミネルヴァ書房。
岩坂将充（2019）「世俗主義体制における新たな対立軸の表出──トルコ・公正発展党と『国民』の世俗主義」高岡豊・溝渕正季編著『「アラブの春」以後のイスラーム主義運動』ミネルヴァ書房。
岩坂将充（2014）「トルコにおける『民主化』の手法──文民化過程にみる『制度』と『思想』の相互作用」『国際政治』178。
間寧（2018）「トルコ──エルドアンのネオポピュリズム」村上勇介編『「ポピュリズム」の政治学──深まる政治社会の亀裂と権威主義化』国際書院。

第20章　政治的リーダーシップ

4 事例Ⅲ：ヨーロッパ大陸の合意型リーダーシップ

1 合意型リーダーシップとは

　オランダ，ベルギー，スイスなどの西欧の小国は，地理的には西欧の，また西欧と東欧の交易や軍事の要所に位置しており，歴史的に大国によって支配されてきた。その結果，宗教や言語，さらには階級などの深遠な社会的亀裂を国内に有する。戦後のアメリカ政治学では，こうした多元社会において安定的な民主的政府の達成と維持は困難だと考えられてきた。しかし，レイプハルトによれば，こうした国家でも長く民主体制が維持されてきた。レイプハルトは，それを「多極共存型民主主義」と呼び，それが維持できる鍵は，各分断区画を代表する政治的エリートが妥協しあうこと，すなわち対立する争点で議会が紛糾する場合は「凍結」したり，一方が政治的資源を独占せず，「比例的に配分」したりする。こうしたエリートの「協調的行動」で，多元社会が有する遠心的傾向は「相殺」される。こうしたリーダーシップを，レイプハルトは「控えめなリーダーシップ」と呼んだ。ベルギーやオランダ，オーストリア，スイスのような多極共存型民主主義の政党リーダーたちは，それゆえ穏健で，政治的に中道的である。レイプハルト曰く穏健であることが，政治的安定に不可欠なのである。

　通常「リーダーシップ」という言葉の語感には「力強さ」「牽引力」のようなイメージがつきまとう。しかしかつて石田憲は，イタリア・ファシストの指導者，ムッソリーニ（Benito Mussolini）でも周囲のフォロワーがいたからこそ「独裁」体制を維持できたことを明らかにした。ソ連の独裁者スターリン（Joseph Stalin）の場合，側近たちがスターリンの許しなく勝手に寝室に入ることを恐れたために，発見が遅れて死に至ったという話もあるくらいだから，独裁的なリーダーであっても，行き過ぎれば政権を維持できないということであろう。このように，あらゆる政治的リーダーには合意形成の能力が不可欠といえるが，ここで取り上げる「合意型リーダーシップ」は，特に社会的亀裂を有し，遠心的な社会構造の下で登場する政治的リーダーの形態である。

2 合意型民主主義における例外的なリーダーの顛末

　では，なぜ以上のような多元社会で合意型リーダーが登場し続けるのだろうか。換言すれば，そうした社会では，合意型ではない，強制的なリーダーは登場しな

194

いのだろうか。だとすれば，それはなぜか。かつてレームブルッフ（Gerhard Lehmbruch）は，レイプハルトがリーダーの役割を重視しすぎていると批判し，こうした民主主義の存続を，「長期の歴史にわたる経路依存的な制度的学習がもつ重要性」を強調して説明している。つまり，そうした国には，歴史とそれに基づいた制度があり，合意型リーダーが生まれてくると解することもできる。

しかしだからといってこうした国家で独裁的なリーダーが登場したことがない，ということではない。かつて1960年代のベルギーでは，話し合いよりも即断即決を旨とした政治的リーダーが首相になったことがある。従来の長い話し合いと妥協による政治に疲れていた市民には，その「ワンマン」振りが新鮮に映り大いに人気を博したが，その政権は短命で終わったことも事実である。たとえ市民の支持を得ていても，分断された社会構造を土台にし言語やイデオロギーで小党分裂した議会を「ワンマン」はまとめきれなかった。それどころか耳を傾けない姿勢に反発を買い，一層議会（政党）はバラバラになってしまった。もちろんそのリーダーだけが問題ではなく，言語の対立などより根深い問題があったわけだが，分断した集団を丁寧につなぎとめる手腕が必要だったのかもしれない。

また，1990年代末以降，冷戦の終結，新自由主義の台頭を背景に，従来型の各政党の意見を丁寧にまとめあげるようなリーダーではない，やはり即断即決型のリーダーが選挙で勝利し，首相に選出されたこともある。このときそのリーダーは穏健化し，多様な意見をまとめあげ，様々な改革を成し遂げた。

いずれの場合も共通するのは，こうした例外的なリーダーが台頭するのが，それ以前に一定の期間政治や経済の混乱をきたし大きな暴動やデモが生じるなど，体制に対する不安感が市民の間に募っていたことだ。政治不信の時代には例外的な指導者が求められる。しかし，それで上手く政治が信頼を回復できるかどうかは，そのリーダーや問題の性質に依存する。特に言語・民族といった属性で分断した社会においては，例外的なリーダーがそのまま成功することは難しいかもしれない。

③ 新しいリーダー？

ただし，こうした分断社会においても，近年は過激で敵対的な言説を用いるリーダーが支持される傾向にある。2000年代に入って分離独立主義，移民排斥主義を掲げる政党が台頭している。こうしたリーダーは，話し合いによる合意を，「非民主的」と批判する。民主主義であれば，選挙の結果に従うべきであるが，リーダーによる話し合いは民主的な結果を捻じ曲げているというわけだ。コロナの時代において，人びとは即断即決できる強い指導者を求めるかもしれない。しかし想定外の事態においては，説明責任を誠実に果たしうるリーダーであるよう，市民の監視能力が強く求められる。　　　　　　（松尾秀哉）

参考文献

石田憲（1994）『地中海新ローマ帝国への道——ファシスト・イタリアの対外政策 1935—39』東京大学出版会。

ゲルハルト・レームブルッフ『ヨーロッパ比較政治発展論』（平島健司編訳）東京大学出版会。

松尾秀哉（2008）「コンセンサス・デモクラシーにおける「ワンマン」型リーダーの台頭」日本比較政治学会編『日本比較政治学会年報第10号：リーダーシップの比較政治学』早稲田大学出版部，151-170頁。

松尾秀哉（2019）「フェルホフスタットの政治的リーダーシップ——なぜ異質なリーダーが登場したのか」高橋直樹・松尾秀哉・吉田徹編著『現代政治のリーダーシップ 危機を生き抜いた8人の政治家』岩波書店，59-87頁。

比較政治学の研究とは

① この章で述べること

　本書をここまで読み進めてきた読者の中には，比較政治学の深淵な世界に魅せられた人もいる（はず！）だろうし，逆にあまりに広範なトピックに恐れをなし，逃げ出したくなってしまった人もいるかもしれない。

　なかには，何の因果か，大学で比較政治学の教員が開講するゼミを受講することになり，比較政治学に関する卒論やゼミ論を書き上げなければ，卒業や進級が覚束ないと焦っている人もいるかもしれない。手がかりが見出せず，藁をもすがる思いで本書を手にとってみたものの，いくら丁寧に読み進めても，何から手を付けてよいのか皆目見当がつかず，途方に暮れている……。本章はそんな読者に向け，実際に比較政治学に関する研究を行おうとする際の手がかりや，気を付けてほしいことをごく簡単に示すことを目的としている。

　あらかじめ断っておくが，本章は「この通り論文を書けば，よいものが書ける」という類の便利なノウハウを示すものではない。紙幅が許す限り，テーマの絞り方や論証の仕方など，注意点を箇条書き的に述べたり，思考のプロセスを紹介することとしたい。それぞれの内容をより詳しく知りたい，学びたいという場合は，適宜参考文献を挙げたので，参照してもらいたい。

　それでは，共に比較政治学の研究を行う旅に出よう。

② テーマの選び方

　いま，特に大学や教員からは特定のテーマを与えられず，「比較政治学に関する論文を自由に書く」，という課題があなたの眼前にあるとしよう。比較政治学に限らず，「自由」に論文やレポートを書く場合にまず直面するのは，どのようなテーマで書くかという問題である。もちろん，「自由」なのだから，好きなこと，興味のあること，あるいはすでにゼミや講義などで学習した内容からテーマを選ぶなど，選択の方法は「自由」である。

　しかし，テーマを選ぶことは，簡単なようで実は難しく，どのようなテーマを選ぶかによって，書く内容やアプローチが大筋で決まってしまうことも少なくない。テーマ選択は，大げさにいえば論文の本質に関わる問題なのだ。したがって慎重に，先々のことを考えてテーマを設定する必要があるが，そう言われてしまうと怖気づいてしまってテーマが決められず，一歩も前に進めなく

なってしまうこともあるかもしれない。

　そこでまず，ある具体的な例を挙げながら，テーマを決めるまでの思考のプロセスを示していくことにしたい。異なる例であっても，考慮しなければいけないポイントは概ね同じである。

③ 新型コロナウイルスと世界

　2019年末，中国の武漢で大流行してから，瞬く間に世界に広がった新型コロナウイルス（以下，COVID-19）は，我々の暮らしにも大きな影響を与えた。緊急事態宣言やまん延防止措置が発令され，昼夜問わず街角から人影が消えた時期もあった。中学や高校，大学に通っていた読者のなかには，一斉休校やオンライン講義が急遽実施されるようになり，部活やサークル，友人とのふれあいが難しく，感染の恐怖とともに深い孤独感を味わった人もいるだろう。不幸にして身内に亡くなった方がいたり，後遺症に悩まされていたりする人もいるかもしれない。

　大学で教鞭をとる我々も，慣れないオンライン講義の準備に四苦八苦したし，海外をフィールドとする比較政治学の研究者にとっては，現地に赴くことすら叶わず，調査ができないので論文が書けないという死活問題にもなった。本章を執筆している2022年6月の時点でも，コロナ禍は依然として収束せず，不自由な生活が続いている。

　我々の生活を大きく変えたCOVID-19は，日本のみならず世界の国々にも深刻な影響を与えてきた。感染者や死者が日本より多い国も少なくなく，行動制限や国境の管理など，政治による決定に人々が振り回されたのも，いわば世界共通の現象だった。そこで，我々の生活実感にも根差し，世界的にも影響が広がったCOVID-19をテーマとした比較政治学の研究を行うことを考えてみよう。

　「COVID-19に関する比較政治学研究」を行うと決めたとしても，これだけでは論文を書き始めるのは難しい。あまりにもテーマが大きすぎて，何から手をつけてよいか決まらないからだ。論文という形に落とし込むには，COVID-19のなかでも特に何を取り上げるのかを決めなければならない。次節では，テーマを絞り込む上での前提として，比較するということの重要性について述べる。

　その際，具体的なテーマの絞り込み作業を行う前に，まずCOVID-19の広がり方が国によってどのように異なっているかという事実関係を確認してみよう。思い入れの強いテーマを選択しようとすればするほど，人は思い込みに左右されがちになる。当然わかりきっていると思うことでも，一度データの確認作業を行うことは重要だ。単純なデータを眺めているだけでも，気づくことは意外に多い。

（山本健太郎）

2　比較の重要性

1　事実関係の確認

　図20-1は，COVID-19が出現してから2022年6月初頭までの間に，人口100万人あたりで，どれほどの感染者が出たかという累積を示したグラフである。フランス，ドイツ，イギリス，イタリアといった欧州諸国で人口あたりの感染者数が多く，アメリカがそれらに続いている。アジア諸国は，韓国を例外とすれば欧米に比べて感染者数が少ないことがわかる。日本も感染者数が少ない部類に入り，COVID-19の発生国とも目される中国は，極めて感染者数が少ない。

　次に，図20-2で人口100万人あたりの死者数についてみると，ブラジル，アメリカなど米大陸の国が上位で，欧州諸国が続き，アジア諸国は低水準だ。

2　一つの国しか見ないことの限界

　図20-1と図20-2から，国や地域によって感染者数や死者数にかなりのばらつきがあることがわかる。このデータを踏まえれば，当然浮かび上がる疑問として，このような差はなぜ生じたのか，というものがある。政治に引きつけて表現すれば，感染者数や死者数が少ない国ではCOVID-19の対策がうまくいったといえそうだし，多い国では失敗したといえそうだ。

　実は，このような問題関心それ自体が，「比較」することによって初めて生じるものだ。例えば日本は，図20-1や図20-2でみたように，人口比での感染者数や死者数が少ない部類に入る。しかし，日本政府のCOVID-19対策は，必ずしも高く評価されてきたとはいえない。菅義偉内閣の下で3度目の緊急事態宣言が発令されていた2021年5月のある世論調査では，政府のコロナ対応を「支持する」と答えた人は23％にとどまり，「支持しない」と答えた人は67％に上った（『朝日新聞』2021年5月17日付朝刊）。

　日本という一つの国だけを観察していれば，少なくともある時点での日本政府のコロナ対応は「失敗」と捉えられており，読者の中にもそういう印象をもっている人もいるかもしれない。だが，他国と比べることで，少なくともデータ上は「成功」とすらいえる状況にあったことがわかる。そう考えると，「日本政府のコロナ対応が失敗した要因」というテーマより，「日本政府のコロナ対応が世論に評価されなかった要因は何か」というテーマの方が，「世論への訴えかけの巧拙」といった形で論文の輪郭がより明確になる。比較の視点を

持ち込むことは，テーマ設定それ自体にもプラスの影響を与える可能性がある。

③ 因果関係と比較

また，テーマ設定にとどまらず，比較することにはより重要な意義が存在する。それは，因果関係を特定する上で役立つという点である。

そもそも比較政治学は，国や地域によって「結果」に差が生じた（あるいは生じなかった）とき，その「原因」がどこにあるかを「比較」することによって検証しようとする学問である。つまり，「原因」と「結果」の関係，すなわち因果関係を導出することが政治学の究極的な目的なのだ。では，なぜ比較することが必要かといえば，一つの事例を観察しただけでは，いかに緻密な観察を行ったとしても，それが本当の因果関係なのか特定できないからだ。

COVID-19の流行初期には，日本を含むアジア諸国で感染者数が少ない（＝結果）ことの原因として，衛生観念の違い（＝原因）を指摘する声もあった。アジアの人々は清潔であることにこだわりが強く，よく手指などを洗うため，COVID-19にかかりにくいというのだ。しかしこれは，図20-1で韓国の感染者数が多いことを見れば，必ずしも正しくないという可能性にすぐ気がつく。一見もっともらしい因果関係を思いついたとしても，これが他の事例との比較によって確かめられなければ，それは単なる思い込みにすぎない可能性が否定できないのだ。因果関係を特定する上で，比較は不可欠なのである。

（山本健太郎）

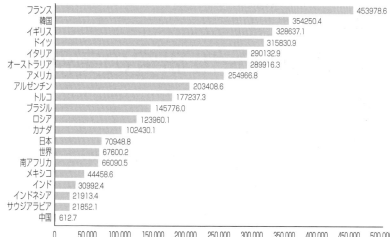

図 20 - 1　人口100万人あたりの累積感染者数（2022年6月6日現在）

出典：https://web.sapmed.ac.jp/canmol/coronavirus/index.html, Idogawa et al. (2020).

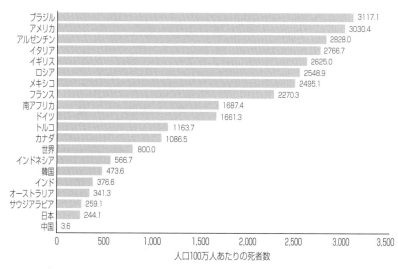

図 20 - 2　人口100万人あたりの累積死者数（2022年6月6日現在）

出典：https://web.sapmed.ac.jp/canmol/coronavirus/index.html, Idogawa et al. (2020).

（参考文献）

Idogawa, Masashi, Shoichiro, Tange Hiroshi Nakase and Takashi Tokino (2020) "Interactive Web- based Graphs of Coronavirus Disease 2019 Cases and Deaths per Population by Country." *Clinical Infections Diseases* 71：902-903.

COVID-19 研究の実例

① COVID-19 研究の実例

　前節で，比較することの重要性については理解が進んだはずだ。第２節に掲げた図20-1と図20-2で，COVID-19の感染者数と死者数には，国によって大きな違いがあることがわかった。そこで，この差＝「結果」として，その「原因」を探っていくことを研究のテーマとすることにする。以下では，すでに行われたCOVID-19に関する比較政治学的な研究の実例を取り上げ，我々が研究を進めるうえでの足がかりとしたい。

② 非民主国の優位

　2021年８月18日と，翌19日の日本経済新聞朝刊「経済教室」に，興味深い二つの研究結果が紹介された。まず，８月18日付朝刊で，経済学者の成田悠輔氏が，「民主主義の未来（上）――優位性交代，崩壊の瀬戸際に」と見出しが打たれた論考で，須藤亜佑美氏との共同研究の結果を紹介している。[▷1]

　「民主主義が重症である」という刺激的な書き出しの論考で成田氏は，2001年から2019年までの平均経済成長率を観察すると，民主的な国ほど21世紀に入ってからの経済成長が低迷していると指摘した。[▷2] 逆に，中国，アフリカ，中東といった非民主国は急成長しているという。重ねて成田氏は，COVID-19は，こうした傾向に拍車をかけ，民主主義の劣位をさらに顕わにしたと指摘する。160か国のデータで比較すると，民主国ほどCOVID-19で人が亡くなり，2019-20年にかけての経済の失墜も大きいという。

　事実，図20-1と図20-2で確認したように，中国ではコロナの感染者，死者が他と比較して極端に少なく，これは非民主的な政権が強権を発動して人々の行動を厳格に管理した成果であると受け止めることもできるかもしれない。2022年３月末から，2500万人以上が暮らす大都市・上海で２カ月に及ぶロックダウンが実施され，食糧確保に苦労する市民がいるというニュースを記憶している読者もいるだろう。いわゆる「ゼロコロナ」を実現するには，感染者や感染疑いの者を，迅速かつ徹底的に隔離することと，人と人との接触を極限まで減らすことが必要だが，これを実行に移してきたのが中国だ。その背景に，人々の自由を易々と制限できる強権的な政府の存在を想起することはたやすい。

　成田氏は，民主主義からの逃走こそが，21世紀の革命の本命だと挑発的に述

▷1　論考の元になった論文は，Narita and Sudo (2021) である。この論文のタイトルを日本語に訳せば，「民主主義の呪い」である。

▷2　対象国は175である（Narita and Sudo 2021：5）。

べ，論考を締めくくっている。

③ 本当に非民主国は優れているのか？

翌2021年8月19日付の日経新聞朝刊で，成田氏のような見方に真っ向から反駁したのが，比較政治学者の東島雅昌氏である。東島氏は，権威主義体制の指導者（独裁者）は，選挙を気にしなくてもよいので，市民の権利を大きく制限して迅速かつ極端な防疫政策を実行でき，民主主義体制の指導者より効果的にウイルス対応が可能だという見方があるとし，これに反論していく。

確かに，独裁政府は休校やロックダウンなど思い切った措置を迅速に採用する傾向があるとのデータはあるが，仮にこのような傾向が見られるとしても，それが独裁政府の民主政府に対する優位性には直結しないと東島氏は指摘する。

まず，権威主義体制では公表されているデータそのものに信頼性が低い可能性がある。独裁者が情報を操作しようとしても，これを食い止めることは難しいし，都合の悪いデータはそもそも報告されにくい。もしその国の大臣や官僚などが，不都合なデータを報告して独裁者を怒らせてしまえば，左遷されたり馘首されたりしてしまうかもしれないからだ。実際，COVID-19とは直接かかわらない政府統計のデータの信頼性を加味して分析すれば，成田氏が指摘したような「民主的な国ほどCOVID-19での感染者数や死者数が多い」という傾向も，見せかけのものだとわかると東島氏はいう。

また，独裁政府の政策は受益者が偏りやすく，コネと腐敗で独裁者とネットワークでつながった者とその周囲だけに恩恵が及びがちで，そうでない一般の人々は後回しにされてしまう。さらに，公衆衛生に関する政策の効果を長期的に見れば，民主政府の方がよいパフォーマンスを挙げる可能性があるとして，172か国の乳幼児死亡率を1800年-2015年で比較すると，短期的には民主化しても改善しないが，中長期で見ると大きく改善していることがわかった。逆に独裁国の乳幼児死亡率は悪化する傾向にあったというのだ。

このように東島氏は，単に見かけの相関関係だけから因果関係を捉え，民主主義の劣位を結論付けるのは早計ではないかと指摘している。

ここで示したCOVID-19研究の実例は，他の事例であったとしても，比較政治学の研究を行う上で重要なポイントを多数示唆している。次節以降では，それらを箇条書き的に指摘していくことで，特に注意すべき点を述べていく。

（山本健太郎）

▷3 見出しは，「民主主義の未来（中）──『権威主義の優位』前提疑え」である。

▷4 関連する研究として，安中進氏によるものがある（安中 2021）。

参考文献

Narita, Yusuke and Ayumi Sudo (2021) "Curse of Democracy: Evidence from the 21st Century (ver. 3)." https://arxiv.org/abs/2104.07617

安中進（2021）「民主主義は権威主義に劣るのか？──コロナ禍における政治体制の実証分析」『中央公論』2021年9月号，74-81頁。

仮説をどう作るか

 仮説の導き出し方

　この章ではここまで，COVID-19の感染者数と死者数について，国や地域によって大きな違いがみられることに着目し，その原因を探ることを考えてきた。しかし，単に結果に違いがあることだけを見つけても，その先の研究は進まない。何が原因かを推測できなければ，分析を進めることができないからだ。

　第3節で最初に示した成田氏らの研究は，感染者数と死者数の違いが生じた原因を「政治体制」に求め，非民主国の方が民主国よりも対処が迅速にできるからではないかとして，これをデータで検証していく形で行われている。言い換えれば，「非民主国は，民主国に比べてCOVID-19の感染者数と死者数が少ない」というのがこの研究における「仮説」である。

　この仮説を構築するにあたり，当然，成田氏らの念頭にあったと思われるのが，実際に中国で厳しい私権制限を伴うロックダウンが実施され，感染拡大が食い止められていたという事例だ。それに比べ，民主国である欧州や米国，さらには日本のような国では，人々の移動の自由などを制限しきれず，感染拡大を招いた。この両方の事例を観察していたからこそ，両者の違いは政治体制の相違に由来する，という仮説が導き出されることになったと考えられる。

　つまり，ある現象の要因を探る研究を行うには，まず事例をしっかり観察して，妥当と思われる仮説を導出することが重要だということだ。

2 先行研究の重要性

　事例に沿って，検証したい仮説がおぼろげながらでも見えてくれば，次に行うべきは関連する先行研究を探すことである。研究という営みは，恐らく読者の多くが想像するより，はるかに分厚く行われており，我々が事例から思いつくような仮説は，すでに世界のどこかで誰かが考えついて，研究が行われていることがほとんどだ。

　だからといって絶望する必要はなく，COVID-19のようなまだ新しいテーマであれば，研究自体はあらゆるところで取り組まれているだろうが，まだ誰しもが同意するような確たる説のようなものは生まれていない。仮に全く同じ仮説に基づく研究がすでに行われているとしても，結論まで含めて全く同一になるということは通常ない。似たような研究がすでにあったとしても，その研

究との違いを意識して論じることで，十分に意義のある研究となりうる。

先行研究をしっかり踏まえるということには，もう一つの効能がある。それは，先行研究をヒントにして自分の仮説や検証をブラッシュアップできるということだ。例えば後述する定量的手法を用いる場合は，どのようなモデルを用いればよいかということの参考になるだろうし，定性的手法の場合も自らの仮説を修正してより妥当性の高いものに作り替えることにつながるかもしれない。

いずれにせよくないのは，すでに先行研究があるのに，それを全く踏まえずに論を展開してしまうことである。すでにわかっていること，否定されていることを改めて述べても意味は乏しいし，それは無駄なプロセスである。自らの研究は，すでに行われた研究の成果を借りて，そこに少しの上書き，アップデートを行うものであると考えた方がよい。

ただ，一口に先行研究を探すといっても，研究に慣れていない読者にとっては，このこと自体ハードルが高いだろう。そのような場合，頼りになるのが比較政治学の研究者である。読者の周りに比較政治学を専攻する教員や研究者がいれば，その人に聞いてみるのが近道だ。そういう人がいない場合は，Google Scholar（https://scholar.google.com/）などの検索エンジンに，キーワードを入力して探してみて，めぼしいものを読んでみるといい。そこに示された参考文献から過去の研究に遡れるので，最初に読むのはできるだけ新しいものがお薦めである。その論文なり本なりに示された先行研究をあたっていくことを繰り返せば，その研究分野についてのある程度の「土地勘」が得られるはずだ。

③ 仮説を構築する上での注意

仮説を考えて，次はその検証に移っていくわけだが，仮説を考えるうえでの注意点を述べておこう。例えば，COVID-19 の感染者数や死者数が国や地域によって異なる理由を探りたいとして，

　「非民主国と民主国では，COVID-19 の感染者数と死者数が異なる」
という仮説を立てたとする。結論からいえば，この仮説の立て方は不十分である。これだけではどのような場合に感染者数と死者数が増えたり減ったりするのかという因果関係が仮説の中に示されておらず，何を証明したいかがわからない。成田氏らの研究の仮説である，

　「非民主国は，民主国に比べて COVID-19 の感染者数と死者数が<u>少ない</u>」
のように，どういう国の方が，感染者数と死者数を減らす／増やすのかという方向を含めて，それだけを見れば因果関係が明確にわかる仮説を作る必要がある。また，仮説の中に規範的な内容，つまり自身の希望や「べき」論が含まれていないことにも注意を払わなければならない。

（山本健太郎）

▷1　この点は，松林哲也（2021）『政治学と因果推論──比較から見える政治と社会』岩波書店の第9章により詳しい説明がある。

研究の手法

 研究の範囲・対象

　研究したいテーマから，因果関係に関わる仮説を無事導き出すことができた
として，次はそれをどのように検証するかを考えなければならない。そこでは，
研究の対象・範囲と，研究の手法が問題となる。

　例えば前掲の成田氏らの仮説（「非民主国は，民主国に比べてCOVID-19の感染
者数と死者数が少ない」）を検証するには，できるだけ多くの国を分析対象に加
えた方が，説得力が高まる。例えばニュースなどから，中国が抑え込みに成功
していて，その要因は強権的な非民主政府にあると感じているとしても，この
事例だけから先の仮説を証明することは難しい。それは，結果に対して他の原
因が影響している可能性を否定しきれないからだ。

　例えば，中国だけの事例では，遺伝子などの生物学的な理由により，たまた
ま中国に暮らす人はCOVID-19にかかりにくいのかもしれず，もしそうなら迅
速なロックダウンは関係ないかもしれない。少なくとも，中国だけを見た研究
では，そうした可能性を完全に否定することはできない。だが，中国とは遠く
離れた異なる地域で，同じような非民主国において迅速なロックダウンなどを
実施し，COVID-19の感染者や死者が少ないなら，遺伝的な理由は考えにくい。

　多くの国を分析対象とすることのメリットはもう一つある。多様なデータを
収集して分析することで，本当は他の要因が原因となっている可能性があるの
に，それを見過ごしてしまうことがある程度防げるのだ。

　例えば，2020年初頭の，比較的早い時期に感染者が急増したイタリアなど欧
州を例にとれば，たまたま初期に中国などから感染者が入り込み，政府が有効
な防疫策をとる前に患者数が膨れ上がった。ウイルスそのものの性格もはっき
りせず，対処策もよくわからなかった時期に入り込んでしまった国は，そもそ
も有効な対策をとりうるはずもなく，結果として感染者数や死者数といった
COVID-19対策の「成績」も悪くなってしまったのかもしれない。

　それに比べて，初期にウイルスが入り込まなかった国は，欧州などの経験で
対処策がある程度明らかになっていたから，より有効な対処が可能で，「成績」
もよくなったのかもしれない。こうした「時間」「地域」といった別の要因に
ついても，多様な地域を長期にわたってデータ分析にかければ，影響を統制し
ながら政治体制の違いのみに焦点を当てることができるようになる。

② 定量的手法

　総じて，仮説で説明したい内容が一般性の高いものであれば，データを駆使して定量的に分析する方が適している。「非民主国は，民主国に比べてCOVID-19の感染者数と死者数が少ない」というのは一般性が高い部類に入る仮説だから，因果関係を証明するためには定量的な分析を行った方がよいだろう。ここで「一般性が高い」というのは，「非民主国」も「民主国」も多くの国があるので，これらをできる限りたくさん分析対象に含めなければ，この仮説は証明できそうにない，ということを意味する。非常に多くの国を分析対象にしようとすれば，同じ基準で収集されたデータを集めて定量的手法を用いることになる。

　データを集めるという作業は，難しそうに思うかもしれないが，インターネットで国際機関などにアクセスすれば，データを比較的容易に入手できる。ただし，データの利用条件が定められている場合があったり，クレジット（データの入手先）を自分の論文の中できちんと明記する必要がある。

　分析自体は Stata のようなソフトウェアを使うこともできるし（浅野・矢内 2013），Rのようなパッケージを使って自分でプログラムを書いてみるということもできる（今井 2018）。関連する先行研究で使われている手法を真似てみるのも一つのやり方だろう。ここでこれ以上の具体的な説明を行うことは難しいので，興味があれば参考書などを手に取ってほしい。^{▷1}

③ 定性的手法

　一般性の高い因果関係の証明には，定量的手法が適していると先に述べた。しかし，あらゆる比較政治学の研究は定量的に行われる必要があるかといえば，そうではない。少ない事例を一次資料や二次資料に依拠して丹念に分析していく定性的研究という手法もあり，これも重要な研究足りうる要素をもっている。

　第3節でも述べたように，データで分析するといっても，非民主国のなかにはデータそのものの信憑性の低いケースがある。日本でも，近年中央官庁における統計不正が相次いでおり，民主国だからといってデータに信頼性が担保されないこともあるかもしれない。このような場合であっても，別の指標で信頼性そのものを数値化するなど，データ分析を行う方法は模索されているが（Hollyer et al. 2014），やはり個別の国におけるデータがどの程度信頼に足るかを明らかにするには，緻密な事例分析は不可欠だろう。

　ただし，定性的手法による研究は，一般的な因果関係の証明には不向きではある。事例を細かく見て新しい仮説を発見できたとしても，それが因果関係であると証明するには，定量的分析によって検証される必要がある。だが真に興味深い発見があれば，将来他の研究者が定量的に検証するだろう。あくまで，自らの分析の限界を見極めておくべきだ，という話にすぎない。　　　（山本健太郎）

▷1　定量的手法そのものの意味などについては，加藤淳子・境家史郎・山本健太郎編（2014）『政治学の方法』有斐閣にも詳しい。この本は，後述する定性的手法や実験的手法についても詳細に説明されている。より深く学びたい読者は，参考にしてほしい。

参考文献

Hollyer, James R., B. Peter Rosendorff and James R. Vreeland (2014) "Measuring Transparency." *Political Analysis* 22：413-434.

浅野正彦・矢内勇生（2013）『Stata による計量政治学』オーム社。

今井耕介（2018）『社会科学のためのデータ分析入門（上・下）』（粕谷祐子・原田勝孝・久保浩樹訳）岩波書店。

研究してみよう

1 比較＝複数国？

　本章ではここまで，「比較」という言葉を十分に吟味せずに用いてきたが，本書をここまで読み進めてきた読者にとっては，「比較政治学＝複数の国を比較する政治学」と捉えている人もいることだろう。その捉え方は間違っておらず，政治学の中でもあえて「比較政治学」というときには，複数の国を比較することが暗黙の裡に前提となっていることが多い。

　しかしより本質的にいえば，政治学が政治現象に関する因果関係の導出を目的としている以上，比較することはその本質に関わる（松林 2021）。必ずしも複数の「国」の比較でなくても，一つの国の事例だけを取り扱う研究も，比較を全く行っていないという方が稀である。かくいう本章の筆者も，日本政治の研究者で，他の国の事例と比較する研究を行うことはほとんどないが，日本という一つの国の中で，ある制度が変わる前と後を比較したり，異なる自治体間の比較を行ったりと，常に「比較」を意識しながら研究しているつもりだ。

　つまり，「比較政治学」というと，通常は複数の国を比較することを指すことが多いが，ここまで述べてきた「比較」という手法の重要性や方法は，一つの国や地域内で完結する研究にも当てはまるということだ。国境をまたがないこと，事例が少ないことに引け目を感じる必要はなく，小さな単位でも比較の視座を意識して研究を行うことが重要である。

2 実験的手法

　インターネットの発達に伴って，近年，政治学でも急速に広がりを見せているのが，実験的手法を用いた研究である。実験もまた，「統制群」と呼ばれるある刺激を与えたグループと，「非統制群」と呼ばれる刺激を与えないグループに人々をランダムに分け，これらのグループを「比較」することで刺激の効果を測定する。

　医学では，例えばある薬の効果を見たいとき，その薬を実際に飲ませたグループを「統制群」，単なるカプセルを飲ませたグループを「非統制群」として，前者により効果が表れていれば，薬の効果が認められる，という話になる。政治学であれば，「ある情報」を目にした者とそうでない者で投票行動や政治意識に差が出るかどうか，といった効果を測定するのに，実験研究が行われて

▷1　実験政治学について詳しくは，加藤・境家・山本編（2014），肥前編著（2016）参照。実例として，井手（2012）などがある。

きた。

　このような実験を行う上で、ネットでモニター調査などを利用すると比較的手軽に実施できるというメリットがある。ゆえに、近年急速に政治学においても実験研究が増えている。ただ、これを何の予備知識もなく実施することは難しい。一定の費用もかかるし、倫理審査のようなプロセスを踏む必要があるからだ。このような手法で研究したい場合、心得のある研究者の指導の下で実施した方がよい。

　人為的に統制を行ったり行わなかったりすることが資金、倫理的に難しい場合、実験的手法は使えないかというと、必ずしもそうとは言い切れないこともある。それは、自然実験と呼ばれる手法で、偶然に（ランダムに）ある状況が地域や特定の人にだけ生じ、そうでない人には生じていないような事例が見つかれば、それは先に述べた実験を行ったことと実質的に同じ意味を持ち、結果の差異を原因とつなげて議論できる可能性が生まれる。

　いずれの場合も、実験の対象となる人の選択を、ランダムに行うことが非常に重要である。そうでなければ、別の要因が介在している可能性を否定できなくなるからだ。ランダム化は、アンケート調査などを実施する場合でも重要である。仲間内にSNSで流したアンケートを実施しても、意味のある結果は得られにくい。それは、対象をランダムに選んでいないことが一因である。なぜランダムでなければならないか、どのようにランダム化を行っていけばよいのかは、参考文献リストに挙げた本などで確認してほしい。

③ 比較してみよう

　本章では、COVID-19という我々の生活を脅かした事象を比較政治学の研究で取り上げた実例に沿って、研究を進めるうえでの注意点などを述べてきた。例として取り上げた成田氏らの研究の仮説については、第3節でも述べたように東島氏ら批判的に捉える向きもある。2つの主張のどちらが正しいかを検証するのはここでの主旨から外れるので、これ以上踏み込むことはしない。しかし、どのような研究にも批判は寄せられる。批判を恐れていては研究などできない。自らの研究が先行研究となって、批判され、新たな研究につながっていくことが学問の発展につながる。

　間違っているかどうかを気にするよりも、まずは手と足を動かし、事実を調べたうえで妥当と思われる仮説を作って、先行研究を調べ、比較しながら分析してみるしかない。その意味では、この章を眺めていても何も始まらない。出来上がりを気にするのは書きあがってからでよいので、まずは自ら動いて比較してみることが何よりも重要である。

　さあ、いったん本書を閉じて、比較研究に踏み出してみよう！

（山本健太郎）

参考文献

井手弘子（2012）『ニューロポリティクス——脳神経科学の方法を用いた政治行動研究』木鐸社。

加藤淳子・境家史郎・山本健太郎編（2014）『政治学の方法』有斐閣。

肥前洋一編著（2016）『実験政治学』勁草書房。

松林哲也（2021）『政治学と因果推論——比較から見える政治と社会』岩波書店。

人名索引

事 項 索 引

編著者紹介（氏名／よみがな／生年／現職／主著）　＊執筆担当は本文末に明記

岩崎正洋（いわさき・まさひろ／1965年生まれ）

日本大学法学部教授。
『政党システムの理論』（単著，東海大学出版会，1999年）
『政治発展と民主化の比較政治学』（単著，東海大学出版会，2006年）
『比較政治学入門』（単著，勁草書房，2015年）
『大統領制化の比較政治学』（編著，ミネルヴァ書房，2019年）
『政党システム』（単著，日本経済評論社，2020年）

松尾秀哉（まつお・ひでや／1965年生まれ）

龍谷大学法学部教授。
『物語　ベルギーの歴史──ヨーロッパの十字路』（単著，中公新書，2014年）
『連邦国家ベルギー──繰り返される分裂危機』（単著，吉田書店，2015年）
『ヨーロッパ現代史』（単著，ちくま新書，2019年）
『教養としてのヨーロッパ政治』（共著，ミネルヴァ書房，2019年）
『現代政治のリーダーシップ──危機を生き抜いた8人の政治家』（共著，2019年，岩波書店）

岩坂将充（いわさか・まさみち／1978年生まれ）

北海学園大学法学部教授。
『議会制民主主義の揺らぎ』（共著，勁草書房，2021年）
『「境界」に現れる危機（グローバル関係学2）』（共著，岩波書店，2021年）
『教養としてのヨーロッパ政治』（共著，ミネルヴァ書房，2019年）
『トルコ（シリーズ・中東政治研究の最前線1）』（共著，ミネルヴァ書房，2019年）
『「アラブの春」以後のイスラーム主義運動』（共著，ミネルヴァ書房，2019年）

 執筆者紹介（五十音順，氏名／よみがな／生年／現職／主著）　＊執筆担当は本文末に明記

浅井亜希（あさい・あき）

東海大学文化社会学部講師。
『教養としてのヨーロッパ政治』（共著，ミネルヴァ書房，2019年）
『戦後社会保障の証言──厚生官僚120時間オーラルヒストリー（共著，有斐閣，2018年）

網谷龍介（あみや・りょうすけ／1968年生まれ）

津田塾大学学芸学部教授。
『計画なき調整──戦後西ドイツ政治経済体制と経済民主化構想』（単著，東京大学出版会，2021年）
『戦後民主主義の青写真──ヨーロッパにおける統合とデモクラシー』（共編著，ナカニシヤ出版，2019年）

伊藤　武（いとう・たけし／1971年生まれ）

東京大学大学院総合文化研究科教授。
『イタリア現代史』（単著，中公新書，2016年）
『ヨーロッパ・デモクラシーの論点』（共著，ナカニシヤ出版，2021年）

井上　睦（いのうえ・まこと／1984年生まれ）

北海学園大学法学部准教授。

『新 世界の社会福祉 7　東アジア』（共著，旬報社，2020）

『パワーから読み解くグローバル・ガバナンス論』（共著，有斐閣，2018年）

岡部恭宜（おかべ・やすのぶ／1966年生まれ）

東北大学法学部教授。

『現代政治のリーダーシップ——危機を生き抜いた 8 人の政治家』（共著，岩波書店，2019年）

『国境を越える危機・外交と制度による対応——アジア太平洋と中東』（共著，東京大学出版会，2020年）

岡山　裕（おかやま・ひろし／1972年生まれ）

慶應義塾大学法学部教授。

『アメリカの政党政治——建国から250年の軌跡』（単著・中公新書，2020年）

Judicializing the Administrative State: The Rise of the Independent Regulatory Commissions in the United States, 1883-1937（単著・Routledge，2019年）

金谷美紗（かなや・みさ／1978年生まれ）

三井物産戦略研究所主任研究員。

『中東・イスラーム研究概説』（共著，明石書店，2017年）

「シーシー体制の特徴に関する予備的考察」『中東研究』第535号（単著，中東調査会，2019年）

菊池啓一（きくち・ひろかず／1978年生まれ）

アジア経済研究所地域研究センター主任調査研究員。

Presidents versus Federalism in the National Legislative Process: The Argentine Senate in Comparative Perspective（単著，Palgrave Macmillan，2018年）

『後退する民主主義，強化される権威主義——最良の政治制度とは何か』（共著，ミネルヴァ書房，2018年）

近藤正基（こんどう・まさき／1975年生まれ）

京都大学法学部教授。

『現代ドイツ福祉国家の政治経済学』（単著，ミネルヴァ書房，2009年）

『政治経済学』（共著，有斐閣ストゥディア，2020年）

近藤康史（こんどう・やすし／1973年生まれ）

名古屋大学大学院法学研究科教授。

『社会民主主義は生き残れるか』（単著，勁草書房，2016年）

『分解するイギリス』（単著，ちくま新書，2017年）

髙岡　豊（たかおか・ゆたか／1975年生まれ）

東京外国語大学総合国際学研究院特別研究員。

『現代シリアの部族と政治・社会』（単著，三元社，2011年）

『「アラブの春」以後のイスラーム主義運動』（共著，ミネルヴァ書房，2019年）

高安健将（たかやす・けんすけ／1971年生まれ）

早稲田大学教育・総合科学学術院教授。

『首相の権力』（単著，創文社，2009年）

『議院内閣制』（単著，中公新書，2018年）

外山文子（とやま・あやこ／1972年生まれ）

筑波大学人文社会系准教授。
『タイ民主化と憲法改革——立憲主義は民主主義を救ったか』（単著，京都大学学術出版会，2020年）
『東南アジアにおける汚職取締の政治学』（共編著，晃洋書房，2022年）

成廣　孝（なりひろ・たかし／1971年生まれ）

岡山大学社会文化科学学域教授。
『ヨーロッパのデモクラシー〔改訂第2版〕』（共著，ナカニシヤ出版，2014年）
『ヨーロッパ・デモクラシーの論点』（共著，ナカニシヤ出版，2021年）

錦田愛子（にしきだ・あいこ／1977年生まれ）

慶應義塾大学法学部准教授。
『教養としての中東政治』（共著，ミネルヴァ書房，2022年）
『政治主体としての移民／難民——人の移動が織り成す社会とシィティズンシップ』（編著，明石書店，2020年）

馬場香織（ばば・かおり／1980年生まれ）

北海道大学大学院法学研究科准教授。
『ラテンアメリカの年金政治——制度変容の多国間比較研究』（単著，晃洋書房，2018年）
『ラテンアメリカの市民社会組織——継続と変容』（共編著，アジア経済研究所，2016年）

浜中新吾（はまなか・しんご／1970年生まれ）

龍谷大学法学部教授。
『イスラエル・パレスチナ（シリーズ・中東政治研究の最前線3）』（編著，ミネルヴァ書房，2020年）
『中東諸国民の国際秩序観』（共編著，晃洋書房，2020年）

稗田健志（ひえだ・たけし／1977年生まれ）

大阪公立大学大学院法学研究科教授。
Political Institutions and Elderly Care Policy : Comparative Politics of Long-Term Care in Advanced Democracies（単著，Palgrave Macmillan，2012年）
『政治学の第一歩〔新版〕』（共著，有斐閣ストゥディア，2020年）

藤嶋　亮（ふじしま・りょう／1974年生まれ）

國學院大學法学部教授。
『国王カロル対大天使ミカエル軍団——ルーマニアの政治宗教と政治暴力』（単著，彩流社，2012年）
『ポスト・グローバル化と国家の変容』（共著，ナカニシヤ出版，2021年）

本田　宏（ほんだ・ひろし／1968年生まれ）

北海学園大学法学部政治学科教授。
『脱原発の比較政治学』（共編著，法政大学出版局，2014年）
『参加と交渉の政治学』（単著，法政大学出版局，2017年）

本名　純（ほんな・じゅん／1967年生まれ）

立命館大学国際関係学部教授。
『民主化のパラドックス——インドネシアにみるアジア政治の深層』（単著，岩波書店，2013年）
Military Politics and Democratization in Indonesia（単著，Routledge Curzon，2003）

牧野久美子（まきの・くみこ／1972年生まれ）

　　日本貿易振興機構アジア経済研究所 地域研究センター アフリカ研究グループ長。
　　『新興諸国の現金給付政策』（共編著，アジア経済研究所，2015年）
　　『後退する民主主義，強化される権威主義』（共著，ミネルヴァ書房，2018年）

増原綾子（ますはら・あやこ／1969年生まれ）

　　亜細亜大学国際関係学部教授。
　　『スハルト体制のインドネシア──個人支配の変容と一九九八年政変』（単著，東京大学出版会，2010年）
　　『はじめての東南アジア政治』（共著，有斐閣ストゥディア，2018年）

松尾昌樹（まつお・まさき／1971年生まれ）

　　宇都宮大学国際学部教授。
　　『湾岸産油国──レンティア国家のゆくえ』（単著，講談社メチエ，2010年）
　　『移民現象の新展開』（共著，岩波書店，2020年）

松本佐保（まつもと・さほ）

　　日本大学国際関係学部教授。
　　『アメリカを動かす宗教ナショナリズム』（単著，2021年，ちくま新書）
　　『バチカンと国際政治』（単著，2019年，千倉書房）

水島治郎（みずしま・じろう／1967年生まれ）

　　千葉大学大学院社会科学研究院教授。
　　『ポピュリズムとは何か』（単著，中公新書，2016年）
　　『アフターコロナの公正社会』（共編，明石書店，2022年）

溝口修平（みぞぐち・しゅうへい／1978年生まれ）

　　法政大学法学部教授。
　　『ロシア連邦憲法体制の成立──重層的転換と制度選択の意図せざる帰結』（単著，北海道大学出版会，2016年）
　　『入門講義　戦後国際政治史』（共著，慶應義塾大学出版会，2021年）

武藤　祥（むとう・しょう／1978年生まれ）

　　関西学院大学法学部教授。
　　『「戦時」から「成長」へ──1950年代におけるフランコ体制の政治的変容』（単著，立教大学出版会，2014年）
　　『ヨーロッパの政治経済・入門［新版］』（共著，有斐閣，2022年）

安井宏樹（やすい・ひろき／1971年生まれ）

　　神戸大学大学院法学研究科教授。
　　『政権交代と民主主義』（共編著，東京大学出版会，2008年）
　　『比較議院内閣制論──政府立法・予算から見た先進民主国と日本』（共著，岩波書店，2019年）

柳原克行（やなぎはら・かつゆき／1971年生まれ）

　　大同大学教養部教授。
　　『連邦制の逆説？──効果的な統治制度か』（共編著，ナカニシヤ出版，2016年）
　　『模索する政治──代表制民主主義と福祉国家のゆくえ』（共著，ナカニシヤ出版，2011年）

山尾　大（やまお・だい／1981年生まれ）

　　九州大学大学院准教授。

　　『現代イラクのイスラーム主義運動』（単著，有斐閣，2011年）

　　『紛争のインパクトをはかる』（単著，晃洋書房，2021年）

山本健太郎（やまもと・けんたろう／1978年生まれ）

　　北海学園大学法学部教授。

　　『政党間移動と政党システム──日本における「政界再編」の研究』（単著，木鐸社，2010年）

　　『政界再編──離合集散の30年から何を学ぶか』（単著，中公新書，2021年）

吉田　徹（よしだ・とおる／1975年生まれ）

　　同志社大学政策学部教授。

　　『居場所なき革命──フランス1968年とドゴール主義』（みすず書房，2022年）（単著，みすず書房，2022年）

　　『現代政治のリーダーシップ──危機を生き抜いた8人の政治家』（共著，岩波書店，2019年）

やわらかアカデミズム・〈わかる〉シリーズ

よくわかる比較政治学

2022年12月20日　初版第1刷発行　　　　　　　　　　〈検印省略〉
2024年10月5日　初版第2刷発行

定価はカバーに
表示しています

編著者　　岩崎　洋三
　　　　　松尾　正秀
　　　　　岩坂　将充

発行者　　杉田　啓三

印刷者　　坂本　喜杏

発行所　　株式会社　ミネルヴァ書房
　　　　　〒607-8494 京都市山科区日ノ岡堤谷町1
　　　　　電話代表 (075) 581-5191
　　　　　振替口座 01020-0-8076

© 岩崎・松尾・岩坂他, 2022　　冨山房インターナショナル・新生製本

ISBN 978-4-623-09464-6

Printed in Japan

社会科学系論文の書き方

明石芳彦著 　　　　　　　　　　　　　　　　　　　四六判　210頁　本体2200円

　論文を書くとはどういうことでしょうか？　本書は，社会科学系領域の学生向けの論文執筆入門書です。研究の進め方，論文の書き方や注意すべき点などについて進行段階別に解説しています。学部学生，修士課程の大学院生とともに活用できる内容となっています。さあ，本書を片手に，論文執筆を始めましょう‼

流動化する民主主義──先進8カ国におけるソーシャル・キャピタル

ロバート・D・パットナム編著，猪口　孝訳 　　　　　　A5判　466頁　本体4800円

　過去50年間に市民社会の性格はどのように変化したのか，またその要因は何か。本書では，イギリス，アメリカ，フランス，ドイツ，スペイン，スウェーデン，オーストラリア，日本という8カ国を取り上げ，現代の脱工業化社会において社会関係資本がどう変化しつつあるのかを論じる。第2次世界大戦終結後から20世紀末までの期間にわたる，初の定量的・定性的な検証の成果。

パワーと相互依存

ロバート・コヘイン／ジョセフ・ナイ著，滝田賢治監訳　　A5判　504頁　本体4800円

　相互依存関係における敏感性と脆弱性を豊富な事例により多角的に検証。複合的相互依存というキー概念により，国際政治への新たな視点を切り拓いた相互依存論の古典的名著を初邦訳。

非民主主義の政治学

石井貫太郎著 　　　　　　　　　　　　　　　　　　　四六判　244頁　本体2800円

　独裁主義や権威主義など，非民主主義の政治体制とはいかなるものか。本書では，非民主主義の本質を解明しつつ，民主主義との比較考察をするとともに，その結果得られた知見から非民主主義からの挑戦にさらされている民主主義再生の道を探る。

──────── ミネルヴァ書房 ────────

https://www.minervashobo.co.jp/